Michael Felten (Hrsg.)

# Neue Mythen in der Pädagogik

Warum eine gute Schule nicht nur Spaß machen kann

Ein bildungspolitisches Lesebuch

Mit Beiträgen von

Michael Felten, Cornelia Frech-Becker, Hermann Giesecke, Volker Ladenthin, Hans Maier, Wulff Rehfus, Reinhard Schilmöller, Alfred Schirlbauer, Ulrich Sprenger

Auer Verlag GmbH

Gedruckt auf umweltbewußt gefertigtem, chlorfrei gebleichtem und alterungsbeständigem Papier.

1. Auflage. 1999
© by Auer Verlag GmbH, Donauwörth. 1999
Alle Rechte vorbehalten
Gesamtherstellung: Ludwig Auer GmbH, Donauwörth
ISBN 3-403-03197-7

# Inhalt

*Den jungen Menschen in unseren*
*Schulen*

*Allen, die mich bei der Entstehung*
*dieses Buches beraten haben,*
*möchte ich meinen Dank aussprechen.*

M. F.

*Zuerst muß man die Richtigstellung der Begriffe
in Angriff nehmen. Denn wenn die Begriffe nicht richtig sind,
so stimmen die Worte nicht;
stimmen die Worte nicht,
so kommen die Werke nicht zustande;
kommen die Werke nicht zustande,
so gedeihen Moral und Kunst nicht.* (Konfuzius)

ZUR EINFÜHRUNG

# Es gibt eine Bildungsmisere – aber man kann etwas dagegen tun

Die Welt von morgen wird die jetzt heranwachsenden Generationen schon bald rücksichtslos mit ihren Stärken und Schwächen konfrontieren. Wie die Zukunft genau aussehen wird, kann zwar niemand vorhersagen; daß aber große Umbrüche anstehen, ist wohl unstrittig. Die Globalisierung vieler Märkte, die sprunghafte Entwicklung im Medien- und Hochtechnologiebereich, die dramatische Veränderung von Beschäftigungslage und Altersstruktur in der Gesellschaft, die zunehmende Individualisierung in den Lebensvollzügen – diese Stichworte skizzieren einige der sich abzeichnenden Herausforderungen.

Die Schule aber scheint viele Kinder nur noch unzureichend auf diese Situation vorzubereiten. „Fünftkläßler im Lesen auf Grundschulniveau" warnte eine schulpsychologische Beratungsstelle im Rheinland schon vor Jahren; „Lehrlinge können kaum richtig schreiben", so stöhnen nun schon täglich Ausbilder in den Betrieben; „Deutsche im Rechnen weit hinten", dies das jüngste und ernüchternde Urteil einer weltweiten Schulleistungsstudie. Andere Merkwürdigkeiten finden seltener den Weg in die Schlagzeilen: „Fünf Fünfen – trotzdem versetzt" meldete kürzlich eine Zeitung aus Hessen. „Schüler klagt auf Befreiung vom Chemieunterricht" – über solch vermeintliche Beeinträchtigung der freien Persönlichkeitsentfaltung mußte unlängst ein Berliner Gericht befinden. Indes: „Gymnasiasten wollen mehr gefordert

5

werden", wird aus einer Schule in Celle berichtet. Offenbar herrscht eine skurrile Form von Bildungsnot in einem der reichsten Länder der Welt! Dreißig Jahre nach der Bildungsoffensive am Ende der sechziger Jahre muß diese Bilanz eigentlich verwundern. Lehrer sind heute doch viel freundlicher als früher, die Versetzung in die nächsthöhere Klasse wurde doch vielfach erleichtert, das Schulsystem für ‚Spätentwickler' doch durchlässiger, der Schulbesuch billiger? Tatsächlich ist das Leben in der Schule – zumindest für Schüler – angenehmer geworden – aber offenbar nicht ergiebiger. Gewiß werden heute erheblich mehr Abiturzeugnisse vergeben – aber zweifellos nicht in gleichem Maße bessere Fähigkeiten erzielt. Reichte vielleicht die ‚äußere Schulreform' nicht aus? Ist es höchste Zeit, die Schule erneut tiefgreifend zu verändern? Brauchen wir jetzt die ‚innere Schulreform'? Und wenn ja, welche?

Seit geraumer Zeit und mit wachsender Eindringlichkeit ertönt aus Fachzeitschriften und Fortbildungen der Ruf nach einem ganz ‚neuen Lernen', ohne Streß und 45-Minuten-Takt, dafür mit Spaß und ganzheitlich-fächerverbindendem Überblick, vom Eingreifen der Lehrer weitgehend befreit und von den Jugendlichen selbst bestimmt. Die ‚traditionelle Lernschule' habe versagt, gibt man sich wohlmeinend bis selbstgewiß, eine ‚zukunftsorientierte Bildung' erfordere dagegen lustvolles Lernen in einem offenen Unterricht, tunlichst ohne Noten, bei einem verständnisvollen ‚Lernmoderator'. Und angesichts von ‚zunehmender gesellschaftlicher Kälte' und verbreitetem Leistungsstreß müsse die Schule nicht zuletzt auch genügend Raum geben für Entspannungsmusik, Atemübungen und Phantasiereisen. So weit, so zunächst eingängig.

Gründliche Untersuchungen über die Effektivität dieses innovativen Methodenarsenals sucht man zwar vergeblich, gleichwohl hat manches bereits in den Schulalltag Einzug gehalten – hier mehr, dort weniger, mal mit, mal ohne Wissen und Einverständnis von Eltern. Aber es klingt doch auch gut: „humane Schule", „schülerorientierter Unterricht", „selbständiges Arbeiten". Und wer hat sich nicht schon gefragt, ob es auf Rechtschreibung im Zeitalter des Computers überhaupt noch ankommt? Ob eine anständige Einstellung zur Armut in Brasilien nicht wichtiger ist als eine gut lesbare Handschrift? Oder ob das einsame Schwitzen vor Hausaufgaben nicht bereits eine Form geistiger Kindsmißhandlung sei – von der Benachteiligung Jugendlicher aus räumlich beengten Verhältnissen ganz zu schweigen? Andere Zeiten brauchen eben andere Schulen – oder etwa nicht?

Solche, manchem progressiven Pädagogen schon liebgewordenen Gewißheiten wurden nun kürzlich erheblich erschüttert. So sorgte beispielsweise die internationale Studie TIMSS auch deshalb für Furore, weil sie deutlich machte, *warum* deutsche Schüler in Mathematik und Naturwissenschaften einen so erheblichen Leistungsrückstand gegenüber denen vieler anderer Länder haben.

Japanische Schüler etwa verhalten sich im Unterricht diszipliniert, bringen Lehrern Respekt entgegen und sind bereit, sich für ihr Fortkommen anzustrengen. Und ihre Lehrer strukturieren und steuern das Unterrichtsgeschehen in einem noch höheren Maße, als wir dies bei deutschen Pädagogen vorfinden und bislang gerne kritisierten. Selbst im innerdeutschen Vergleich ergab sich Pikantes: So wiesen Schüler in Nordrhein-Westfalen – einem besonders reformfreudigen Bundesland – gegenüber denen in Bayern einen Rückstand von mehr als einem Jahr auf. Verständlich, daß die (nördlichen?) Kultusminister dieses Ergebnis zunächst nicht veröffentlicht wissen wollten!

Auch das Max-Planck-Institut für Psychologische Forschung in München stieß mit seinen jüngsten Befunden manchen Reformeiferer vor den Kopf – und bestätigte viele Praktiker: Kinder lernen besonders erfolgreich, wenn der Unterricht hohe Anteile an ,direkter Instruktion' aufweist; wenn Lehrer hohe Anforderungen stellen, klar und geduldig erklären, wenn sie den Unterricht abwechslungsreich strukturieren und Störungen des Lerngeschehens abwenden können. Offener Unterricht hingegen – so wußte man bereits aus früheren Untersuchungen – geht mit nachlassender Lernmotivation einher und benachteiligt insbesondere schwächere Schüler.

Weitere ,unheilvolle' Kunde kam schließlich vom Max-Planck-Institut für Bildungsforschung in Berlin, das die Entwicklung des Sozialverhaltens an deutschen Schulen untersucht hatte (BIJU-Studie): Während bei Gesamtschülern – entgegen der Zielsetzung integrativer Schulsysteme – eine rapide Zunahme von Egoismus und unsozialem Verhalten festgestellt wurde, erwiesen sich die – von manchem schon als überflüssig angesehenen – Hauptschulen als stützende Nische für lernschwächere Jugendliche; Gymnasiasten zeigten allen Vorurteilen zum Trotz mit zunehmendem Alter wachsende Hilfsbereitschaft.

Haben die Schulreformen der letzten Jahrzehnte also eher Rückschritte beschert? Und wären weitere Innovationen ein großes Experiment mit mehr als ungewissem Ausgang, dem unsere Kinder unterzogen werden? Bekämpft die Parole von der humanen Schule die Krankheit vielleicht am falschen Ende? Sind des Kaisers neue Kleider in Wirklichkeit nur löchrige Klamotten – oder gar eine Tarnkappe? Werden Eltern – und vor allem die Jugend selbst – in Bildungsfragen schon heute unmerklich betrogen?

Bei näherem Hinsehen erweisen sich jedenfalls nicht wenige der pädagogischen Zauberworte, die heute auf Elternabenden, Lehrerkonferenzen und in der Fachpresse bemüht werden, als weit überzogene Versprechen – oder sind gar zusätzliche Hürden für eine optimale Förderung von Kindern und Jugendlichen: Fachübergreifendes Lernen etwa macht nur da Sinn, wo auf solide Fachkenntnisse zurückgegriffen werden kann. Auch Freiarbeit führt keineswegs zwangsläufig zu mehr Selbständigkeit. Wirkliche Förderung findet nur statt, wo auch konsequent gefordert wird. Und Zeugnisse ohne Noten lassen Eltern allzuleicht überfordernde Schulformen wählen. Ist da die Befürchtung von der Hand zu weisen, die vielstimmig geforderte „humane Schule" könne junge Menschen vielleicht in einem noch stärkerem Maße schwächen als es die traditionelle Schule bisweilen tat? Beschert uns das ‚neue Lernen' nur eine andere, vielleicht ungerechtere Selektion?

Viele der menschenfreundlich klingenden Begriffe zeitgeistiger Pädagogik täuschen über die ihnen innewohnende Problematik hinweg. Ganzheitliches Lernen, das klingt weitaus umfassender als Fachunterricht – und ist doch allzuschnell oberflächlicher und undifferenzierter als dieser. Individualisierung, das kann zunächst meinen, jedem in seiner Art gerecht zu werden – führt aber nicht selten auch dazu, Schwächere unnötig zurückzulassen und Egoismus oder Vereinzelung zu begünstigen. Projektunterricht, das mag bisweilen interessanter und aktivierender sein, als in einem Lehrgang zu lernen – kann jedoch auch in „Projektemacherei" *(Schirlbauer)* ausarten, bei der die geistige Anstrengung zu kurz kommt, ohne die anspruchsvolleres Lernen nun einmal nicht möglich ist.

Eigentlich ein grotesker Widerspruch: Während vielerorts das schulische Leistungsniveau nachweislich sinkt und das Sozialverhalten von Schülern streckenweise bedenkliche Formen annimmt, rufen allerlei Bildungs‚experten' nach noch mehr Spaß, Spiel und Entspannung im Unterricht. Offenbar ist auch die Pädagogik vor dem nicht gefeit, was *Dörner* in allen komplexen, jedoch nur unzureichend analysierten Systemen als „Logik des Mißlingens" beschrieben hat: Probleme werden gerne mit genau den Maßnahmen bekämpft, die eben diese Schwierigkeiten herbeigeführt hatten. Aber braucht Humanität tatsächlich Kuschelecken? Ist Anstrengung wirklich etwas Unmenschliches? Kann man jungen Menschen die harte Arbeit des Erwachsenwerdens allen Ernstes abnehmen? Wozu ist die Schule eigentlich da?

Lehrer wie Eltern sind in dieser Frage erheblich verunsichert – und dies ist kein Wunder. Wer etwa trägt nicht aus der eigenen Jugendzeit düstere Erinnerungen mit sich, an strenge Pauker und langweiligen Unterricht, mühselige Hausaufgaben und ungerechte Noten oder einen enttäuschenden Schulwechsel? Ganz zu schweigen vom schlechten Gewissen darüber, daß Bildung meist nicht allen in gleichem Maße zu Gute kommt, und der quälenden Frage, warum die humanistische Bildung in Deutschland die Verbrechen des Nationalsozialismus nicht verhindert hat. Da sollen es die Kinder heute besser haben: Ohne Frust lernen und mündige Bürger werden! Was man leicht übersieht: Anstrengung und Ordnung fielen einem früher vielleicht schwer – und waren doch oft nötig für vieles, worauf man heute stolz ist. Oder: Die Autorität von Lehrern – nicht zu verwechseln mit dem autoritären Verhalten einiger unter ihnen – hat vielen gewiß auch geholfen, manche Schwierigkeit durchzustehen. Und nicht zuletzt: Eine Entscheidung etwa für die Realschule mag manchen zunächst geschmerzt haben – aber wieviel stärkender war es dann, dort gut mitzukommen, als am Gymnasium jahrelang zu den Schwächsten zu zählen?

Wie einst bei König Pyrrhus, so ist deshalb auch nach dem „Jahrhundert des Kindes" eine Bilanz recht zwiespältig. Während die Schwarze Pädagogik weithin als überwunden gelten kann, droht Heranwachsenden heute neue Gefahr von latent mitleidigen Erziehern, die ihnen möglichst viele Belastungen ersparen und sie tunlichst ihre Bedürfnisse ausleben lassen wollen. Stets seinen Willen zu bekommen oder den Weg des geringsten Widerstands gehen zu können, das ergibt aber ein falsches Bild vom Leben – und erzeugt nachhaltig Schwäche und Unzufriedenheit („Droge Verwöhnung"). Liebe allein genügt eben in der Erziehung nicht: Junge Menschen brauchen gerade auch Anforderungen und Grenzsetzungen, um wachsen und sich orientieren zu können.

Dieses Buch will zu einer neuen Sachlichkeit in der Schulpädagogik beitragen. Es tritt weder dafür ein, blind an der ‚Schule von gestern' festzuhalten, noch glaubt es, um jeden Preis die „Schule neu denken" *(von Hentig)* oder gar „Schule neu erfinden" zu müssen (so der Titel eines Kongresses von Schulpsychologen). Das „Tollhaus Schule" *(Der Spiegel)* ruft zwar ganz entschieden nach Veränderung, aber zuvor muß man sich darüber klar werden, *was* dort eigentlich schief läuft. Angesichts der ‚neuen Kinder' und der ‚Aufgaben von morgen' ist jedenfalls mit übereilten, überholten oder nicht überprüften Neuerungen nichts gewonnen. Nur ‚Schule *richtig* denken' *(Maier)* kann die Maxime sein, wenn man weiteren „Bildungsbetrug" (nicht nur *Maier*) abwenden will.

Schule richtig denken, das prüft aus verschiedenen fachlichen Perspektiven unvoreingenommen, inwieweit die landläufigen Reformvorschläge tatsächlich Verbesserungen für das Lernen erwarten lassen – oder ob es sich um wohlklingende Illusionen handelt. Deshalb erinnert *Rehfus* in diesem Buch zunächst daran, daß Heranwachsende ungeheuer viel lernen wollen und müssen – und lenkt den Blick auf eine Reihe von Steinen, die vordergründig kinderfreundliche Pädagogen ihnen dabei in den Weg legen. *Schirlbauer* untersucht einige Aspekte solchen „humanen Lernens" genauer und macht deutlich, daß es sich hierbei lediglich um – allerdings recht plausible – Scheinversprechen handelt. Vielleicht staunt die Öffentlichkeit deshalb so wenig über die innovationseuphorischen Bilder, die Medien gerne von der Schule der Zukunft entwerfen – *Maier* zeichnet sie nach und begründet, wie wenig dies dem eigentlichen Anliegen öffentlicher Bildungsinstitutionen gerecht wird. *Giesecke* fordert mit Nachdruck, das Prinzip Unterricht in einem geläuterten Sinne zu rehabilitieren; weniger als man einmal erhofft habe, sei die Schule in der Lage, familiäre Erziehungsdefizite auszugleichen, geordneter Unterricht aber sei gerade in Zeiten der Verunsicherung ein einzigartiges und nicht zu unterschätzendes Mittel, junge Menschen in einem weitest möglichen Sinne zu gesellschaftlicher Teilhabe zu befähigen. Daß allerdings effektiver Unterricht nicht vorrangig darauf abzielen kann, spielerisch zu sein, Spaß zu machen und einen direkten Nutzen abzuwerfen, darauf weist *Ladenthin* hin; er setzt sich kritisch mit der verbreiteten Überzeugung auseinander, Lernen wäre viel leichter, wenn es möglichst unmethodisch organisiert werde. *Felten* stellt diesem Traumbild vom ,Lernen light' die Ergebnisse aktueller Bildungsstudien gegenüber und leitet daraus ein Anforderungsprofil für Lehrer ab, die nachhaltige Lernerfolge bewirken möchten. Daß dabei auf Noten nicht verzichtet werden kann, begründet *Schilmöller* und weist nach, daß solche Beurteilungen der Entwicklung junger Menschen auch keineswegs schaden müssen. Weitere Beiträge beleuchten die spezifischen Probleme einzelner Schulformen: *Frech-Becker* zeigt, daß gerade leistungsschwächere oder lernbehinderte Schüler diese Benachteiligung am ehesten dann kompensieren können, wenn sie zu einer leistungsbejahenden Arbeitshaltung angeleitet werden. Und *Sprenger* begründet, warum integrierte Gesamtschulen weder bei leistungsschwächeren noch bei begabten Schülern eine optimale Förderung erreichen können.

Das Resümee dieser verschiedenartigen Erfahrungen und Analysen ist eine entschiedene Absage an neue Mythen in der Pädagogik – und gleichzeitig eine realistische Vision von guter Schule: nicht einfach ,die alte Schule', aber auch nicht eine ganz andere. Schule richtig gedacht ist natürlich ein „Haus des Lernens", und zwar in erster Linie für Kinder und Jugendliche: grundlegende Kulturtechniken erwerben, die Welt in Ruhe erforschen und zunehmend verstehen, sich anstrengen und zusammenarbeiten lernen, Neigungen und Eignungen herausbilden und weiterentwickeln. Eine solche Schule muß aber auch eine Stätte des Könnens sein, nämlich seitens der Lehrer: Fachlich kompetent und aktiv, einfühlsam und selbstbewußt sollen sie sein; Kenntnisse sollen sie vermitteln und zur ernsthaften Auseinandersetzung mit Problemen anregen, bei Lernschwierigkeiten ermutigen und Leistungsfähigkeiten beurteilen. Eine gute Schule ist schließlich ein Ort der Zumutung, denn er verlangt auch Eltern etwas ab: Mit Interesse das Lernen ihrer Kinder zu begleiten und dabei auszuhalten, daß diese vor ungewohnte Anforderungen gestellt und vielleicht auch enttäuschend beurteilt werden. Insgesamt ist es eine Schule, in deren Mittelpunkt der Unterricht steht – und damit untrennbar verbunden auch eine angemessene erzieherische Einflußnahme. Lernend erwachsen zu werden und einen sinnvollen Platz in der Gesellschaft einzunehmen, das ist der wichtige und zunehmend schwierige ‚Beruf‘ junger Menschen. Daß er nicht ständig Spaß machen kann, liegt wohl auf der Hand.

Für eine solche Vision spricht viel: Sie ist kein Wolkenkuckucksheim, sondern entspricht der täglichen Unterrichtserfahrung wie auch dem aktuellen Stand der Bildungsforschung. Und sie ist nicht primär abhängig von zusätzlichen finanziellen Mitteln, ließe sich also unschwer verwirklichen. Wären da nicht gewisse ‚Schattenseiten‘: So handelt es sich nicht um eine spektakuläre Neuigkeit, mit der sich Karriere oder pädagogisches Wirken ruhmreich krönen ließe – sondern ‚nur‘ um eine Vielzahl kleiner Verbesserungen, die langen Atem erfordern. Zudem müßten sich viele der in Bildungsfragen Verantwortlichen und Tonangebenden in unserem Land – nach *Giesecke* zwar bloß eine lautstarke Minderheit, die sich jedoch bisher als Avantgarde versteht – von einer Reihe lebensprägender, gleichwohl überholter pädagogischer ‚Wahrheiten‘ trennen. Das würde zwangsläufig auch die kritische Überprüfung selbstauferlegter schulorganisatorischer Fallstricke bedeuten – etwa wirkungslose Eignungsempfehlungen der Grundschule oder übertriebene Ausgleichsmöglichkeiten bei der Versetzung.

Nun erwächst Fortschritt häufig gerade aus der mutigen Korrektur von Fehlern – und seien es auch die Innovationen von gestern. Angesichts einer deutlich gewandelten Jugend zu realisieren, daß reformpädagogische Ideen der 20er und 70er Jahre heute vielfach ins Leere laufen, ist jedenfalls beileibe keine Schmach. Dagegen wäre es müßig, wie gehabt magere Finanzen zu beklagen oder der Gesellschaft den Schwarzen Peter für die Bildungsmisere zuzuschieben – und nichts als Betrug an jungen Menschen, weiterhin an einer Spaßorientierung der Pädagogik festzuhalten.

Eine „Bildungsoffensive“, wie sie Roman *Herzog* in seiner Berliner Rede anmahnte, wird jedenfalls ohne eine deutliche Wende zu einer Lernkultur der Anstrengung nicht zu haben sein. Schule richtig denken und effektiven Unterricht machen – das ist die Zukunftsaufgabe für alle, denen an einer möglichst guten Bildung und Entwicklung unserer Kinder und Jugendlichen wirklich gelegen ist.

*Eine gute Pädagogik*
*verhilft Kindern dazu,*
*ohne Belastungen*
*erwachsen zu werden.*

Wulff D. Rehfus

# Die Verteidigung der Kinder gegen die Pädagogik

„Liebe Frau M.

Ich bin mit meinen Platz überhaupt nicht zu frieder. Ich wollte garnicht neben D. W. sitzen. Ich sitz im Bioraum in Musikraum und jetzt auch noch in der klasseraum neben ihr. Ich wollte neben Corina. Sie hat zwei seiten. Und sie setzen corina an eine Ecke. Neben Meike und luft. Ich hoffe es endert sich bald.                                                                                              Ihre F."

Soweit der Brief einer Schülerin der Klasse 5 eines Gymnasiums an ihre Klassenlehrerin. Das Kind hat von der Grundschule die Beurteilung „geeignet" (nämlich für das Gymnasium) erhalten, und die Noten des Übergangszeugnisses bewegten sich zwischen „sehr gut" und „gut". Die Leistung im „schriftlichen Sprachgebrauch" war mit der Note „sehr gut" beurteilt worden.
Was tut man den Kindern an, wenn sie derart fehlbeurteilt werden? Und warum und wozu führt man die Eltern derart in die Irre?

## 1. Kinder haben nur einen Wunsch: möglichst schnell erwachsen zu werden

Wenn man es ihm nicht systematisch austreibt, will jedes Kind seine Schuhe selbst binden und seinen Mantel selbst zuknöpfen. Kinder wollen keine Hilfe. Alle Kinder wollen selbständig werden. Kein Kind will Kind bleiben. Aus lauter Kindesliebe übersieht die behütende Pädagogik das Kind.
Alle Kinder wollen lernen. Das stimmt schon, aber mit zunehmendem Alter wird das Lernen beschwerlicher. Es wird abstrakter, der unmittelbare Zusammenhang zum Leben verliert sich immer mehr, Lernen geschieht in einer Zwangsgemeinschaft und in einer Zwangssituation und auf Kommando. Da muß der Lehrer dann schon etwas nachhelfen. Die Schüler müssen lernen, sich selbst zu kontrollieren, Triebaufschub zu leisten, sie müssen lernen, gegen die momentane Unlust zu lernen. Jugendliche müssen Disziplin lernen. Und dabei müssen sie erfahren, daß Lernen, daß Erkennen, daß Wissen und Können Freude machen, und daß nur durch Disziplin die Selbständigkeit zu erringen ist, die das Kind, der Jugendliche und der Erwachsene möchten.

„Sapere aude!" Wage es, zu erkennen. Dies, stellte Kant fest, sei der Leitspruch der Aufklärung schlechthin. Er schrieb nicht: „Werde selbständig!" Er fordert nur auf zu denken. Man kann nicht denken lassen. Denken ist immer selbständiges Denken, ein anderes gibt es nicht. Auswendig lernen und deklamieren ist nicht denken. Kant, und mit ihm die gesamte Aufklärung, unterstellt, daß Selbständigkeit und Vernunft bei allen Menschen gleichermaßen vorausgesetzt werden müssen. Deshalb muß der Mensch seine Fähigkeiten nur gebrauchen, und dadurch übt er sie und dadurch verbessert er sie. In der Übung diszipliniert der einzelne seine Vernunft, macht sie dadurch schärfer und *wird* dabei die Selbständigkeit, die er (als Gattungswesen) *ist.*
Habe Mut, Dich Deines eigenen Verstandes zu bedienen.
Es gibt eine Disziplin des Denkens und eine Disziplin des Verhaltens. Die Disziplin des Denkens ist die Methode, die des Verhaltens die Etikette.
Für das christliche Denken des Mittelalters konnte Wahrheit entweder aus der Bibel entnommen werden, denn diese ist das Wort Gottes (und damit die einzige Präsenz des christlichen Gottes auf Erden) oder aber ergab sie sich durch Offenbarung. Die Auslegung der Bibel war dem Klerus vorbehalten, aber die Offenbarung ließ sich nicht erzwingen. Wahrheit war damit nicht willkürlich erkennbar.
Dies ändert sich mit der Neuzeit, d. h. mit der Renaissance, dem Humanismus, dem Protestantismus und der Aufklärung. Ab jetzt galt jeder Mensch, als Gattungswesen, als wahrheitsfähig. Denn der Mensch als solcher besitzt Vernunft und damit die Fähigkeit zur Erkenntnis. Notwendig war es nur, die Vernunft so zu leiten, daß sie auch tatsächlich zur Wahrheit gelangt. Der Name für diese Leitung des Geistes war Methode (vgl. Descartes' Schrift: „Discours de la méthode pour bien conduire la raison et chercher la verité dans les sciences" von 1637).
Methode kommt vom griechischen méthodos und heißt nichts anderes als der Weg. Die Methode ist der Königsweg der Erkenntnis der Wahrheit. Denn die Methode ist deshalb ein Instrument der Wahrheitserkenntnis, weil sie ein Verfahren ist, das durch die Zufälligkeiten des Subjektes, das sich ihrer bedient, nicht beeinflußbar ist. Das heißt, die Anwendung einer Methode verhindert, daß der forschende Mensch durch seine Subjektivität die Ergebnisse verfälscht. Es ist gleichgültig, wer forscht, wann er forscht und in welcher Kultur er forscht: bei der strikten Anwendung ein und derselben Methode muß immer dasselbe Ergebnis herauskommen. Durch die Methode wird Wissenschaft erst möglich und das ermöglicht es, zeit- und kulturinvariante Ergebnisse zu erzielen. Methode ist also die systematische Ausschaltung des Subjektes aus dem Erkenntnisprozeß, sie ist die Selbstkontrolle des Geistes und des Denkens. Als solches unterliegt sie dem Verdikt der „Verkopfung".

Selbständig zu denken setzt die Fähigkeit voraus, sein Denken methodisch zu kontrollieren. Diese Fähigkeit nennt man Disziplin. Damit ist die Selbstdisziplinierung des Denkens eine der wichtigsten Voraussetzungen für die Überwindung des Mittelalters gewesen. Erst mit der Disziplinierung des Denkens beginnt die Vernunft autonom zu werden, und erst die autonome Vernunft vermochte es, den Gedanken der Wissenschaft, der Humanität und Kritik, der Freiheit und Demokratie zu entwickeln. Wer die Disziplin des Denkens abschaffen will, der verspielt damit die kulturellen und politischen Errungenschaften der Moderne.

Alle menschlichen Gemeinschaften entwickelten informelle Regelwerke, um die Verhaltensweisen der Menschen zu steuern. Ihre Aufgabe ist es einerseits, den Menschen zu versittlichen, und andererseits den Umgang zwischen den Menschen dadurch zu erleichtern, daß für alle Fälle Verhaltensregeln aufgestellt werden.

Die Versittlichung, wie sie vornehmlich in den europäischen Umgangsformen zum Ausdruck kommt, besteht darin, daß man seine natürliche Bedürfnisstruktur willkürlichen Regeln unterwirft, die den Sinn haben, das menschliche Verhalten vom tierischen Verhalten abzusetzen. So z. B. bei der Erfindung des Bestecks, wo ein Instrument zwischen Nahrung und Verzehr geschaltet ist, um zum einen die Unmittelbarkeit der Bedürfnisstillung aufzuschieben und zum anderen, um die Berührung der Nahrung zu vermeiden (interessant ist deshalb der Erfolg von McDonald's, wo die Regression in die Entsittlichung zum Eßvergnügen stilisiert wird). Wir unterdrücken die Leibesreaktionen der Gedärme und des Magens. Wir übertünchen die Leibesgerüche mittels der Deodorants.

Am weitesten hat es der Sport gebracht. Hier ist die Verhaltensdisziplin auf die Höhe getrieben: Es geht in jeder Sportart (interessanterweise und korrekt eben „Disziplin" genannt) um die totale Beherrschung des Leibes. Das zeigt: Die Verhaltensdisziplin trägt dazu bei, das Individuum zu versittlichen. Damit ist sie der ganzheitlich-behütenden Schmusepädagogik ein Greuel. Aber Menschlichkeit ist nun einmal die Emanzipation des Menschen aus seiner Natürlichkeit.

Die zwischenmenschlichen Verkehrsformen sind in Europa durch Etikette geregelt. Schopenhauer bezeichnet Höflichkeit als den Abstand, den zwei Igel in der kalten Nacht einnehmen. Höflichkeit regelt das Verhältnis von Nähe und Abstand zwischen den Individuen. Damit entlastet Höflichkeit vor dem Zwang, in jeder Situation neu aushandeln zu müssen, wie man sich zu verhalten hat: Höflichkeit verhindert die Verletzung von Intimität und verhindert zugleich die Isolierung des Individuums von der Gemeinschaft. Die Höflichkeit trägt damit bei zur Versittlichung des lebensweltlichen Alltags.

## 2. Kinder in Deutschland werden mit dem besten pädagogischen Gewissen unterfordert, und was Bildungspolitikern so alles einfällt, um effektiven Unterricht zu verhindern

Und was tut die Kuschelpädagogik? Sie sorgt für die Regression ihrer Schützlinge, die gar nicht geschützt werden wollen, will sie in ewiger Unmittelbarkeit naiven Bewußtseins eines fiktiven Naturzustandes erhalten, denn dies dünkt ihr die rechte, die „authentische Erfahrung" und Lebensweise zu sein. Sie infantilisiert die Kinder mit bestem pädagogischen Gewissen. Schließlich haben die Pädagogen Rousseau gelesen und wissen, daß, in der häßlichen Gesellschaft, der Mensch überall in Fesseln liegt, nur das Kind hat noch die Chance, ihnen zu entkommen. Sei authentisch und ganzheitlich! Die Erben Rousseaus fesseln die Kinder an ihr Kindsein, dem diese gerne entrinnen wollen. So träumen sie die Träume als Erwachsene, die sie gern als Kinder gehabt hätten – jetzt wenigstens, nachdem sie erwachsen sind.

Schüler müssen nicht motiviert werden, sie müssen motiviert sein. Und sie sind es ja auch. Nur das systematisch geschürte pädagogische Mißtrauen von Lehrern in die Schüler führt zum vorsorglichen Motivationsoverkill dienstleistender Pädagogik, die mit dem besten pädagogischen Gewissen motivationsgeschädigte Schulkrüppel produziert, denen die Selbstmotivation zum Denken und Handeln und damit Eigenständigkeit und Eigenverantwortlichkeit gründlich ausgetrieben wurde und die deshalb auch noch als Studenten von ihren Professoren fordern, daß diese sie motivieren mögen.

Deutsche Vorschul- und Grundschulpädagogen unterstellen, daß Kinder zum Lernen motiviert werden müßten. Sie unterstellen, daß man ihnen Selbständigkeit beibringen müsse. Als ob man Selbständigkeit erlernen könne!

Alle Kinder wollen lernen. Aber in Deutschland lernen sie weniger als in den meisten anderen Ländern.

Die Bezirksregierung Düsseldorf (das ist die den Gymnasien vorgesetzte Behörde in NRW) verschickte folgendes Informationsblatt an die Gymnasien: „Das Wissenschaftliche Sekretariat für die Studienreform im Lande NRW hat mir (d.h. dem Regierungspräsidenten) wie in vergangenen Jahren die Hinweise auf Vor- und Brückenkurse 1999 in Mathematik, Physik und Chemie mit der Bitte um Weiterleitung an die betroffenen Schulen meines Bezirks übersandt (…). Weiterhin werden die Schulleitungen gebeten, die beigefügten Informationen rechtzeitig bekannt zu geben, da die Vorkurse für viele Studienanfänger eine wichtige Starthilfe für ihr Studium darstellen (…)."

Die Behörde bescheinigt den Abiturienten, nicht studierfähig zu sein. Die meisten Grundschullehrer (aber auch andere) unterfordern ihre Schüler, und dies führt zu einer Überforderung der Kinder durch die Eltern und zu einem

16

Scheitern der Kinder, wenn die Eltern durch Täuschung seitens der Schule die falschen Bildungswege für ihre Kinder aussuchen. Und wenn dies geschehen ist, können sie das Scheitern ihrer Kinder verständlicherweise nicht als Versagen ihrer Kinder erkennen, sondern nur als ein Versagen der Lehrer. Und so klagt man denn. Ein Rechtsanwalt legt Widerspruch ein gegen ein Zeugnis: „Die Leistungen meines Mandanten in den Fächern Deutsch, Politik, Mathematik sowie Musik in der Klasse 10 wurden mit mangelhaft bewertet. Diese Beurteilungen sind nicht nachvollziehbar und bedürfen aus folgenden Gründen einer Überprüfung (…). Da die schriftlichen Leistungen meines Mandanten nicht eine Bewertung mit mangelhaft erforderten, könnte dies allenfalls mit den zu geringen Leistungen meines Mandanten im mündlichen Bereich begründet werden. Mein Mandant leidet an einer Unterfunktion der Hirnanhangdrüse, die den Ersatz der jeweiligen Hormone notwendig machen. Entsprechend den Hormonausfällen kann es zu Konzentrationsschwächen, Müdigkeitssymptomen und Antriebsarmut kommen. (…). Anläßlich eines Elternsprechtages (…) mußte die Mutter meines Mandanten (…) feststellen, daß (drei Lehrer) von der Krankheit meines Mandanten nichts bekannt war. Dies beinhaltet natürlich, daß diese drei Lehrer auf die Krankheit meines Mandanten keine Rücksicht nehmen konnten. (…). Aus der Krankheit meines Mandanten resultiert eine chronische Müdigkeit, Antriebsarmut sowie Lernschwäche (…). Aufgrund der fehlenden Wachstumshormonwirkungen im Verlauf des letzten Jahres läßt sich eine deutliche Leistungseinschränkung bei meinem Mandanten erklären (…). Diese Krankheit meines Mandanten, die sich nicht nur in Müdigkeit, Antriebsarmut sowie Lernschwäche bemerkbar machte, sondern zudem natürlich auch meinen Mandanten in erheblicher Art psychisch belastete, hätte bei der Benotung der Leistungen meines Mandanten berücksichtigt werden müssen."
Der Rechtsanwalt stellt also die Lernschwäche und Leistungseinschränkung des Kindes gar nicht in Frage, sondern ist nur der Auffassung, daß das Kind für seine Minderleistung einen Bonus habe erhalten müssen.
Dem neuen „Seminarrahmenkonzept für die Sekundarstufe II" in Nordrhein-Westfalen (Düsseldorf 1997) gelingt es nun, die Situation noch verzweifelter zu machen. Die Ausbildung der Studienreferendare ist nicht auf Bildung und Kultur angelegt, weder auf Humanität noch auf Aufklärung. Statt dessen sollen die Referendare in der „subjektorientierten Ausbildung" auf ein „verändertes Berufsfeld" vorbereitet werden. Dazu sollen die angehenden Lehrer dann Introspektion betreiben und ihre „eigene Lernbiographie", ihre „subjektiven Theorien" und „Bilder von Lehrenden und Unterricht" „aufarbeiten". Referendare müssen nämlich nicht nur unterrichten und erziehen, sondern auch beraten, verwalten, organisieren und innovieren. In ihrer „Beratungsfunktion"

sollen dann ausgerechnet Studienräte die Schüler in Konflikt- und Krisensituationen beraten, sie sollen mit ihnen „orientierende und klärende Gespräche über individuelle Sinn- und Wertfragen" führen „bis hin zu Formen kollegialer Praxisberatung" (wobei die Schüler offensichtlich zu Kollegen mutiert sind). Dazu ist gründliches Fachwissen natürlich nicht mehr erforderlich. Die „Sachkompetenz", die vom Referendar erwartet wird, schrumpft deshalb auch auf eine „fachlich-didaktische Kompetenz und Methodenkompetenz", die flankiert werden durch eine „Sozialkompetenz" und eine „Selbstkompetenz".

Der pädagogisch ungeschulte Mensch ist der naiven Auffassung, daß es die Aufgabe des Lehrers sei, aufgrund seiner Sachkompetenz Schüler in bestimmten Fächern zu unterrichten. Weit gefehlt, erfährt die Öffentlichkeit nun aus dem Ministerium für Schule und Weiterbildung. Selbstkritisch wird Selbstkritik geübt und Besserung angeordnet. Zunächst einmal ist es die Aufgabe des Lehrers, seine Subjektivität „aufzuarbeiten". Nun versteht man ja noch das Wort „arbeiten", was aber heißt „*auf*arbeiten"? Ergebnis dieser Tätigkeit jedenfalls soll „Selbstkompetenz" sein. Studienräte sollen also lernen, für sich selbst zuständig zu sein. Was das wohl heißen mag? Wenn sie dies jedenfalls gelernt haben, können sie sich dann mutig und kompetent an die Therapie von Jugendlichen machen. Unterricht wird zur Gruppentherapie dilettierender Pädagogen.

Nun stimmt es natürlich, daß Lehrer außer Unterricht auch noch andere Tätigkeiten an der Schule verrichten müssen. Ungewöhnlich ist nur, daß bei der Beurteilung der Qualifikation der Referendare das Hauptgewicht künftig nicht mehr auf seiner Unterrichtstätigkeit liegen soll, sondern gleichberechtigt auf diesen weiteren Funktionen. Die Ausrichtung der Referendarausbildung auf den Unterricht sei nämlich ein Mißverständnis in der Vergangenheit gewesen, das es nun zu korrigieren gelte. Dazu sollen sich die Fachleiter aus der Ausbildung immer mehr zurückziehen, und die Referendare sollen sich selbst aus den einengenden Strukturen ihrer Ausbildungssituation emanzipieren. Die Studienseminare ihrerseits sollen diesem Trend dadurch nachkommen, daß sie sich „*individuelle* Seminarprogramme" erstellen. Nun haben die Studien des Max-Planck-Instituts die großen Unterschiede im Leistungsstand der Schüler zwischen den Bundesländern hinlänglich offengelegt. Anstatt deshalb eine Vereinheitlichung der Anforderungen anzustreben, verordnet das Ministerium in NRW, daß selbst die Ausbildung der Lehrer an jedem Studienseminar des Bundeslandes seine eigenen pädagogischen Schwerpunkte setzen muß – eine ungewöhnliche Therapie gemessen an der Diagnose.

Bedenkt man die Fehlleistungen der schon bestehenden Ausbildung der Studienreferendare, dann kann man nur die Forderung aufstellen, die Seminare am besten zu schließen und die angehenden Lehrer nach ihrem Universitätsabschluß sofort an die Schulen zu schicken. Liest man nun aber noch die neue Ausbildungskonzeption von Nordrhein-Westfalen, dann bleibt nur noch Zynismus übrig: Glücklicherweise werden in den nächsten Jahren keine derart ausgebildeten Referendare eingestellt.

Anzumerken ist: Die hier bemängelten Mißstände sind sozusagen institutionalisierte, die glücklicherweise nicht an allen Universitäten und nicht von allen Professoren und nicht an allen Studienseminaren und nicht von allen Fachleitern vollstreckt werden. Es gibt auch in Deutschland noch hoch qualifizierte Hochschulausbildung und hervorragende Referendarausbildung. Doch die müssen gegen institutionelle Zwänge und Widerstände durchgesetzt werden.

## 3. Wie Lehrer in Deutschland Lehrer werden

Deutschland leistet sich, im internationalen Vergleich gesehen, eines der zeitaufwendigsten, teuersten und gründlichsten Ausbildungssysteme für Lehrer. Trotz des hohen Aufwands sind die Ergebnisse niederschmetternd, wie die Untersuchungen des Max-Planck-Instituts für Bildungsforschung in Berlin im Rahmen der „Dritten internationalen mathematisch-naturwissenschaftlichen Studien" (TIMSS II und III) ergeben haben. In den Naturwissenschaften sind deutsche Schüler sowohl in der Mittelstufe als auch in der Oberstufe international gesehen allenfalls Mittelmaß, und dies trifft selbst für die „Leistungskurse" zu, von denen in der veröffentlichten Meinung immer wieder behauptete wurde, daß sie die Anfangssemester an der Universität schon vorwegnehmen würden, insofern viel zu „verkopft" seien und deshalb dringend „zurückgefahren" werden müßten (so nennt man das heute).

Referendare sind fast durchweg hoch motiviert, und nach wie vor sind die fachliche Kompetenz und die praktische Eignung der Kandidaten gemäß der Gaußschen Normalverteilung gestreut. Von der Tendenz her gesehen ist aber festzustellen, daß insgesamt die Fachkompetenz nachläßt, sowohl im Detail als auch in der Breite und Tiefe. Dies liegt daran, daß schon während des Fachstudiums an der Universität zunehmend pädagogisch-didaktische und unterrichtspraktische Ausbildungselemente zu Pflichtveranstaltungen wurden, so daß die Zeit der Studenten, sich auf ihre Fächer zu konzentrieren, beschnitten ist. Zweitens liegt dies daran, daß Referendare zunehmend nur an einer Universität studieren und sich auf wenige Professoren und deren Spezialthemen konzentrieren, so daß andere Fachgebiete leicht außer Blick geraten. Und dies liegt drittens daran, daß die Prüfungen sowohl an der Universität als auch am Studienseminar nicht immer mit der notwendigen Sachstrenge durchgeführt werden, so daß zu viele unverdientermaßen ihr Examen bestehen.

Auf breiter Front hat sich die Meinung durchgesetzt, daß das Studium zu „verkopft" sei, daß viel zu viel „totes" und „nutzloses" Wissen erlernt würde (wobei einigermaßen unklar ist, was denn der Bezugspunkt des „Nutzens" sein soll), daß es statt dessen jedoch auf „Kreativität", auf „Spontaneität", auf „Selbsttätigkeit", auf „Engagement" und auf Spaß ankomme. Und so setzte sich die Pädagogik gegen das Fachwissen durch.

Dem schwachen Denken und dem in Praxis Unerfahrenen leuchtet der Vorrang der Pädagogik offensichtlich ein. Indessen ist es völlig uneinsichtig, weshalb das Fachstudium belastet wird durch eine vorweggenommene didaktisch-praktische Ausbildung, die zu allem Überfluß auch noch der institutionalisierte Dilettantismus ist. Denn erstens werden die fachdidaktischen Veranstaltungen in der Regel nicht von ausgewiesenen Fachdidaktikern durchgeführt, sondern von praktizierenden Lehrern. Zweitens gestatten die 12 Doppelstunden, die an der Universität für die Fachdidaktik pro Semester zur Verfügung stehen, schon aus Zeitgründen keine seriöse Ausbildung. Drittens ist die sachlich notwendige Verbindung von Theorie (im Seminar an der Universität) und unterrichtspraktischer Erfahrung (an der Schule) aus organisatorischen und zeitlichen Gründen nicht möglich.

Nun könnten diese organisatorisch-zeitlichen Probleme sicherlich gelöst werden, aber eben nur, wenn das Fachstudium noch weiter beschnitten würde.

## 4. Fehlleistungen von Lehrern

Die meisten Probleme, mit denen sich Schulleiter befassen müssen, sind menschliche Fehlleistungen von Kollegen. Geht man diesen nach, stellt sich in der Regel heraus, daß unangemessenes Lehrerverhalten in grundlegenden Dispositionen der Lehrerpersönlichkeit angelegt ist.

Der Grundirrtum der universitären Pädagogik und Lehrerausbildung ist es nun, zu meinen, solche Mängel beheben zu können. Doch auf diesem Gebiet der Lehrerpersönlichkeit versagt die gesamte Pädagogik und entsprechend die Lehrerausbildung. Es handelt sich dabei nämlich gar nicht um wissenschaftlich-pädagogische Fragen, vielmehr um Fragen der Gesittetheit, des Taktes, der schlichten Höflichkeit und der Empathiefähigkeit im zwischenmenschlichen Umgang. Und ein Gebrechen in diesem Bereich ist leider gar nicht zu beheben.

Nicht also, weil das Studium zu kopflastig sei und pädagogische Anteile fehlten, sondern weil menschliche Defizite in Einstellungen und im Verhalten durch kein Studium behoben werden können, deshalb können die angehenden Pädagogen Menschenfreundlichkeit und Freude am Umgang mit Kindern und Heranwachsenden an keiner Hochschule erlernen. Freude läßt sich bekanntlich nicht erzwingen, man hat sie eben oder nicht, und ebenso Menschlichkeit und Verständnisbereitschaft und Zuwendungsfähigkeit. Die „humane Kompetenz" also, die jeder benötigt, der mit Menschen umgeht und insbesondere mit Jugendlichen, den Takt und die Zuwendungsfähigkeit, die Offenheit und die Geduld erlernt man im Leben oder überhaupt nicht. Wer sie nicht besitzt, dem nutzen weder „Themenzentrierte Interaktion" noch „Supervising", noch sonstige Kommunikationstechniken und Verhaltenstrainings, aus dem einfachen Grund, weil Menschlichkeit und Freundlichkeit keine Techniken sind.

Der eigentliche Bereich der Lehrerausbildung ist deshalb die Schulung der pädagogisch-didaktischen Fähigkeiten, wie nämlich Unterricht effektiv zu gestalten ist, so daß die Schüler Freude und Erfolg haben am und beim Erkennen und Lernen. Doch auch in diesem ihrem eigentlichen Aufgabenfeld versagt die Ausbildung. Die didaktischen Modelle und unterrichtspraktischen Methoden, gemäß denen die Referendare unterrichten sollen, sind nämlich sehr ideologieanfällig und pädagogischen Moden unterworfen. So gibt es seit geraumer Zeit einen breiten Strom, der den „lehrerzentrierten" Unterricht ablehnt und den „schülerorientierten" Unterricht bevorzugt, die Gruppenarbeit, die Schülerinteraktionen, die Handlungsorientierung, „kreatives Lernen", „Produktorientierung" bis hin zu offenen Formen des Unterrichtens wie Freiarbeit und Projektarbeit.

Selbst vor anekdotisch lächerlichen Forderungen schrecken Pädagogen nicht zurück, und so empfehlen sie zur Qualitätssteigerung des Unterrichts, ihn nicht mehr im 45-Minuten-Rhythmus zu erteilen oder, um die Schulerfolge der Mädchen zu steigern, im mathematisch-naturwissenschaftlichen Unterricht die Koedukation aufzuheben. Daß die Qualität des Unterrichts weniger von äußerlichen Organisations- und Strukturfragen abhängig ist, sondern von der Qualität des Lehrers, kommt diesen Pädagogen nicht in den Sinn.

Die Überbetonung der Organisationsform des Unterrichtens führt zu einer Methodenorgie bei der Zweiten Staatsprüfung. Die Qualität des Unterrichts nämlich erweise sich daran, welche Methode ein Lehrer wähle. Ergebnis dieser Fehleinschätzung ist, daß sich die Methoden so verselbständigen, daß sie gar nicht mehr in bezug gesetzt werden zu den Inhalten und zu den Lernergebnissen, geschweige zur Lerngruppe und dem Unterrichtenden. Daß Methode nicht Ziel, sondern Weg ist, ist offensichtlich vergessen. So meint der eine Fachleiter, daß in jeder Stunde ein „Methodenwechsel" stattfinden müsse, der andere meint, daß Gruppenarbeit unabdingbar sei, und der nächste meint, auf Schülerinteraktionen nicht verzichten zu können, für einen anderen ist der Lehrervortrag die didaktische Todsünde schlechthin usw. usf.

Diese Tatsache, daß die Methoden einen Eigenwert erhalten und völlig unabhängig vom Lernergebnis beurteilt werden, ist der Methodenfetischismus in der Referendarausbildung.

Da der Methodenfetischismus den Weg unabhängig vom Inhalt und dem Ergebnis beurteilt, sind die unterrichtspraktischen Methoden hemmungslos dem Zeitgeist ausgesetzt, den Modeströmungen und den subjektiven Vorlieben und Abneigungen des Fachleiters. Da unbeschadet hiervon jedoch der Methodenfetischismus auf breiter Front gesiegt hat, kommt es dazu, daß methodische Irrläufer, die fachliche und menschliche Defizite haben, auf Jugendliche losgelassen werden.

Wenn die deutsche Schule im internationalen Vergleich so jämmerlich abschneidet, dann liegt dies daran, daß die Ausbildung drei entscheidende Qualitäten des Lehrers sträflich vernachlässigt hat: Fachwissen, Menschenfreundlichkeit und Erklärungskompetenz.

Die Forderung, das Fachstudium zugunsten von Pädagogik noch weiter zu kürzen, erweist sich deshalb als ein fataler Fehlweg. Die humane Zuwendungsfähigkeit würde dadurch nicht gesteigert, die Fachkompetenz jedoch verringert werden.

## 5. Weshalb die Pädagogik, nachdem sie überexpandierte, in ihre Grenzen verwiesen werden muß

Pädagogik und Didaktik breiten sich wie eine Seuche aus und vernichten ihre Wirtskörper, die Lebenswelt, die universitäre Forschung und Lehre und die Lehrerausbildung, immer mehr.

Tatsächlich hat sich der pädagogische Imperialismus immer mehr Gebiete unterworfen:

*Schulintern* maßte er sich an, die Jugendlichen vor Drogen schützen zu können, ausländische Kinder integrieren zu können, Verkehrs- und Umwelterziehung leisten zu können usw. usf. Indessen hat die Überdehnung der Schule durch die Übernahme von sachfremden Leistungen das System überfordert und deshalb zerstört. Die Folge ist, daß die Lehrer ihren überkommenen Aufgaben der Erziehung und Bildung nicht mehr gerecht werden können und daß sie an den neu gesetzten Aufgaben ebenfalls scheitern. Zu Recht ist deshalb das Ansehen der Lehrerschaft in den letzten Jahren rapide gesunken.

An der *Universität* maßte sich der pädagogische Imperialismus an, Vorlesungen, Übungen und Praktika effektiver gestalten zu können. Indessen hatte die Didaktisierung der Universität zur Folge, daß der Anteil des Fachstudiums zugunsten pädagogischer Anteile geschrumpft ist, und hat damit dazu beigetragen, daß die fachliche Qualität zumindest der Lehramtsstudenten gesunken ist. Mit aus diesen Gründen ist die Reputation der deutschen Universitäten in den letzten Jahren zu Recht rapide gesunken.

*Lebensweltlich* maßte sich der pädagogische Imperialismus an, Deutschland vor einem neuen Nationalsozialismus retten zu können, desgleichen vor Krieg und Diktatur. Indessen hatte die Pädagogisierung der Lebenswelt zur Folge, daß sich heute viele Eltern nicht mehr zutrauen, ihre eigenen Kinder zu erziehen, ohne ein pädagogisches Handbuch gewälzt zu haben, und daß viele Eltern darauf verzichten, ihre Kinder überhaupt noch zu erziehen, und dies den Kindergärten und Schulen und gegebenenfalls dem Jugendamt überlassen. Dies ist mit ein Grund, weshalb zu viele Jugendliche heute sozialpädagogisiert in ihrem Leben scheitern. Bekanntlich ist in den letzten Jahren auch die rechtsradikale Gewalt nicht gesunken, sondern gestiegen.

Die Aufblähung ihres Kompetenzanspruchs hat der Pädagogik zwar Planstellen und gesellschaftlichen Einfluß beschert, jedoch der Öffentlichkeit, der Schule und der Universität, der Kultur und der Gesellschaft geschadet und die Pädagogik in Mißkredit gebracht.

Zum Schutz der Bildung und zum Schutz der seriösen Pädagogik muß deshalb die imperialistische Pädagogik entmachtet werden. Und zugleich müssen Pädagogik und Didaktik, müssen Universität und Schule entpolitisiert werden. Es ist schlicht eine Kategorienverwechslung, wenn eine Institution der Bildung und Erziehung mit der Begrifflichkeit der Staatslehre beschrieben wird – ein Mißverständnis wie die bewußtlose Rede vom „demokratischen Lehrstil". Zweifelsohne soll auch Schule die Jugendlichen auf die Demokratie *vorbereiten*, dies setzt aber die *Differenz* beider Bereiche voraus. Eine umstandslose Amalgamierung beider Bereiche schadet diesem Auftrag.

Im Kern handelt es sich um das alte pädagogische Problem, wie es der *heteronomen* Erziehung gelingen könne, *Autonomie* herzustellen. Immanuel Kant hat dies in „Über Pädagogik" so formuliert: „Eines der größten Probleme der Erziehung ist, wie man die Unterwerfung unter den gesetzlichen Zwang mit der Fähigkeit, sich seiner Freiheit zu bedienen, vereinigen könne. Denn Zwang ist nötig. Wie kultiviere ich die Freiheit bei dem Zwange? Ich soll meinen Zögling gewöhnen, einen Zwang seiner Freiheit zu dulden, und soll ihn selbst zugleich anführen, seine Freiheit gut zu gebrauchen." So jedoch, wie heute, der Kategorienverwechslung wegen, Demokratie in den Schulen praktiziert wird, wird Demokratie eher denunziert. Die viel zu vielen Gremien und die nur transitorisch-kurzfristige Besetzung der Mitwirkungsorgane machen die Schülermitwirkung *in den Augen der Schüler* zur Farce. Man muß nur einmal zusehen, wie Kurssprecher und deren Vertreter gewählt werden.

Der imperialistische Übergriff der Pädagogik machte die Vorschulerziehung und Grundschuldidaktik zum Paradigma jeglichen Unterrichtens und jeglicher Erziehung – bis hin zur Erwachsenenbildung und zum Studium. Dies ist, weit entfernt davon, Demokratie zu stabilisieren, die (pseudo-)wissenschaftlich betriebene Infantilisierung und Idiotisierung unserer Kultur.

Die Didaktisierung des Lernens ist bei Lichte betrachtet die Rache der Pädagogik an der Schule angesichts ihrer eigenen lebensweltlichen Bedeutungslosigkeit. Die Didaktisierung des Unterrichts zerstört die Bildungsidee des Gymnasiums, weil dadurch Bildung zu „didaktisch reglementierten Vermittlungsprozessen" degeneriert (vgl. dazu den Aufsatz von Mittelstraß in Brinek/Schirlbauer: Vom Sinn und Unsinn der Hochschuldidaktik. Wien 1996).

Die Universität muß sich gegen die zunehmende Pädagogisierung und Didaktisierung des Studiums zur Wehr setzen, ebenso die Lebenswelt und die Schule. Der pädagogische Imperialismus muß gebrochen werden.

# 6. Über den Verlust des Lernerfolgs in der Schule

1996 hat das Max-Planck-Institut für Bildungsforschung Berlin in seinem 2. Bericht über „Bildungsverläufe und psychosoziale Entwicklungen im Jugendalter" (BIJU) die Auswirkung von „offenem Unterricht" in den Jahrgängen 7 bis 10 näher untersucht. Nach diesen Studien ist die „direkte Instruktion" die wirkungsvollste Form des Lehrens. Ein guter Lehrer verfügt über eine geschickte Fragetechnik und hohe Leistungerwartungen. Er hält einen wohlgeplanten und streng organisierten Unterricht, der das aufgabenbezogene Verhalten der Schüler sicherstellt, das zielerreichende Lernen betont, tutorielle Hilfen gibt und diagnostische Rückmeldungen bietet.

Was den „guten Unterricht" ausmacht, wird wie folgt beschrieben:
- daß ein hoher Lernzuwachs erstens einem höheren Anteil an „lehrergeleitetem Unterricht" entspricht,
- daß ein hoher Lernzuwachs zweitens den Vorrang des „fachlichen Lernens" bei „deutlich geringerer Schülerpartizipation" hinsichtlich der Auswahl von Unterrichtsinhalten erfordert
- und daß ein hoher Lernzuwachs drittens schließlich einen „niedrigen Individualisierungsgrad" der Lernprozesse innerhalb einer Lerngruppe erfordert, also auf Binnendifferenzierung verzichtet. (S. 35 ff.)

Zusammenfassend kommt die Studie zum Ergebnis: „Entscheidend (…) ist, daß Lehrer bei ihrem Unterricht lehrerzentrierte Formen, die eher leistungsfördernd sind, mit solchen Elementen schülerorientierten Unterrichts verbinden, die ein emotional warmes Klima erzeugen, in dem das sozio-emotionale Engagement des Lehrers deutlich wird und sozialen Beziehungen zwischen Lehrern und Schüler eine wichtige Rolle zukommt. Dagegen scheinen offene Formen des Unterrichts wie die Mitgestaltung von Unterrichtsinhalten durch Schüler nicht so entscheidend für eine positive motivationale Entwicklung zu sein, zumal dann, wenn ein derart organisierter Unterricht von den Schülern als wenig strukturiert und undiszipliniert-chaotisch erlebt wird." (S. 42)

Der erfolgreichste Unterricht, so läßt sich zusammenfassen, scheint der traditionelle Unterricht zu sein. Nur sagt man heute nicht mehr „lehrerzentriert", sondern „lehrergeleitet", und weil es sich auf Englisch weniger autoritär anhört, spricht man vom „direct teaching", manchmal auch in der neudeutschen Übersetzung als „Direkte Instruktion".

Da haben nun Bildungspolitiker und Pädagogikprofessoren unisono mit den Medien 30 Jahre lang Abstraktionsleistungen von Schülern als „Verkopfung des Lernens" diskreditiert und statt dessen „soziales Lernen" propagiert und die kommunikative Verständigung. Und heute wundern sie sich angesichts der erschütternden Ergebnisse im Fach Mathematik, daß Schüler zu Abstraktionsleistungen nicht mehr in der Lage sind. Anstatt aber nun eine Kehrtwendung zu vollziehen, geht man den Fehlweg nur noch entschlossener voran und fordert Handlungsorientierung, Freiarbeit und die Auflösung der Fächer.

Wenn nun also das deutsche Bildungswesen im internationalen Vergleich nur sehr mäßig abschneidet, muß man sich nicht wundern, wenn von der Öffentlichkeit eine Kürzung der Lehrergehälter begrüßt wird, denn der Öffentlichkeit sind die Gründe hierfür nicht bekannt. Wenn aber genau diejenigen, die den Niedergang des deutschen Bildungswesens politisch zu verantworten haben, dies fordern, dann ist dies schon verblüffend. Sachlich und moralisch angemessen wäre es, wenn die Verantwortlichen an den pädagogischen Instituten der Hochschulen und in den Ministerien der Länder von ihren Ämtern zurückträten, um endlich den Weg frei zu machen für eine gründliche Sanierung des deutschen Bildungswesens.

In England ist ja nun bekanntlich die Labour-Party an die Macht gekommen. Ausgerechnet der sozialistische Bildungsminister, David Blunkett, hat sofort reagiert und die moderne, scheinfortschrittliche „Pädagogik vom Kinde her", die das spielerische Lernen propagiert und vor lauter Ermutigung nicht mehr wagt, die tatsächliche Leistungsfähigkeit von Jugendlichen zu benennen, abgeschafft. Er vertritt den schulinternen Wettbewerb, der auf Anstrengung nicht verzichten kann. Wenn ausgerechnet ein sozialistischer Bildungsminister diese Position vertritt, dann hat er offenbar bemerkt, daß die bildungspolitische Position der letzten dreißig Jahre die gesellschaftlich ohnehin Benachteiligten noch weiter benachteiligt. In Deutschland hat es diese Erkenntnis sehr schwer.

# 7. Über moralische Erziehung

Wir können nicht davon ausgehen, daß alle Menschen aus lauter Liebe und wechselseitigem Wohlwollen miteinander umgehen; deshalb, weil moralisches Empfinden nicht angeboren ist. Vielmehr ist moralisches Verhalten eine kulturelle Leistung, die dem Kind anerzogen werden muß. Moralisches Verhalten bedarf behutsamer Pflege. Dazu brauchen Jugendliche Erwachsene; sie brauchen Erwachsene, die sich nicht als Jugendliche aufspielen. Sie brauchen sie als Erwachsene, als Erfahrenere, als Klügere. Die Erwachsenen müssen die Instanz sein, an der sich die Jugendlichen intellektuell und moralisch abarbeiten können. Nichts ist schädlicher für die Selbstfindung, als wenn die Jugendlichen in die Leere des allgegenwärtigen Verständnisses rennen, das in Wahrheit demokratisch-moralisch kaschiertes Desinteresse ist. Um moralisch und intellektuell zu wachsen, bedarf es des intellektuellen Widerparts. Die Erwachsenen müssen endlich wieder bereit sein, ihre Rolle zu übernehmen, nämlich Erwachsene zu sein. So müssen Eltern das Andere ihrer Kinder sein, nämlich Eltern. Väter müssen Väter, Mütter müssen Mütter sein.

Derjenige ist moralisches Subjekt, der recht handelt. Die Erziehung muß deshalb so auf die Jugendlichen einwirken, daß in ihnen die Neigung vertilgt wird, Unrecht zu tun. Dazu müssen die Erwachsenen an die Einsicht der Jugendlichen appellieren. Indessen: Das *Lehren* des Guten ist aber keine Garantie für moralische Erziehung. Es ist das europäische Mißverständnis von Sokrates bis zur Aufklärung zu meinen, daß sittliches Verhalten eine Frage der Kenntnis sei. Selbst das Wissen um das Gute hindert nicht daran, das Böse zu tun. Die „dianoetische Erziehung" (Aristoteles) über die Verstandestätigkeit scheitert.

So bleibt nur der eine Weg, nämlich die „ethische Erziehung" (Aristoteles): Tugend (Arete) bedarf der Pflege. Normen und Werte müssen *vorgelebt* und *eingeübt* werden. Die Erwachsenen und insbesondere die Eltern müssen Sittlichkeit praktizieren. Nur das gelebte Beispiel hat die Kraft, Jugendliche zu überzeugen.

Wenn es jedoch auch dann nicht gelingt, Jugendliche zu moralischen Subjekten zu erziehen, wenn es also nicht gelingt, sie dazu zu bewegen, das *Gute* aus Überzeugung zu *tun*, dann muß die Gesellschaft zumindest Sorge tragen, daß andere vor *Unrecht geschützt* werden. Denn was auf jeden Fall verhindert werden muß, ist, daß einer Unrecht *erleidet*. Zu erinnern ist an die populäre Fassung von Kants „Kategorischem Imperativ": Die Freiheit im Handeln und Verhalten endet dort, wo die Freiheit im Handeln und Verhalten eines anderen beginnt oder dieser in seiner Würde verletzt wird.

Wo diese Grenze überschritten wird, sind Sanktionen notwendig. Ihr Sinn ist nicht die *Vergeltung vergangenen* Fehlverhaltens, sondern die *Verhinderung zukünftigen* Fehlverhaltens, um nämlich die Freiheit der anderen zu bewahren.

In der heutigen Erziehung geht es weniger um moralische Prinzipien, als um das reale Verhalten von Erwachsenen und Jugendlichen. Es geht um schlichte Höflichkeits-, Umgangs- und Anstandsformen, die von zu vielen Jugendlichen und Erwachsenen nicht mehr eingehalten werden.

Nun ist die Einübung von Höflichkeits- und Umgangsformen in erster Linie die Aufgabe der Eltern. Wenn die Eltern jedoch auf Erziehung verzichten, dann wird die Lücke von anderen gestopft: Werbung und Popmusik sorgen schon heute für neue Identifizierungsmuster der verwaisten und enterbten Jugendlichen. Statt human plausibilisierte Verhaltensweisen in Elternhaus und Schule anzuerziehen, gibt inzwischen das Fernsehen die Verhaltensmuster vor, die im Alltag und der häuslichen und schulischen Erziehung meist nicht mehr korrigiert werden.

Immer mehr setzen sich die Maßstäbe von RTL plus, der Popmusik und der Werbung auch im Alltag durch. Verhaltensnormen finden die Jugendlichen in den Gewaltdarstellungen, der verfilmten Sexualität, der Popmusik, der Werbung und dem Konsum. Diese werden zu den geistigen und emotionalen und dadurch auch faktisch wirksamen Eckdaten des Fühlens, Denkens und Verhaltens ganzer Generationen. Video-Clips und Popmusik verstopfen Augen, Ohren und Geist. Die Welt reduziert sich auf Bizarrerien schlechten Geschmacks, die abgrundtief leer sind. Der Imperialismus des schlechten Geschmacks, der Seichtigkeit und Brutalität dringt in alle gesellschaftlichen Schichten ein und wird kulturell dominierend.

Das zeigt: Sollen die Jugendlichen zu moralischen Subjekten erzogen werden, müssen nicht nur die Eltern, sondern auch die Öffentlichkeit, müssen die Medien, die Werbung, die Unterhaltungsindustrie, die Popmusik, die Rundfunk- und Fernsehanstalten insbesondere mit ihren Jugendmagazinen und die Illustrierten in die Pflicht genommen werden. Denn die Erziehungsarbeit wird, ob wissentlich oder nicht, nicht nur von den Eltern, sondern von der gesamten Öffentlichkeit geleistet. All diese Institutionen sollten einmal prüfen, welche Sprache sie sprechen, welche Werte sie transportieren und welche Lebensstile sie propagieren.

Weil die elterliche und öffentliche Erziehung heute jedoch im großen Maße versagen, deshalb sind die Klagen der Erwachsenen heute über die Jugendlichen Heuchelei. Die Jugendlichen verhalten sich nämlich genau so, wie sie es aus der Erwachsenenwelt gelernt haben. Die Erwachsenen haben genau die Jugend, die sie verdienen.

*Schulisches Lernen
sollte viel menschlicher
gestaltet werden.*

Alfred Schirlbauer

# ‚Humanes Lernen' – eine Mogelpackung

## Bilanz und Kritik reformpädagogischer Unterrichtsmethoden

Die ideologischen Verhältnisse sind ziemlich verwickelt, pädagogisch wie politisch. Eindeutige Zuordnungen in das bekannte Links-Rechts-Schema sind kaum mehr möglich. Die für heute reaktivierten Konzepte der Reformpädagogik (1900–1933) sind zwar im Kern präfaschistisch. Lanciert werden sie aber von einer sich als links verstehenden Szene und v. a. von der alternativen. Unterstützung wird ihnen aber auch zuteil von kirchlichen Kreisen. Die Lektüre der Originalschriften der Reformer von damals dürfte also ziemlich selektiv erfolgen.

Auf der anderen Seite gibt es aber auch Kritiker der Bewegung des „humanen Lernens", konservative, aber auch einige linke. Woher also der Erfolg dieser Bewegung? An den politischen Konnotationen kann es nicht liegen. Denn diese sind nicht eindeutig. Allenfalls sind Mehrheiten zu konstatieren.

Meine These: Der Erfolg der neoreformpädagogischen Bemühungen (aber auch schon die Kraft der Reformpädagogik des frühen 20. Jhs.) ist auf ihre faszinierende denkerische Niveaulosigkeit zurückzuführen. Im Gegensatz zur etablierten akademischen Pädagogik der zwanziger Jahre wurden die Schriften der Reformpädagogen damals immer gleich verstanden.

Der Berliner Philosoph, Pädagoge und Historiker Friedrich Paulsen (1846–1908) kommentierte den Erfolg Ellen Keys – innerhalb weniger Jahre verkaufte sich ihr „Jahrhundert des Kindes" 22 000mal – mit der Bemerkung, es handle sich um „Backfischliteratur", um „ein Gemisch von wohlmeinender Trivialität, schwungvoller Beredsamkeit, maßlosen Anklagen, dissoluter Dünkelei und Meinerei mit Zwischenreden des gesunden Menschenverstandes." (vgl. Nachwort zur Neuausgabe Key). In der Tat. Ob man nun Hermann Lietz, Berthold Otto, Ludwig Gurlitt, Peter Petersen oder auch Celestin Freinet (einen der wenigen Kommunisten im Kreis der Reform) liest, der Eindruck ist der, den Friedrich Paulsen gewann: Die Sprache der Reform ist metaphernreich, anschaulich, kraftvoll, dem Aufruf, der Propaganda abgeschaut, mitunter auch der Verkündigung und der Prophetie. Die Thesen der Reformer zwingen an keiner Stelle zum Denken. Ohne jeglichen analytischen Charakter scheinen sie unmittelbar einzuleuchten. Es wimmelt von Aphorismen und Gleichnissen.

# 1. Reformpädagogik – Humanes Lernen damals

Der Affront der Reform richtet sich v. a. gegen die Buch-, Lern- und Unterrichtsschule, im Grunde gegen das Wissen, im weiteren gegen den Intellekt, gegen die Wissenschaft, gegen die Technik, Industrie und Verwaltung. Beim Frühstück im Grünen und Liedgesang sollte der „Neue Mensch" kreiert werden. Berthold Otto, der Erfinder des Gesamtunterrichts, der den Unterricht dem familiären Tischgespräch nachbilden wollte, hält die Traditionsfunktion von Schule überhaupt für entbehrlich: *„Also die Denkgemeinschaft beruht auf Abstammung und Kinderstube und nicht auf Tinte und Druckerschwärze."* Das sogenannte Geistesleben wachse – so Otto – bei Kindern gleicher Abstammung sowieso gleichmäßig von innen heraus. Einer Belehrung bedürfe es nicht, da das Kind gemäß seiner Triebideologie natürlich auch einen Forschungstrieb habe. Euphorisch begrüßte Peter Petersen, daß die Reformbewegung sich „von den Illusionen eines fortschrittsgläubigen, vernünftigen, aufgeklärten und daher liberalistischen Zeitalters" befreit habe (vgl. Heydorn). Befreiung vom Lernzwang, Befreiung aus dem „Korsett der Lehrpläne", Befreiung vom Wissen war angesagt. Bei Ellen Key hieß es gar: *„Kenntnisse töten, das Gefühl macht lebendig. Aber die Wurzeln des Gefühls sind sehr verletzlich."* Also müsse man sich mit Belehrung und Unterricht zurückhalten. Nur „das Notwendige" solle „das Obligatorische" sein. „Was jeder Mensch braucht, um sich im Leben zurechtzufinden, ist überaus wenig", konstatierte Ellen Key nicht ohne Inkonsistenz zur These von den letalen Folgen von Kenntnissen. *„Dieses Wenige ist gut lesen, richtig buchstabieren, mit beiden Händen schreiben; einfache Gegenstände abzeichnen … ferner geometrischer Anschauungsunterricht, die vier einfachen Spezies und Dezimalbrüche; soviel Geographie, daß man sich mit einer Karte und einer Zeittabelle zurechtfinden kann …, die englische Sprache … einen Strumpf stopfen, einen Knopf annähen und einen Nagel einschlagen."*
Alles weitere verhielte sich nach Key zu dieser Obligatorik wie eine Stickerei auf einem einfachen Kleide zu eben diesem: also als Firlefanz. Daß Key dann noch dieses mathematische Minimum auf die Wintermonate verteilt haben wollte, weil es „gut in die kalte Jahreszeit" passe und den Naturkundeunterricht dafür in die wärmere Jahreszeit, verwundert dann kaum mehr.
Reformpädagogen denken nicht, sondern sie proklamieren. Im Winter gibt es für Key keine Natur: *„Still und starr ruht der See!"* Ein hypertroph-spätromantischer Naturbegriff läßt die modernen Naturwissenschaften entbehrlich erscheinen. Aber auch C. Freinet hielt – obwohl Kommunist – nicht viel davon, daß „Wissen Macht ist" (Francis Bacon); ein Satz übrigens, der vielen Arbeiterbildungsvereinen z. B. Wiens in dieser Zeit als Motto diente.

Bei Freinet hieß es: „*Die Wissensvermittlung ist also nicht mehr unser einziges Ziel. Sie diente oft nur der Zerstörung der Seele … Sie hat den Menschen nicht besser gemacht und uns oft nur jenen gesunden Menschenverstand und jene Originalität geraubt, die wir bei ‚unwissenden Völkern' finden … Die Schule hat mehr zu tun, als Wissen zu vermitteln. Wirklich wichtig ist nicht das Wissen, sind nicht einmal die Entdeckungen: Wichtig ist das Forschen.*" Sein Konzept der Lernmotivation von Kindern ist ebenso verführerisch „einleuchtend" wie falsch. Freinet greift sich die Analogien, wo er sie kriegen kann, setzt z. B. das nicht lernen wollende Kind analog mit dem „Pferd, das nicht trinken will", weil es Hunger hat, legt das Curriculum des Lernenswerten aus auf die Bedürfnislage des Kindes.

In der Reformpädagogik werden die Bedürfnisse des Kindes zum Maßstab für Erziehung und Unterricht. An diesen hätten Erzieher und Lehrer sich zu orientieren. Diese radikal andere Sicht des Kindes brachte eine neue Pädagogik hervor. Das Kind war für die Reformpädagogen nicht Erbe und Nachkomme (einer Tradition und Kultur), sondern Möglichkeit einer neuen Welt. Für die meisten Reformer war es „heilig" und als solches Garant einer neuen Welt. E. Key sprach gar von der „*Majestät des Kindes*", angesichts derer Vater und Mutter ihr Haupt in den Staub zu beugen hätten. Und in ihren „Träumen von der Schule der Zukunft" sollten sich die Kinder ihre Lehrer wählen. Der „Instinkt des Kindes" könnte sich nicht irren.

Das jeder Erziehung innewohnende Autoritätsmoment wird also reformpädagogisch nicht zum Verschwinden gebracht, sondern auf die andere Seite des Verhältnisses verlagert. Die eigentlichen Meister sind demnach die Kinder, die Erwachsenen die Lehrlinge. Das reformpädagogisch inszenierte „humane Lernen", die „humane Schule" der Reform, war schon damals eine Mogelpackung; nicht in dem Sinn, daß hier schlicht geschwindelt worden wäre und daß es die Reformer hinter vorgehaltener Hand besser gewußt hätten. Nein: Ihre Kraft bezog die Reform aus ihrem Glauben. Der quasireligiöse Charakter der Reform, in Gestalt einer Heilslehre, war es, der viele faszinierte. Eine Prise Wissenschaftlichkeit oder auch nur Nachdenklichkeit hätte hier ernüchternd wirken können. Eine Mogelpackung stellte die Reformpädagogik schlicht insofern dar, als sie z. B. mit der Verlagerung des Autoritätsmoments der Erziehung auch das Verantwortlichkeitsmoment auf die Seite des Kindes verschiebt. Wenn es Erzieher und Lehrer, Väter und Mütter nicht mehr „besser wissen" dürfen, dann muß es das Kind selber wissen, bzw. „die Natur" (der Instinkt etc.) als Rechtfertigungsinstanz herhalten.

Ein derartiges „pädagogisches" Konzept läuft nicht nur Gefahr, die Zukunft des Kindes zu verspielen (im doppelten Wortsinne), sondern – wenn es

„flächendeckend" angewendet wird – die Zukunft von Kultur und Zivilisation (inkl. von Demokratie).

Dieser antizivilisatorische Affekt ist in den Schriften der Reformer an allen Stellen bemerkbar. Bei der genannten Ellen Key z. B., wenn sie eine Sintflut herbeisehnt, die alle (pädagogische) Literatur hinwegspült, die Arche „nur Montaigne, Rousseau, Spencer und die neuere kinderpsychologische Literatur" rettet. Die Fluten blieben zwar aus, wie wir heute wissen, dafür kamen die Feuer.

Aber auch bei Freinet ist dieser Affekt unübersehbar. Indem er behauptet, daß die Wissensvermittlung uns „oft nur jenen gesunden Menschenverstand geraubt" hätte und „jene Originalität, die wir bei unwissenden Völkern fänden", nobilitiert er indirekt die Steinzeit. Daß diese These ethnologisch gesehen Unsinn ist, sei nur am Rande vermerkt. Der reformpädagogisch typische Gestus des Rettens rettet immer nur die Natur, das „Ursprüngliche", den Instinkt u. ä. Qualitäten, niemals die Welt des Geistes, der Kultur oder gar das Urbane.

## 2. Neoreformpädagogik – Humanes Lernen heute

Zweifellos knüpft die Reform von heute an die ehemaligen Konzepte an, reanimiert sie für heutige Lagen. Man muß nicht professioneller Pädagoge sein, um das zu bemerken. Auch Laien wissen es: Montessori ist „in", ebenso Peter Petersen (daß er Faschist war, stört kaum; die Laien wissen es nicht); der totalitäre Zugriff auf das Kind in Form des Gesamtunterrichts à la B. Otto ist wieder salonfähig, heute nennt man ihn „fächerübergreifenden Unterricht"; das lebensnah-lebendige Lernen wird gefeiert, das Erfahrungslernen soll die Abstraktion ersetzen, Projekte und Projektwochen sind verpflichtend; gepredigt wird das „Lernen mit allen Sinnen" (Gestaltpädagogik), die „aktive Schule", die „bewegte Schule".

Vergessen wurde, daß Lernen allemal die Stillegung bestimmter Sinnesfunktionen erfordert und daß das anspruchsvollste Lernen geradezu die Entsinnlichung des Lernvorgangs voraussetzt, zumindest bedingt. Gemäß dem Motto „Lernen mit allen Sinnen" fordert z. B. ein gewisser Hans Ernst in einer Würzburger Habilitationsschrift, daß die Schreibung des Wortes MAUS (in der Grundschule) erlernt werden müsse unter unbedingter Anwesenheit einer Maus. Übersehen hat er dabei, daß die sinnliche Anwesenheit der Maus nichts beiträgt zur richtigen Schreibung des Wortes MAUS. Eine Maus sieht eben nicht aus wie das Wortbild MAUS. Das liegt schlicht daran, daß unsere Schrift keine Bilderschrift, sondern eine abstrakte Lautsymbolschrift ist.

Der Unterricht heute soll v. a. „geöffnet" werden: für die wirkliche Welt, das

Leben; am besten soll er überhaupt von Welt und Leben gar nicht mehr zu unterscheiden sein. Vergessen wurde der antike Ursprung der Schule als scholé (griech.: Muße, Gegenteil von banausischer Geschäftigkeit), die mittelalterlichen Wurzeln der Schule im Kloster (claustrum, lat.: das Abgeschlossene), im Rückzug aus der Welt. Daß Lernen als Wirklichkeitserkenntnis Abstand zur Wirklichkeit voraussetzt, erscheint vielen heute als unannehmbares Konzept. Vielfach dürften ähnliche Motive wie damals am Werk sein. Vor allem Jungpädagogen und unter ihnen die Engagierten sind verführbar durch die Ideologie der Reform. Alternativ (anders) sein ist allemal Vorrecht des jugendlichen Kopfes. Gleichzeitig aber scheinen die im Namen der Humanität vorgetragenen bildungspolitischen Reformvorschläge zu didaktischen und methodischen Strukturveränderungen des Unterrichts auch instrumentalisiert zu werden für einen allmählichen Rückbau des Bildungssystems. So viel Bildung, so viel Intellekt, so viele Wissende braucht man gar nicht, um den gesellschaftlichen Betrieb in Gang zu halten. Große Teile der Bevölkerung – so scheint es mitunter – müssen eingestellt werden auf einen Arbeitsmarkt, der qualifizierte Positionen nur mehr für eine Minderheit bereithält.

Allen anderen werden im wesentlichen folgende Eigenschaften abverlangt: „Flexibilität" als Bereitschaft, mehrere wechselnde „odd jobs" auszufüllen; die Fähigkeit zum Umlernen bzw. zum „learning on demand"; deshalb das Verschwinden der Inhalte des Lernens zugunsten des „Lernens des Lernens"; „Teamfähigkeit" als Reduktion individueller Konfliktbereitschaft, „Kooperationsbereitschaft" als Fähigkeit, sich weniger als Individualität zu verstehen, sondern vielmehr als fungibles Mitglied von Gruppen mit wechselnden Mitgliedern, welche an wechselnden Projekten einigermaßen effizient zu arbeiten vermögen. Statt von „Bildung" ist daher die Rede von „Schlüsselqualifiziertheit": der „Summa pädagogica" all dieser inhaltsleeren Fähigkeiten und Bereitschaften.

Der reformpädagogische Gestus von damals, das lernende, sich entwickelnde Kind nicht inhaltlich zu (über)fordern, paßt gewissermaßen ideal zu einem ganz anders motivierten (politisch-ökonomisch) Trend in Richtung Bildungsrückbau. Exemplifiziert wird diese These im folgenden an drei markanten Stellen der heutigen Neoreform: den Versuchen, die Lehrpläne zu kürzen, dem neuen Lehrerbild und dem Verschwinden der Schulfächer.

### „Viel Wissen macht Kopfweh" – Lehrplanrückbau

„Human" wird Schule in der Sicht der Reformer dann, wenn sie die Kinder kognitiv nicht (über)strapaziert, wenn sie das Lernen von Inhalten hintanstellt und allenfalls dann zuläßt (vielleicht auch unterstützt), wenn es dem

Bedürfnis des Kindes entspricht. In Österreich präsentiert sich diese Metamorphose der Schule von einer ehedem inhumanen Lernschule zur humanen Lebensschule wesentlich als Lehrplankürzung. Der Lehrplan der Sekundarstufe I (Hauptschule und Unterstufe des Gymnasiums) soll laut „Weißbuch Lehrplan 1999" um ein Drittel gekürzt werden, damit Zeit und Raum bleibe für die neuen humanen Lernformen, für die sogenannte „Neue Lernkultur", welche dann selbstverständlich aus Projekten besteht, aus offenem Lernen, erfahrungsorientiertem Unterricht, fächerübergreifendem Unterricht – letzten Endes aus allen möglichen und denkbaren Arrangements, welche jedenfalls eine gemeinsame Eigenschaft haben, nämlich die Tätigkeit des Lehrers (z. B. Zeigen, Erklären, Erzählen) zu verunmöglichen.

Wer bei Durchsicht des „White papers" nach den schwülstigen Formulierungen des einleitenden und allgemeinen Teils meint, bei den Inhalten angekommen zu sein, um jetzt also darüber informiert zu werden, welche Inhalte (fachspezifisch) nach der Reform noch für würdig erachtet werden, unterrichtet zu werden, wird schwer enttäuscht: Die dem allgemeinen Teil folgenden „fachspezifischen" Teile nennen auch keine Inhalte, sondern ergehen sich in allgemeinsten Floskeln. So sollen z. B. die Schüler in Mathe „ihre Beziehungen zu Zahlen" klären und diskutieren, in Geographie ein Verhältnis zum Raum und zu Räumlichkeit gewinnen etc. Anders ausgedrückt: Der neue Lehrplan des „Weißbuches 1999" dementiert sich als Lehrplan gewissermaßen selbst, tritt auf als eine Art Antilehrplan bzw. als der große Ermöglicher von Lehrplänen. Die Konstruktion von Inhaltlichkeit wird „großzügig" den autonom sein sollenden Schulen zugespielt, den „regionalen Besonderheiten", Bedürfnissen und Wünschen (und das angesichts angeblich fortschreitender „Globalisierung").

Lehrer, Schüler, Eltern und andere „an der Schule Beteiligte" sollen nun die Inhalte – viertelparitätisch? – hervorbringen. Die im Weißbuch gerne gebrauchte Formel für die dergestalt in die Lehrplankonstruktion verwickelten heterogenen Personengruppen – „Betroffene des Standortes" – dürfte vielleicht nicht zufällig sein. Bisher nämlich war diese Redewendung lediglich im Zusammenhang von Politikerkommentaren über diverse Betriebsschließungen gebräuchlich. Das ist ziemlich aufschlußreich. Denn: Die im Namen der Humanität betriebene Öffnung von Schule (für das Leben, das regionale Umfeld, aparte Sonderinteressen) entpuppt sich nämlich genau besehen als Schließung der Schule. Zumindest „als Schule" wird Schule dergestalt geschlossen. Die staatliche Autorität zieht sich zurück, spielt alle Verantwortlichkeit den „Betroffenen" zu. Die vielgepriesene Kompetenz der derart Betroffenen zeigt sich als die Kehrseite bildungspolitischer Feigheit und auch Ahnungslosigkeit. Der Nutzen dieser ach so human-demokratischen Maßnahmen für die staatlichen Leitungsgremien liegt auf der Hand. Die Ministerialbürokratie – bisher immer schon im Schußfeld massenmedialer Kritik wegen angeblich übervoller Lehrpläne und angeblich verantwortlich für inhumane Lehrertypen (als könnte man die inhumanen testmäßig auslesen) – zieht sich nun in die Unbelangbarkeit zurück, geht in die „innere Emigration", statt zu kündigen.

## Die Verabschiedung des Lehrers – es lebe der „Betreuer"!

Was sich auf der Lehrplanebene als Reduktion und Schwund von Inhaltlichkeit zeigt, hat natürlich seine Entsprechung auch auf der Ebene der neuen Berufsideologie für Lehrer, neuen Funktionsbeschreibungen und Tätigkeitsprofilen, sogenannten neuen Lehrerleitbildern. Die neuen Lehrer, also die humanen Neulehrer der „Neuen Lernkultur" haben vor allem abstinent zu sein, und zwar kognitiv abstinent. Die Abstinenzregel für Lehrer ist also keineswegs analog zu der der Psychotherapeuten (Vermeide private Beziehungen zu Klienten!), sondern betrifft den Kern bisherigen Lehrerseins, die Wissensvermittlung. Nicht nur ist es der neuen humanen Berufsideologie gemäß inhuman, Wissen zu vermitteln, also zu zeigen und zu erklären, was es mit einer Sache auf sich hat; nein: mitunter scheint es, als wäre es bereits Ausdruck von Inhumanität, menschlicher Kälte und Herzlosigkeit, überhaupt über Wissen, Kenntnisse und Durchblick zu verfügen.

Das Konzept des „erfahrungsoffenen Unterrichts" sieht beispielsweise die Aufgabe des Lehrers folgendermaßen:

*„Der Lehrer/die Lehrerin ist nicht diejenige Person, welche eine richtigere Sichtweise von der Lage der Dinge vermittelt, sondern eine Person, die sich bemüht, den inneren Erlebnis- und Erfahrungsprozeß des Lernenden aus dessen Perspektive verstehend nachzuvollziehen und die durch diese hermeneutisch-empathische Fähigkeit den Prozeß des lebendigen Lernens anregt."*

(Groddeck)

Der Projektunterricht wiederum – so einer seiner wichtigsten Proponenten – *„bricht mit der anscheinend zur schulpädagogischen Tradition gehörenden Geringschätzung der Kompetenz des Schülers"* (vgl. Gudjons). Folgerichtig heißt es dann in einer vom Wiener Stadtschulrat herausgegebenen Werbebroschüre für den Projektunterricht, daß hier *„der Lehrer/die Lehrerin zum koordinierenden Berater und Helfer"* werde, *„sich weitgehend von der Leitung des Unterrichtsgeschehens"* zurückziehe, *„aber den Schülern jederzeit zur Verfügung"* stehe.

Die vom österreichischen Bundesministerium für Unterricht und Kulturelle Angelegenheiten (BMUKA) – die Bezeichnung lautet tatsächlich „für Unterricht"!! – eingesetzte „Projektgruppe Neue Lernkultur" definiert das „Neue Lernen" u. a. dadurch, daß hier „Schüler planmäßig Lehrfunktionen übernehmen", daß also in einem solchen Unterricht „alle Lehrende und Lernende" sind, daß also – kurzum – Schüler und Lehrer voneinander nicht mehr zu unterscheiden sind.

Warum dann die einen bezahlt werden, die anderen nicht, die Eltern letzterer vielmehr über ihre Steuerleistungen für die Bezahlung der ersten Gruppe aufkommen, bleibt dergestalt rätselhaft.

Wer aber z. B. G. Orwells „1984" gelesen hat und daher *weiß* (selbst also das Wissen von der literarischen Sorte ist keineswegs unnützer Ballast), worum es in diesem Roman geht, wird bemerken, was hier bildungspolitisch läuft: Gedankenkontrolle durch die pädagogischen Neusprechbastler diverser sogenannter Projektgruppen; mit einem kleinen Unterschied zu Orwells Roman: Orwells „Syme" weiß, was er tut, unsere Newspeechpädagogen wissen es nicht.

Der pädagogischen Neusprache gemäß haben also Lehrer nicht die Aufgabe, eine richtigere Sichtweise von der Lage der Dinge zu vermitteln (also Wissen); darum geht es gar nicht. Vielmehr ist der Lehrer ein Individuum, welches die „Lernenden" (?) versteht, ansonsten zurückgezogen von der Leitung des Unterrichtsgeschehens („Unterricht"?) für Anfragen und Beschwerden zur Verfügung steht.

Natürlich ist der Ausdruck „Lehrer" dabei störend. Manche Neusprechexperten scheuen daher auch gar nicht davor zurück, die damit bezeichnete Berufsgruppe lieber Facilitatoren, Helfer, Lernbegleiter oder Betreuer zu nennen. Eine der human-progressivsten Schulen Österreichs – die „Kinderschule Knallerbse" – nennt als ihren speziellen Vorzug, daß sie eine „nicht-instruktive Schule" sei. Ihre Lehrer nennt sie konsequent „Betreuer". Die Lernaktivitäten ihrer Insassen sollen aus dem Zusammentreffen von Lernbedürfnissen und bereitgestelltem Lernmaterial entstehen. Die humane „Knallerbsenschule" ist konzipiert für 6–18jährige und führt zum Abitur, zu einer Art Humanabitur.

Das Schweizer Lehrerleitbild (LCH) schafft es ebenfalls, ein Lehrerbild zu entwerfen, welches ohne die inkriminierten Wörter „Unterricht" und „Lehre" auskommt. Demnach müssen Lehrer alles mögliche tun, nur nicht unterrichten oder lehren. Vor allem müssen sie ununterbrochen „fördern", „Fördern" ist nämlich human. Die Lehrerschaft als „Förderbande".

Also „fördern" die Lehrer, die diesem Leitbild entsprechen, ein „positives Lernklima", den „Teamgeist im Lehrkörper", das „Wohlbefinden", sogar „die Leistungsbereitschaft". Lehrer finden auch gemeinsam mit den Lernenden Lernziele und beziehen dabei andere am Bildungsgeschehen Beteiligte mit ein. Sie sind „Fachleute für das Lernen", nicht für das Lehren, schon gar nicht Fachleute für Mathe, Latein, Physik; sie sind „Personen, die den Lernenden verantwortbare Auseinandersetzung mit sich selbst ... ermöglichen." Selbstverständlich müssen die armen Kerle das durch diese Tätigkeiten entstehende „günstige Lernklima" auch noch „laufend evaluieren".

### Die Schulfächer als Wurzel allen Übels – Ganzheitlichkeit!

„Wie schon im Präfaschismus hat ein ölig-ganzheitliches Denken Konjunktur, das analytisch-trennende steht unter Verdacht, vom dialektischen nicht zu reden." So diagnostiziert der Wiener Philosoph Rudolf Burger den Zeitgeist schon der achtziger Jahre. Rettung der Ganzheitlichkeit, der sogenannten Lebenswelt, ist die Parole. Als die Feinde des „Ganzen", der Lebenswelt, gelten bekanntlich in erster Linie die Wissenschaften als ausdifferenzierte und spezialisierte. Schulpädagogisch geht es also gegen die Fächer, den Fachunterricht und selbstverständlich gegen den Lehrer als Fachlehrer.

So richtig human wird das Lernen in der humanen neuen Lernkultur also erst dann, wenn es sich irgendwie jenseits oder auch diesseits der traditionellen Fächerung bewegt, wenn es sich im diffusen Bereich lebensweltlichen Meinens und Urteilens aufhält.

Suggeriert (oft auch naßforsch behauptet) wird dabei von seiten der neuen Humanpädagogik, daß man im Mathe-Unterricht eigentlich gar nicht (human) Mathe lernen könne und im Deutschunterricht irgendwie nicht richtig Deutsch. Das Lernen der Winkelsumme des Dreiecks müsse ebenso wie der Unterschied zwischen „daß" und „das" in übergreifenden Lernzusammenhängen erfolgen. Wenn die Kinder also Geographisches lernten – z. B. die kartographische Bedeutung der Höhenschichtlinien und dies nicht mindestens im Zusammenhang mit einer geplanten Wanderung erfolge, dann sei dies inhuman. Es entspräche weder der ganzheitlichen Wirklichkeit noch dem angeblichen kindlichen Bedürfnis nach Ganzheit.

So richtig human wird z. B. in den Augen der genannten Projektgruppe ein grundschulischer Naturkundeunterricht über „die Buche" erst dann, wenn er mit dem „Umarmen, Streicheln" von Buchen verbunden wird, mit dem „Klettern auf Buchen" und mit einer politischen Aktion der Achtjährigen zur Rettung von Buchen: also dem Schreiben von Briefen an das Naturschutzamt der Vorarlberger Landesregierung, an die (in Frankreich) lebenden Besitzer des Waldstückes, letzten Endes der politisch erpreßten Unterschutzstellung der Bäume.

Abgesehen von der rechtlichen Fragwürdigkeit eines derartigen Unternehmens, die z. B. darin besteht, daß ein solcher „Unterricht" (als politische Aktion!) selber parteiisch ist, obwohl er innerhalb einer Institution stattfindet, welche ihrer Struktur nach der Ausgleichung parteiischer Interessen entspringt (gemäß der Idee des Allgemeinen), also abgesehen davon, daß der Lehrer als „Gemeinschaftsbeauftragter" (Beamter des Staates, des Landes …) in seiner Funktion nicht selber parteiisch werden darf, indem er z. B. eine ganze Schulklasse für Zwecke seiner (doch recht spießigen) Privatpolitik instrumentalisiert, ist dieses Unternehmen auch bildungstheoretisch äußerst problematisch.

Welches Wissen, welche Kenntnisse werden hier vermittelt? Werden die Schüler durch einen derartigen Unterricht klüger, wissender, besonnener? Wenigstens soviel läßt sich dazu sagen: Das derart „ganzheitlich" behandelte Thema „Buche" entpuppt sich genau besehen als ziemlich reduziert und verengt, also als gerade nicht ganzheitlich behandelt.

Die in das Thema eingeschleusten emotionalen Qualitäten und politisch-praktischen Optionen wirken nämlich von vornherein verengend, was die Optik der Sache anlangt. Es ist ziemlich wahrscheinlich, daß die Kinder aus einem derartigen Unterricht nicht viel mehr mitnehmen als den inneren Handlungsimpuls, Buchen retten zu wollen. Was die Buche in der Biologie und sonst noch ist, dürfte dergestalt – wenn überhaupt vom Lehrer vermittelt – wohl kaum ins Bewußtsein der Lernenden gedrungen sein; noch weniger dürften die Kinder zu Gesicht bekommen haben, was beispielsweise ein multiperspektivischer Unterricht zuwege hätte bringen können: z. B. auch die Einsicht, daß es sich um Hartholz handelt, welches sich bestens im Möbel- und Fußbodenbau eignet, daß daher ganze Industrien von der wirtschaftlichen Nutzung dieses Baumes leben (vielleicht auch die Väter dieser Kinder?). Solche Einsichten, Kenntnisse („Wissen" also) sind es, welche üblicherweise das Handeln der Individuen ziemlich bremsen können. Erst recht könnte hier eine mit Achtjährigen durchaus behandelbare quasiphilosophische Frage bremsend wirken; etwa diejenige, warum man denn „alte Buchen" (um solche handelte es sich bei diesem Projekt nämlich) schützen müsse, jüngere aber nicht. Es ist doch ziemlich merkwürdig (auch für Achtjährige!), daß man jüngere schlägern darf, alte aber geschützt werden müssen, obwohl doch nur aus jüngeren einmal ältere werden.

Spätromantische Natursehnsucht (auch Natürlichkeitskult) verbunden mit esoterischen Elementen („Bruder Baum") waren schon für die Reform der zwanziger Jahre typisch und sind es noch heute. Die Ganzheitssehnsucht derartiger Konzepte ist antiaufklärerisch und antimodern. Modern hingegen ist der nach strukturierten Fächern erteilte systematische Unterricht. In den Augen der Reformer ist er aber inhuman, sachlich, kalt. In gewisser Weise stimmt das sogar, zumindest der Verweis auf Sachlichkeit. Auch der Ausdruck

„kalt" ist nicht ganz unzutreffend, denn „hitzig" ist die Stimmung im modernen Unterricht nicht.

Das nach Fächern gegliederte Lernen emotionalisiert nämlich nicht, orientiert nicht, liefert keinen Lebenssinn, keine Ideologie und politische Einstellung, auch keine weltanschaulich-religiöse. Dafür – so heißt es modern und gewaltenteilend – müssen die Politik, die Religion, letztlich die Individuen schon selber aufkommen. Der Unterricht ist für Wissen, Kenntnisse, Fertigkeiten, also für Aufklärung und besonnenes Urteil der Heranwachsenden, da, nicht für die Rettung von Buchen, die Erhaltung von Arbeitsplätzen, von sauberem Wasser oder die gefühlsmäßige Akzeptanz des Euro. Dazu lief beispielsweise 1997 ein vielbejubeltes Projekt an einem Wiener Gymnasium. Ziel des Projekts war es, den Schülern die „Angst (?)" vor dem Euro zu nehmen. Eine ganze Woche wurde „fächerübergreifend" gearbeitet, am Ende waren alle Euro-Fans. Unterricht im modernen Sinne leitet weder das Handeln der Individuen in eine bestimmte Richtung, schon gar nicht ist er selber Handeln (es sei denn „Lernhandeln", wenn dieser Ausdruck überhaupt Sinn macht) oder politische Aktion und Teilnahme. Unterricht ermöglicht ein besonnenes Urteil als selbständiges, eröffnet spätere politische Teilnahme und Entscheidung.

Bei G. W. F. Hegel hieß es in einer seiner Gymnasialreden 1811 und sehr modern noch folgendermaßen: *„In der Schule schweigen die Privatinteressen und Leidenschaften der Eigensucht. Sie ist ein Kreis von Beschäftigungen, vornehmlich um Vorstellungen und Gedanken. – Wenn aber das Leben der Schule leidenschaftslos ist, so entbehrt es zugleich das höhere Interesse und den Ernst des öffentlichen Lebens; es ist nur eine stille, innere Vorbereitung und Vorübung zu demselben."*

Schule entsteht also, ist als Schule erst möglich durch ihre Absonderung aus den gärenden Umständen des Lebens. Der Unterricht produziert keine Güter, verwaltet keine solchen und entscheidet (politisch) nichts, sondern sorgt dafür, daß die Unterrichteten (in der Regel mit Erreichen der Großjährigkeit) fähig sind, ihre Entscheidungen (politische, wirtschaftliche, private) besonnen zu fällen. (vgl. Ladenthin)

So gesehen ist es keine pädagogische Ruhmestat, wenn z. B. Schüler im Fach (?) „social studies" einer britischen community school (eine Variante gegenwärtiger Reformpädagogik) mit den Lehrern einen britischen Waffentransport stoppen, während die mündigen Bürger des Landes einem solchen zustimmen. Es ist auch keine pädagogische Ruhmestat (etwa im Sinne der „politischen Bildung"), wenn Lehrer es gestatten (oder gar dazu animieren), daß Schüler gemeinsam mit der Lehrerschaft für eine bessere Entlohnung derselben demonstrieren.

Unterricht ist eben nicht „Handeln im Leben" oder politisches Handeln. Er ist seiner Struktur und Herkunft nach „Theorie" und nicht „Praxis", allenfalls Probehandeln, Simulation von Echtsituationen, niemals Handeln in der Situation. Solches hebt Unterricht bekanntlich auf. Auch die lebensnächste Simulation von Handlungssituationen (z. B. in der Übungsfirma einer Wirtschaftsschule, im Rahmen der militärischen Ausbildung oder der Ausbildung von Verkehrspiloten am „Simulator") bleibt eben Simulation, ist Vorbereitung und Vorübung für Echtsituationen.

Wer die Schule und den Unterricht ganz und gar dem Leben anverwandeln will, muß sie schließen, die Kinder in die Fabrik, auf die Straße oder sonstige Orte, die das Leben bietet, schicken.


# 3. Zusammenfassung

Zweifellos meint es die Bewegung „Humanes Lernen/Humane Schule" gut mit dem Kind, vielleicht sogar zu gut. Ein linker Kritiker der Reform der zwanziger Jahre bezeichnete die alles überbordende „Kinderfreundlichkeit" der Reformpädagogen ziemlich zutreffend als verkappte Form der „Menschenfeindlichkeit" (Heydorn). Wer den Kindern zugunsten ihrer Kindlichkeit alle Lernprozesse, die nicht ihrem innersten Bedürfnis entstammen, ersparen will, die Mühen um Sachlichkeit und Abstraktheit für überflüssig bzw. schädlich hält, enthält ihnen mögliche Erwachsenheit vor, verdirbt ihnen mögliche Lebenschancen. Man müßte schon nachweisen, daß das Leben in Kultur und Zivilisation, Technik und Wissenschaft insgesamt nichts anderes sei als ein Verhängnis der Weltgeschichte und der kultivierte Erwachsene nichts anderes als die Verfallsform möglicher Menschlichkeit, um derartige Konzepte einigermaßen begründen zu können.

Abgesehen davon, daß das inhaltlich gesehen kaum möglich sein dürfte (und der reformfreudigste Natürlichkeitsfreak bekanntlich die schmerzfreie Zahnbehandlung schätzt), sind selbstverständlich das „Begründen" und „Argumentieren" typische Modalitäten der Moderne. Wer diese aus der Hand gibt oder gar verächtlich macht („Kopflastigkeit" unserer Kultur), sollte zugeben, daß er mit anderen politischen Verhältnissen liebäugelt, nämlich mit vormodernen, daß ihm charismatische Herrschaft vielleicht lieber ist als die moderne bürokratische Herrschaft und Verwaltung (nach Max Weber die „rationale" Form der Herrschaft).

Manche Reformpädagogen scheuten sich auch nicht, ihre Feinde offen zu benennen; bei Peter Petersen sind diese: der Fortschritt, die Vernunft, die Aufklärung, der Liberalismus.

Wer die Rechtfertigung für Lernprozesse in den intrinsischen Bedürfnissen der Kinder sucht, muß in Kauf nehmen, daß ein solches Lernen sich lossagt von der Traditionsfunktion von Schule, letztlich darauf hinausläuft, daß das Rad (auch die Steinschleuder) immer neu erfunden wird.

Selbstverständlich aber geht es pädagogisch immer um die Konzeption einer „humanen Schule". Es kommt nur darauf an, worin man das spezifisch „Humane" sieht: in Trieb, Instinkt, Bedürfnis oder in Vernunft, Wissen und Gedanklichkeit. Sind Vernunft, Wissen, Gedanklichkeit das uns Auszeichnende, so werden wir uns eher um eine Intensivierung des Lernens kümmern müssen als um seine Drosselung. Bei dem antiken Kyniker Diogenes hieß es: „Wir müssen uns um das Wissen kümmern oder uns einen Strick besorgen!"

## Literatur

Burger, Rudolf: Vermessungen. Sonderzahl, Wien 1989.

Freinet, Celestin: Pädagogische Texte. Reinbek 1980.

Groddeck, Norbert: Aspekte zu einer Theorie erfahrungsoffenen Lernens. In: Ariane Garlichs/Norbert Groddeck: Erfahrungsoffener Unterricht. Freiburg i. B. 1978.

Gudjons, Herbert (gem. mit J. Bastian): Das Projektbuch. Braunschweig 1985.

Hegel, Georg Wilhelm Friedrich: Werke, Band 4. (Suhrkamp)

Heydorn, Heinz-Joachim: Über den Widerspruch von Bildung und Herrschaft. Frankfurt 1979.

Key, Ellen: Das Jahrhundert des Kindes. Weinheim und Basel 1992.

Ladenthin, Volker: Der Lehrer vom Grunde der Bildung her betrachtet. In: A. Wenger-Hadwig (Hrsg.): Der Lehrer – Hoffnungsträger oder Prügelknabe der Gesellschaft. Innsbruck 1998.

*Die Inhalte des Unterrichts müssen unmittelbar nützlich sein – oder wenigstens Spaß machen.*

*… und Reiter werden ja immer gebraucht …*

Loriot, Dramatische Werke („Kosakenzipfel")

Hans Maier

# Praxisorientierung, oder „Wozu brauch' ich das?"

## 1. Eine Rundfunkgeschichte

Auf einer Lehrertagung in Tutzing im Herbst 1996 erklärte eine Redakteurin des Bayerischen Rundfunks im Verlauf einer Podiumsdiskussion den Wandel in der Schule folgendermaßen: Früher sei der Lerninhalt eines Gymnasiasten Homer gewesen – und heute sei es eben der Computer. Ich versuchte der Dame klar zu machen, daß sie Äpfel mit Birnen verglich: Homer war – in gewisser Hinsicht – schon immer ein Luxus, ähnlich wie Goethe oder Schubert, Religionsunterricht oder mittelalterliche Geschichte (oder überhaupt Geschichte). Auch die Inhalte der Mathematik und anderer gymnasialer Fächer lassen sich zum großen Teil nicht unmittelbar praktisch anwenden. Und auf der anderen Seite hat es so nützliche Dinge wie den Computer auch schon immer gegeben, auf verschiedenen technischen Entwicklungsstufen; man denke an die Schiefertafel, an die Technik der Stenographie, an Schreib- und Rechenmaschinen aller Art, von der einfachsten Mechanik bis zur kompliziertesten Elektronik. Aber früher kam niemand auf den Gedanken, diese Fertigkeiten und Kulturtechniken, die ja nur ein Mittel zu einem Zweck sein können, gegen die Inhalte der Kultur auszuspielen.

Einige Wochen nach dieser Tagung wurde ich zu einer Rundfunkdiskussion eingeladen, die am 25. 1. 97 in „Bayern II" ausgestrahlt wurde. Thema: „Tatort Gymnasium", in Anlehnung an den Titel meines Buches. Die – viel zu große – Gesprächsrunde war so ausgewählt, daß die Vertreter der Ideen von Einheitsschule und Einheitslehrer eindeutig in der Überzahl waren, ebenso diejenigen, die den Erwerb eines konkreten und verbindlichen Wissens noch weiter zurückdrängen wollten zugunsten der sogenannten Schlüsselqualifikationen wie „Sozialkompetenz", „Teamfähigkeit" oder „Vernetzung des Denkens".

Der Kollege von der Gewerkschaft Erziehung und Wissenschaft (GEW) verlangte allen Ernstes einen Klassenlehrer, der zugleich die Fächer Deutsch, Geschichte, Mathematik und Physik unterrichten könnte. Das wäre also eine Art Betreuungs-Lehrer oder „Sozialpädagoge", wie ihn der Hamburger Pädagogikprofessor Peter Struck ausdrücklich fordert. Die Rede war dabei vom Gymnasium, wohlgemerkt, nicht etwa von der Grundschule. Auf meine Frage, ob sie meiner Ansicht sei, daß hierzulande jeder Abiturient mit Goethes „Faust" Bekanntschaft gemacht haben sollte, erwiderte mir eine der Kolleginnen, die übrigens reichlich Gelegenheit bekam, für die Konzepte ihrer Hamburger „Max-Brauer-Gesamtschule" zu werben: Nein, auf einen „Kanon" lasse sie sich nicht festlegen. Im übrigen ging es ihr vor allem um „Projekte", die von der Schulgemeinschaft ausgesucht und diskutiert würden, möglichst „autonom" und demokratisch, weniger um Fächer mit einem bestimmten Stoffplan. (Natürlich ist dort auch die 45-Minuten-Stunde nur noch ein Relikt aus den Zeiten der schwarzen Pädagogik, ebenso wie der Frontalunterricht, der ja, wie schon der Name sagt, nur auf Konfrontation, Frontalzusammenstöße hinauslaufen kann!) Die Kollegin von der Modellschule in Freital (Sachsen) gab mir auf meine Frage nach der Faust-Lektüre zur Antwort: Aber gewiß, „das Faustische", das habe an ihrer Schule einen hohen Stellenwert.

Im Verlauf dieser Rundfunkdiskussion habe ich das Leistungsniveau an bundesdeutschen (auch bayerischen) Gymnasien unter anderem mit dem Hinweis auf die völlig unrealistische und inflationäre (und in vieler Hinsicht auch manipulativ-betrügerische) Notengebung kritisiert. Ich wies beispielsweise darauf hin, daß Bayern im Jahr 1996 nicht weniger als 248 Schüler mit dem Notendurchschnitt von 1,00 durchs Abitur geschickt hatte. Während vor Jahren ein Absolvent mit einem solchen Traumergebnis eine landesweite Sensation war, eben einer der Fälle, in denen dann ein Hochbegabter als Stipendiat ins Maximilianeum einzog, gibt es also heute im Durchschnitt an jedem zweiten Gymnasium in Bayern einen „Maximilianeer". (Im Jahr 1997 hatten wir Bayern übrigens bereits 306 Reifezeugnisse mit diesem „Schnitt", 1998 waren es 259 …) Diese kritische Bemerkung von mir veranlaßte wohl die Rundfunkredaktion dazu, zu einer weiteren Sendung einen Betroffenen einzuladen, nämlich einen Abiturienten, der ein solches Einskommanullnullzeugnis vorzuweisen hatte. Er sollte offensichtlich meine Kritik als zu wenig wohlwollend widerlegen. Übrigens hatte es niemand für nötig befunden, mir etwas von dieser zweiten Sendung zu sagen, die drei Tage nach der ersten ausgestrahlt wurde und für die immerhin wieder mit dem – verstümmelten – Titel meines Buches geworben wurde. Diesmal waren die Teilnehmer nach meinem Eindruck noch gezielter ausgesucht worden.

Der Abiturient wird also nach seiner Einschätzung des Wissens- und Leistungsniveaus an der Schule gefragt. Antwort: „Heute liegt der Schwerpunkt irgendwo woanders, also zumindest der, der von den Schülern gesetzt wird." Auf die Frage, was er in der Schule für sein Leben „als das Wichtigste ... mitbekommen" habe, nennt er als erstes den Begriff der „Gelassenheit": „Der ganz zentrale Punkt ist gewesen, daß man viele Sachen einfach etwas mit Abstand, gelassen betrachten muß, und zwar einfach aus dem Grund, daß man selten in der Lage ist, da was zu ändern." Auch das hat er gelernt, daß man bei Meinungsverschiedenheiten sagt, „wie man das empfindet". Eine Anruferin beim Rundfunk, die von sich selbst sagt, sie habe „nur" die mittlere Reife, ist darüber entsetzt, daß ihre Tochter in der Oberstufe des Gymnasiums keinerlei private Lektüre kenne, daß sie und ihre Mitschüler ein äußerst bescheidenes Allgemeinwissen besäßen. Sie führt realistische Beispiele an, aus der Geographie, der Geschichte, der Musik. (So sind auch die bekanntesten Opernarien bei den Kollegiaten eine Fehlanzeige, ebenso wie der 200. Geburtstag von Schubert, von dem auch nie die Rede war.) Diese Mutter kann vor allem nicht fassen, daß da völlig unverbindlich gelernt und überhaupt nichts „behalten" werde. Da wird sie von mehreren Personen aus der Runde mehr oder weniger sanft eines „Besseren" belehrt, wie jemand, der eben nicht weiß, was heute wirklich Sache ist. Der Grundton ist: Ob sie schon 'mal auf die Idee gekommen sei, daß heute eben andere Dinge wichtig seien. Und dann kommt wieder, wie schon in Tutzing, der Computer. Mehr fällt auch hier niemandem ein, abgesehen natürlich von den „Schlüsselqualifikationen", die ja den Vorteil haben, daß es sich hier um durch und durch hohle Begriffe handelt, um Luftblasen, die jeder, wenn überhaupt, mit einem beliebigen Inhalt füllen kann; es sind in jedem Fall Größen, die man nicht messen kann! Der Musterabiturient erklärt der Dame am Telefon, es sei „wesentlich wichtiger ... zu wissen, wo kuck' ich nach, wenn ich irgendwelche Geschichtsdaten haben möchte, als irgendwelche Geschichtslexika auswendig zu lernen. Also ich denk', diese Arbeitstechnik, wie komm' ich an bestimmte Sachen ran, das ist doch wesentlich entscheidender, weil 's is nun mal so, man kann nicht das alles auswendig lernen, diese ganzen Fakten." Und als man zum wiederholten Mal von ihm wissen will, welchen Gewinn ihm seine Schulzeit vor allem gebracht habe, was „hängengeblieben" sei, kommt noch: Es gab Stunden, auf die man sich freuen konnte, weil man wußte, „da is 'n guter Unterricht, und da erzählt mir jemand 'was Interessantes auf 'ne angenehme Art und Weise."

Das war's dann auch. Und eine Oberstudiendirektorin, immerhin Vorsitzende der bayerischen Direktorenvereinigung, die während der Sendung in eine ganz ähnliche Kerbe schlägt und die Situation an den Gymnasien in unverantwortlicher Weise beschönigt, „freut" sich ausdrücklich über die unbekümmerten Auslassungen des Einserabiturienten.

Die Schuld für diese Misere dürfen wir also nicht den Heranwachsenden zuschieben, und meine Kritik gilt auch in diesem Fall natürlich nicht dem jungen Mann persönlich: Im Gegenteil, unsere Schüler werden betrogen. Man enthält ihnen konkretes und wichtiges Wissen vor. Und man betrügt sie damit unter anderem auch um die Chance, die Fähigkeit zur Kritik – und zur Selbstkritik – zu entwickeln. Was hat unser Schulabgänger nach seiner eigenen Aussage am Gymnasium vor allem mitbekommen? Erstens: Gelassenheit. Man muß locker sein. Cool eben. Zweitens: Da man ohnehin nicht alles wissen und nicht alle Lexika auswendig lernen kann, verzichtet man am besten ganz auf ein verbindliches Grundwissen und lernt gar nichts mehr „auswendig"; wichtig ist, zu wissen, wie man an die gewünschte Info rankommt. Medien- und Methodenkompetenz für den Datenabruf aus Speichern und Netzen. Mehr braucht es nicht. Woher ich weiß, welche Daten überhaupt gesucht werden sollen und was ich dann mit den Daten mache und ob es noch etwas anderes als Daten gibt – das ist alles nebensächlich. Und drittens hat er die Vorzüge des „Infotainments" (eine Kreuzung aus Information und Entertainment, ein Begriff, der heute schon ganz im Ernst gebraucht wird und positiv gemeint sein soll) dankbar kennengelernt: Wer andere informiert, muß sie vor allem unterhalten, sie als Augenblicks-Konsumenten bedienen. Man läßt sich „'was Interessantes auf 'ne angenehme Art und Weise" „erzählen", etwas, was ganz folgenlos bleiben darf. (In den sogenannten Lernfächern darf ein Lehrer ja auch immer nur den Stoff der letzten Stunde abfragen.)

Bezeichnend war, wie die beiden Rundfunksendungen von vornherein in eine ganz bestimmte Richtung gelenkt wurden, teilweise auch durch gezieltes Herausschneiden unliebsamer Passagen. Einmal behauptete eine der Redakteurinnen, es gäbe an den Universitäten überhaupt keine Klagen über einen Mangel an Wissen bei unseren Studenten; im Gegenteil, sie hätten schon zuviel (!) gelernt, wenn sie an die Uni kämen, zum Beispiel in Mathematik. Der Moderator der zweiten Sendung (am 28. 1. 97) sah seine Aufgabe vor allem darin, unbeweisbare Behauptungen aufzustellen („Es wird auf jeden Fall eine Menge verlangt, das können alle Eltern zustimmend bestätigen.") und die Beiträge der Anrufer apodiktisch zu bewerten. Ein Vater, der bemängelte, daß am Gymnasium zu wenig praxisbezogen „ausgebildet" werde, zu wenig „für die Wirtschaft", erhielt die Zensur: „Da hat er recht, mit der Meinung." Die Feststellung, daß es an einem Gymnasium doch wohl nicht um „Cicero" gehen könne, wurde mit einem „Richtig!" quittiert. Die Mutter, die die Wissens- und Interessendefizite der Gymnasiasten vollkommen treffend geschildert hatte und beklagte, daß sie nicht einmal „das Naheliegende" wüßten (das Beispiel war eine Hauptstadt), wurde zurechtgewiesen: „das *für Sie*

Naheliegende!" Es fehle ihr, was die Aufgaben der modernen Schule angehe, doch offensichtlich „'was an Information".

Selbst die Vertreterin der Direktorenkonferenz war sich nicht zu gut dafür, die inkompetenten und tendenziösen Behauptungen, die in der Sendung aufgestellt wurden, auch noch zu bestätigen, womit sie nicht nur gegen ihr besseres Wissen falsche Vorstellungen verbreitete, sondern auch gegen die Vorgaben der Lehrpläne für das bayerische Gymnasium verstieß. Warum tut man so etwas in dieser Position? Wollte sie Werbung für ihre Schule machen? Oder wem wollte sie sonst gefallen? Einmal sagte sie zum Beispiel: „Wir hatten in früheren Zeiten ... einen Frontalunterricht." Das klingt so, als sei diese Unterrichtsform heute abgeschafft oder zumindest die Ausnahme. Das Gegenteil ist der Fall, und das aus guten und vernünftigen Gründen. Was aber noch viel bedenklicher ist: Die Direktorin tat so, als ginge es nur um die Frage, auf welche Weise die heutigen Schüler zu ihrem Wissen kämen, durch „frontale" Belehrung oder durch selbständiges Erarbeiten. (Beides kann natürlich sinnvoll und erfolgreich sein, ebenso wie alle Mischformen.) In Wahrheit ist aber die Frage bei vielen Schülern, ob sie sich überhaupt noch ein verbindliches Wissen erwerben, das sie also auch behalten. An anderer Stelle erklärt sie: „Man kann ja gar nicht anders unterrichten, als daß man praxisbezogene Beispiele sieht." Damit wäre der Lehrplan eines jeden Gymnasiums ad absurdum geführt und außer Kraft gesetzt: Man müßte tatsächlich so lange „entrümpeln", bis aus den einzelnen Fächern alle theoretischen und abstrakten Inhalte entfernt wären, das heißt, bis es kein Gymnasium mehr gäbe. Jeder kann sich selbst ausmalen, wie absurd es wäre, wenn wir uns bei allen gedanklichen Tätigkeiten, bei sämtlichen Fragen, mit denen sich der menschliche Geist in seiner jugendlichen Entwicklung bis zur Hochschulreife beschäftigen und weiterbilden kann, durch „praxisbezogene Beispiele", womöglich noch mit unmittelbarer Nutzanwendung, rechtfertigen müßten. Das wäre noch nicht einmal in einer Berufsschule möglich, obwohl diese Schulform ja einen ganz anderen Auftrag hat. In diesem Zusammenhang paßt dann auch noch, daß die Direktorin (als Anglistin) ein besonderes Qualitätsmerkmal des modernen Gymnasiums darin sieht, daß die Kinder schon nach zwei Jahren ihren Eltern auf Urlaubsfahrten nach England sagen können, „wie man tankt".

Nach den beiden Rundfunkterminen erhielt ich zahlreiche Anrufe von Hörern, die alle erstaunt bis empört waren über das Niveau der Sendungen und über ihre groteske Einseitigkeit. Man hatte ein Buch oder vielmehr den verstümmelten Titel eines Buches lediglich als Aufhänger für „attraktive" Hörfunk-Veranstaltungen verwendet, bei denen es wenig um Fakten und überhaupt nicht um die Weckung von Problembewußtsein ging, sondern um „Meinungsbildung" in eine ganz bestimmte Richtung, die der Intention des

Buchtitels genau entgegengesetzt war. Man wollte den Teufel mit Beelzebub austreiben: Noch weniger konkretes Wissen und Können, noch weniger Allgemeinbildung, noch weniger Verbindlichkeit von Lehr- und Stoffplänen und noch mehr als „Innovation" verkaufte pädagogische Heilslehren, wie sie in Ländern wie Hamburg oder Hessen verkündet und praktiziert werden, mit schauerlichen Ergebnissen (wie mir auch von zahlreichen Lehrern und Hochschullehrern in Zuschriften bestätigt wird). Diese Kritik von vielen Anrufern und Briefschreibern formulierte ich, zusammen mit meiner eigenen Analyse der zwei Gesprächssendungen, zu einem offenen Brief, den ich auch den beiden BR-Redakteurinnen zukommen ließ. Reaktion: Die eine erklärte mir schriftlich, sie wolle „gar nicht näher darauf eingehen". Die andere Redakteurin rief mich an und fand es ihrerseits unmöglich von mir, daß ich mich bei der ersten Gesprächssendung von ihr nicht hätte „führen" lassen. Im übrigen stellte sie fest, ich bewegte mich geistig im Dunstkreis von bayerischen Biertischen.

## 2. Das Problem der „Meinungsbildung": Wer sagt uns eigentlich, was die Schüler brauchen?

### Die Medien

Eine Bildung, die nur aus Meinungen bestünde, wäre eine Scheinbildung. Wie in allen Lebensbereichen haben wir auch in der Schulpolitik und bei der Frage nach dem Lehrstoff für die verschiedenen Schularten sachliche Information nötig. Auf der Suche nach einem begründeten Urteil und nach eigenen Entscheidungen sind wir bei einem solchen Thema, das alle mehr oder weniger direkt angeht, auch auf andere angewiesen, auf diejenigen, die als kompetent gelten und deswegen wie Multiplikatoren wirken. Das sind die Vertreter der Medien und all die Zeitgenossen, die man in den Medien zu Wort kommen läßt. Wenn eine Mutter in einer Elternversammlung darüber entsetzt ist, daß die Schüler noch nie ein Gedicht auswendig gelernt haben, so kann das eine sehr vernünftige und gut zu begründende Position sein. Aber wenn das in dieser Versammlung niemand hören will, weder die anderen Eltern noch die Lehrer, und wenn niemand darüber berichtet, so geht diese Argumentation ohne jede Wirkung unter. Und wenn die Vertreter der Presse bei öffentlichen Veranstaltungen nur *den* Vater in den Mittelpunkt stellen und entsprechend „medienwirksam" herausheben, der lautstark und trendgerecht unter starkem Beifall die Einführung von Betriebspraktika am Gymnasium und die Abschaffung des völlig nutzlosen Literaturunterrichts fordert, so läßt sich damit durchaus Einfluß ausüben, wiederum ganz unabhängig von den Fakten und von der Qualität der Argumente. Ähnliches gilt zum Beispiel auch für Leserbriefe. Auch hier kann eine Zeitung tendenziös auswählen, unliebsame Argumentationen systematisch unterdrücken oder nur gelegentlich in einer Alibi-Funktion zulassen.

Welche Verantwortung die Medien haben oder vielmehr eigentlich wahrnehmen müßten, ist schon aus den bisherigen Beispielen (Bayern II, Familienfunk) deutlich geworden. Einfluß und Verantwortung haben auch die, die man für Fachleute hält, weil sie sich erstens auf eine bestimmte Thematik spezialisiert (oder eingeschossen?) haben und zweitens nicht für sich allein sprechen, sondern größere Gruppen vertreten, zum Beispiel Elternbeiräte, Politiker, Verbandsvorsitzende, Amtsinhaber oder Träger eines akademischen Titels. Aber auch dann und gerade dann hängt viel davon ab, ob und wie diese Personen bei den Medien Gehör finden und wie sie sich „verkaufen": Der eine ist Professor und tingelt durch alle möglichen und unmöglichen Talkshows und ist schon deswegen „in"; außerdem hat er flotte „innovative" Ansichten, die vielen Journalisten gefallen und auch die Einschaltquoten und Auflagen erhöhen. Der andere ist ebenfalls Professor der Pädagogik, aber er kommt in der breiten Öffentlichkeit nicht zu Wort, weil er den Mut hat, Tatsachen und Forderungen vorzubringen, mit denen man sich nicht beliebt macht und seiner „Reputation" schadet.

So kann der Eindruck entstehen, die maßgeblichen und kompetenten Leute dächten ebenso, wie es die veröffentlichte Meinung will, eben „politisch korrekt", was oft nichts anderes bedeutet als „wirtschaftlich korrekt": Was verkauft sich am besten? Fast alles wird ja zur Ware, auch die Information und die Meinung. Für die gemachten Meinungen der Political Correctness kann man übrigens einen interessanten Begriff bei Schiller finden; er spricht von der „Mode" (des Denkens), die die Verständigung verhindert.

Wenn ich nun behaupte, daß die Realität an unseren Schulen von den Medien einseitig und verzerrt dargestellt wird und daß für die Zukunft in der Öffentlichkeit überwiegend unrealistische und unsinnige Schul- und Unterrichtskonzepte favorisiert werden, die die Situation noch verschlimmern werden, so taucht die Frage auf: Wer kann an solchen Verfälschungen und an der Festschreibung von Fehlentwicklungen ein Interesse haben? Natürlich glauben alle irgendwie an das, wofür sie Meinungsmache betreiben, glauben, daß ihr Trend-Verhalten Vorteile bringt. Aber wem? Wer zugibt, daß der Trend, dem er bisher gefolgt ist, nicht richtig war, hat etwas zu verlieren. Es geht ihm entweder um Prestige-Werte oder um noch konkretere materielle Vorteile. Ich denke an einen Vater oder auch Elternvertreter, der einsehen müßte, daß er ganz falsche Vorstellungen von der Aufgabe eines Gymnasiums hatte, daß er zum Beispiel das Gymnnasium mit einer Berufsschule verwechselt hatte und nun erkennen müßte, daß sein Kind an der falschen Schule ist; oder an einen Alt-Achtundsechziger, der von seinen Gesamtschulträumen und anderen Ideologien Abschied nehmen müßte, nachdem ihm vielleicht sogar der Marsch durch die Institutionen gelungen ist und er nun in einem Ministerium oder in einer Kommission oder auf einem Lehrstuhl sitzt; oder an einen Politiker, der nicht mehr gewählt würde; oder an einen Zeitungs- oder Buchverlag, dessen Auflagen zurückgingen. Es gibt aber auch zahlreiche Journalisten, Verleger, Elternbeiräte, Politiker, die einfach deswegen gegen den (angeblichen) Leistungsdruck an den Gymnasien (in Form eines bestimmten verbindlichen Lernstoffs) kämpfen, weil sie selbst oder ihre Kinder mit diesen Anforderungen Schwierigkeiten hatten bzw. haben; viele wollen auch im Hinblick auf ihre eigene Allgemeinbildung aus der Not eine Tugend machen. Die Süddeutsche Zeitung berichtet, wie die nordrhein-westfälische Wissenschaftsministerin der kalifornischen Elite-Universität Berkeley einen Besuch abstattet. Dabei spricht sie über das klassische Bildungsideal von Humboldt. Irgendwann stellt sich heraus, daß die Hochschulministerin den Staatsmann und Kulturpolitiker Wilhelm von Humboldt mit seinem Bruder, dem weltreisenden Naturforscher Alexander von Humboldt, „verwechselt" (SZ vom 6. 11. 97).

Wenn die Presse heute über Schulprobleme schreibt, so kann man bei den meisten Journalisten davon ausgehen, daß sie von angeblich falschen oder zu hohen Anforderungen der Schule schreiben werden. Wenn nicht alle Schüler dem Lernstoff eines Gymnasiums gewachsen sind, aus welchen Gründen auch immer, oder sich zu wenig dafür interessieren, oder wenn sie einfach zu faul sind und von den Eltern nicht zum regelmäßigen Arbeiten angehalten werden, so wird die Schuld dafür meist bei der Schule gesucht. Es ist dann von einem seelenlosen Paukbetrieb die Rede, in dem nur (oder viel zu viel) Fach- und Faktenwissen gefragt sei, von rücksichtslosem Aussieben, von unmenschlichem Leistungsdruck, von dem Skandal, daß so viele Eltern einen Nachhilfelehrer anstellen müßten – als ob man daraus nur *einen* Schluß ziehen könnte. Man entdeckt Verstöße gegen demokratische Grundsätze (wie „Mitbestimmung") und Fälle von verweigerter Integration und von Diskriminierung, und alles häufig nur, weil die Kinder oder Jugendlichen wesentliche Bereiche des gymnasialen Unterrichtsstoffs nicht lernen wollen oder nicht lernen können. Und weil es so viele sind (in manchen Gebieten nördlicher Bundesländer gehen schon über 50 Prozent der Kinder eines Jahrgangs auf ein Gymnasium), wird der Spieß umgedreht: Eine so große Zahl von Betroffenen kann sich doch nicht irren: Also muß es an der Schule und am falschen Stoff liegen, den man infolgedessen „entrümpeln" müsse. Man solle den theoretischen, veralteten und lebensfremden Kram entweder ersatzlos streichen, damit es einfach weniger „Leistungsdruck" gebe, oder eben durch ein sinnvolles „praktisches" Lernen ersetzen, das dann (angeblich) auch allen einleuchten würde.

Auf der anderen Seite wird von den meisten Presseleuten alles, was nur irgendwie alternativ oder innovativ klingt – dazu gehören auch all die bunten Vorstellungen von „moderner Dienstleistung", von „Autonomie" und von einem einheitlichen, also nicht mehr gegliederten Schulsystem –, begeistert aufgenommen: Wenn Stichworte wie Soziales Lernen oder Praktisches Lernen oder Waldorf oder Montessori oder Freiarbeit oder Projektunterricht vorkommen, dann muß die Sache schon auf jeden Fall gut sein, und über solche Modelle wird dann häufig nicht etwa sachlich berichtet, sondern sie werden naiv als Hoffnungsträger verherrlicht.

Dafür nur einige Beispiele. Sie sind nicht von der extremen Art, sondern ganz alltäglich. Gerade das zeigt aber, welch permanenter Berieselung man ausgesetzt ist und wie unmerklich wohl viele durch einen solchen Journalismus beeinflußt werden.

So berichtet etwa die SZ am 31. 3. 98 über Reformideen des bayerischen Kultusministeriums und des Landtags. Wolfgang Eitler, der Verfasser des Artikels, der sich in Erziehungs- und Bildungsfragen regelmäßig zu Wort meldet, zitiert unter anderem Stellungnahmen von GEW- und SPD-Sprechern und vertritt, als wäre er deren Sprachrohr, ebenfalls die Meinung, es sei ein Fehler, „das dreigliedrige Schulsystem festzuschreiben und die Schularten gegeneinander auszuspielen". Im Klartext: Es lohnt sich noch immer, so wird suggeriert, für die Gesamtschule zu kämpfen. In diesem Sinn werden dann „Zehetmairs Überlegungen für schärfere Übertrittsbedingungen" kritisiert. Gleich daneben finden wir einen Kommentar, ebenfalls von Eitler, in dem er noch stärker und entsprechend undifferenziert in diese „politisch korrekte" Kerbe haut: Es sei „seit Jahren bekannt, daß Projektunterricht nicht leistungsfeindlich, sondern leistungsfördernd wirkt". Bestimmte Ergebnisse wissenschaftlicher Unterrichtsforschung, wie etwa seitens der Max-Planck-Gesellschaft, die ganz anderes belegen, werden wohlweislich ignoriert. Und dann wird das (gescheiterte) Volksbegehren von 1994 wieder hochgehalten, dessen Inhalte angeblich die Lösung wären. Was Eitler nicht eigens erwähnt: In dieser Initiative war auch die Abschaffung des dreigliedrigen Schulsystems vorgesehen. Das wäre ein wesentlicher Schritt zur Einführung der Einheitsschule gewesen. Schließlich wirft der Kommentator dem Kultusminister noch vor, er würde „Lehrer und Eltern *schon wieder* mit schärferen Leistungsansprüchen und Übertrittsbedingungen irritieren". In Wirklichkeit sind die Leistungen im Bereich des konkreten Wissens seit vielen Jahren immer mehr abgesunken.

Und ich kenne viele Lehrerkollegen, die nicht nur „irritiert", sondern am Ende ihrer Geduld und ihrer Kraft wären, wenn sie *nicht* endlich einmal Unterstützung bekämen bei ihren Versuchen, wieder ein Mindestmaß an Verbindlichkeit und Leistungsanforderung im Unterricht durchzusetzen.

Viele Journalisten versuchen ihre Fortschrittlichkeit auch dadurch zu beweisen, daß sie uns irgendwelche Modelle und Pilotprojekte aus anderen Ländern, mit denen sie selbst gar nicht vertraut sein können, ans Herz legen oder vielmehr aufs Auge drücken wollen, damit wir endlich den Anschluß und einen internationalen Standard erreichen, den man anderswo schon längst erreicht habe (zum Beispiel in gewissen Gegenden der Schweiz, wo fast nur noch praktisch, am Froschtümpel oder im Betrieb, gelernt werde). Unter der Überschrift „Von den Schotten lernen" wird in der SZ vom 19. 3. 98 davon berichtet, daß „man in Schottland" ermutigende Erfahrungen mit der „Selbstevaluierung von Schule" gemacht habe. (Das bedeutet, etwas vereinfacht: Alle an einer Schule unmittelbar Beteiligten sollen sich ein „Schulprogramm" erstellen und dann mit Hilfe irgendwelcher Fragebögen immer wieder sagen, wie gut sie jetzt schon sind. Als Beteiligte gelten Schüler, Eltern und Lehrer, u. U. auch andere in der Schule beschäftigte Personen; aus Hessen kennt man den Begriff des Putzfrauenvotums. Was es nicht geben darf bei der „innengesteuerten Schulreform", ist irgendeine Kontrolle von außen, denn außen vor bleiben muß auf jeden Fall die „Ministerialbürokratie". Es geht also wieder einmal um das rotgrüne Ideal einer „autonomen Schule", wobei die Autonomie sich eben nicht nur auf Bereiche wie Finanzverwaltung bezieht, was durchaus sinnvoll sein könnte, sondern auch auf Lerninhalte und Leistungsanforderungen.) Deutschland betrete hier „Neuland", so der Verfasser des erwähnten SZ-Artikels, aber in Hessen sei man schon bald so weit. Eine Forschergruppe sei mit dem neuen Konzept an die Gesamtschule in Stierstadt gegangen. Der Schulleiter habe festgestellt, daß die Schüler „jetzt viel ausgeglichener und weniger konfliktreich wirken". Und dann sagt der Direktor noch: „Ich vermute, es liegt daran, daß die Lehrer jetzt mit den Kindern anders arbeiten." Was sie über dieses Sozialverhalten hinaus gelernt haben, scheint niemanden zu interessieren. Und auch diese Aussage ist ja nur ein Eindruck, eine „Vermutung". Bezeichnend ist auch noch, wie der Verfasser die Reaktion der Lehrer auf den Fragebogen-Terror dieser von außen (!) hereingeschneiten Forschergruppe wertend kommentiert. Immerhin waren alle, natürlich auch die Schüler, zur Kritik, auch an sämtlichen Personen, aufgerufen worden. Den Kollegen habe das „gnadenlose Zahlenmaterial" nicht gepaßt, sie hätten die „Störenfriede" am liebsten wieder hinausgeworfen. Es habe sich gezeigt, „daß viele Lehrer nicht sich selbst, sondern vor allem ‚schwierige Schüler' und ‚problematische Elternhäuser' verantwortlich mach-

ten". Hierzu muß ich als Lehrer einen Kommentar anfügen. Schwarzweißmalerei kann nie stimmen, und diese Lehrer haben sie ja offensichtlich auch,
vielleicht etwas zu wenig, vermieden, wenn sie sagen, daß „vor allem" die
Erziehung im Elternhaus das Problem sei. Wer aber, wie dieser SZ-Journalist,
durch solche Formulierungen den Eindruck erweckt, als seien eben die Lehrer das Problem, als gebe es heute nicht tatsächlich viele problematische
Elternhäuser und infolgedessen auch schwierige Schüler, der darf sich nicht
wundern, wenn wir Lehrer unseren Schülern eines Tages überhaupt nichts
mehr beibringen können, weder Sozialverhalten noch konkretes Wissen. (Ein
Elternhaus kann übrigens schon dadurch problematisch sein, daß das Kind
völlig unkontrolliert fernsehen darf.)
Ein letztes Presse-Beispiel. Im rotgrün regierten Schleswig-Holstein hat man
damit begonnen, lern- und geistig behinderte Kinder im Klassenverband
eines Gymnasiums zu unterrichten. Man nennt das Integration. Die Journa-
listin der Frankfurter Rundschau (7. 8. 97) ist hell begeistert. Überschrift:
„Der gymnasiale Elfenbeinturm öffnet seine Tore". Zwar kann sie nicht ganz
unterschlagen, „daß die Wogen im Lehrerzimmer hochgingen" und einige
Kollegen dieses Bad Segeberger Gymnasiums dem Schulleiter vorwarfen, er
wolle „Menschenversuche" veranstalten und „das Gymnasium kaputt-
machen", aber der Artikel läßt keinen Zweifel daran, was man von diesen
Gegnern des Fortschritts zu halten habe, in welche Ecke sie gehörten. Eine
Frage, welche sachlichen, welche pädagogischen und didaktischen Argumente
man gegen ein solches Projekt vorbringen kann und muß, wird überhaupt
nicht ernsthaft gestellt, weder die Frage, wie die unterschiedlichen Begabungen ihren (gleichen oder unterschiedlichen?) Lernstoff im Unterricht bewältigen sollen, noch die primäre Frage, weshalb sie überhaupt zusammen unterrichtet werden sollen. Dagegen wird geschwärmt von den „projektorientier-
ten" und „fächerübergreifenden" Aktivitäten: Man „berechnet, ... wieviel
Umdrehungen ein Rollstuhl für bestimmte Strecken braucht", und im „Erd-
kunde-Englisch-Unterricht" darf man Ausflüge nach Hamburg-Fuhlsbüttel
machen ... Wer wird nach einem solchen Artikel noch ganz offen aussprechen, daß er gegen diese „Neuerungen" ist, zum Beispiel schon allein deswegen, weil die soziale Integration, *wenn* sie denn gelingt, nicht das einzige
ist? Vielleicht brauchen wir heutzutage *doch* eine ganz andere Schule? Die
Verfasserin schreibt ja auch, es sei eine „Ehre" für das Städtchen, in Schleswig-Holstein und wohl auch bundesweit den Anfang machen zu dürfen. Und
sie findet wichtig, wie der Schulleiter, der sich (zum Glück) nicht entmutigen
lasse, als Geschichtslehrer und somit ausgewiesener Fachmann seine „Motivation" erklärt: mit der „Verpflichtung, daß sich das Trauma, der Alptraum
der nationalsozialistischen Zeit nicht wiederholt". Wer nun immer noch dafür

ist, daß Gymnasiasten und geistig behinderte Kinder entsprechend ihrer großen Begabungsunterschiede differenziert unterrichtet werden (und nicht integrativ), der diskriminiert und setzt sich dem Verdacht aus, daß er nicht mit der gleichen Entschlossenheit ein zweites Auschwitz verhindern will wie der zitierte Schulleiter oder wie die erwähnte Landesregierung.

Wir müssen also in der Öffentlichkeit einen Trend beobachten, den verbindlichen Lern- und Wissensstoff an den Schulen für unwichtig zu erklären und bewußt zurückzudrängen, zugunsten jener nicht faßbaren „Schlüsselqualifikationen" wie „Sozialkompetenz". Das geht bis zur Verteufelung des Leistungsgedankens, zumindest wenn es sich um individuelle Leistung handelt. Dabei kommt dann mit schöner Regelmäßigkeit der Vorwurf auf, die Schule wolle „elitär" sein und andere „ausgrenzen". Der Begriff der Elite wird noch immer von vielen, auch zahlreichen Politikern, rein negativ definiert.

## Stimmen aus der Wirtschaft

Im Hinblick auf das individuelle Lernen begegnet uns ein bemerkenswertes Menschenbild bei einem promovierten Soziologen und Psychologen, der in einem SZ-Leserbrief vom 17. 11. 97 zu Wort kommt. Darin wird die Schule als eine „lernende Organisation mit eigenen Strukturierungen" (wie etwa „Kinderkonferenzen") gegen das einzelne Kind ausgespielt. Wörtlich: „Die überwiegende Orientierung am Individuum … ist feudalen Ursprungs." Pestalozzi habe mit seiner „Einzelförderung der Kinder im Klassenverband" im Grunde nur den Einzelunterricht der Adligen nachgeahmt, und nach ihm betreibe man auch heute noch eine reaktionär-elitäre „Förderung von Solisten". Das heißt im Klartext: Das Individuelle ist unsozial. Die „Leistung des einzelnen" wird als Ausdruck für das „Karrieremuster" des ellbogigen Egoisten verunglimpft: so, als ob die Bildung und Leistung des Individuums der Gemeinschaft *nicht* zugute kommen könnten, als ob der einzelne nur als Rädchen im kollektiven Apparat seinen Wert hätte. Man muß dem Mann dankbar sein für seine Deutlichkeit. So weiß man doch, wes Geistes Kinder unsere Schüler auf welche Weise „fördern" wollen.

Das Pikante an derartigen linkslastigen Ideologien, in denen der einzelne dem Kollektiv geopfert werden soll, ist nun, daß sie auf Forderungen hinauslaufen, die auch aus einer ganz anderen Ecke kommen. Auch in Wirtschaftskreisen wird immer lauter die Vorstellung vertreten, es komme in erster Linie auf die „Teamfähigkeit" an. Was letztlich interessiert, ist das Produkt, das von einem gut funktionierenden Team möglichst rational hergestellt und verkauft werden soll. Deshalb wird auch häufig schon nach einer kollektiven Benotung von „Gemeinschaftsarbeiten" an Schulen und Universitäten verlangt, was ganz konsequent ist, wenn der einzelne in seinem individuellen Lern- und Entwicklungsfortschritt gar nicht mehr wichtig ist. Hauptsache, der Konzern hat ein gutes Team – und ein gutes Produkt. Und die Pädagogen, vor allem die, die sich als „links" verstehen, merken überhaupt nicht, welche Tendenzen sie da unterstützen. Das für die Persönlichkeitsbildung wesentliche kulturelle Wissen, das in der linken Ecke als bildungsbürgerliches Gerümpel abgetan wird (daher der Ruf nach Entrümpelung!), wird bei „kapitalistischer" Betrachtungsweise ebenfalls abgelehnt, wenn auch aus anderen Gründen: Es ist schlicht Zeitverschwendung, in der Wirtschaft zu wenig verwertbar, weshalb man ja in der FDP (und immer mehr auch in der CDU) der Meinung ist, zwölf Jahre Schulzeit seien genug. (So dachte man auch im Arbeiter- und Bauernstaat. Die SPD ist erfreulicherweise wenigstens über dieses Denken hinausgewachsen und plädiert derzeit für das neunjährige Gymnasium. Auch im Dritten Reich hat man die Schulzeit für Gymnasiasten um ein Jahr verkürzt, mit Rücksicht auf die Rekrutierung des Offiziersnachwuchses.) In der FDP wird außer dem kostengünstigen Kurzgymnasium übrigens noch ein anderes zeitsparendes Modell vetreten; nach ihm sollen die Kinder schon mit fünf Jahren in den Kreislauf von Schule und Wirtschaft eingespeist werden. Der hochschulpolitische Sprecher der FDP hat sich nun gar für die Möglichkeit stark gemacht, die „Reife"-Prüfung zwei Jahre früher als bisher abzulegen, und zwar per „Freischuß". Auf die Frage „Abitur nach elf Jahren?" hat er (laut SZ vom 15. 9. 98) geantwortet: „Ja, warum denn nicht?" Eine schöne Bestätigung kann der FDP-Bildungsstratege bei so manchem Vertreter der Wirtschaft finden. Am 21. 7. 98 zum Beispiel berichtet die SZ von einer Podiumsdiskussion an einem Münchner Gymnasium zum Thema Oberstufenreform, in dem ein als Siemensmanager tätiger Professor folgenden Grad der Differenzierung erreicht habe: „Gymnasiasten würden 13 Jahre lang vor allem ‚herumgammeln', weshalb eine Verkürzung der Schulzeit auf 11 Jahre nötig sei."

Welchen Einfluß hat die Wirtschaft auf die Lehrpläne und auf das Anforderungsniveau an den Schulen, welchen Einfluß *soll* sie haben? Hier muß man sehr behutsam differenzieren. Wenn Wirtschaftsleute sich darüber beschweren, daß Schulabgänger von *allen* Schularten die selbstverständlichen Kulturtechniken nicht beherrschen, also nicht richtig (und nicht ordentlich) lesen, schreiben und rechnen können – und dabei oft auch noch abenteuerlich gute Noten in ihren Abschlußzeugnissen stehen haben –, dann sind sie mit ihrer Kritik im Recht und müssen gehört werden, einfach deswegen, weil die Schule die Vermittlung dieser Grundbildung den Schülern und der Gesellschaft schuldig ist, also auch denen, die für die jungen Menschen anschließend Verantwortung übernehmen, indem sie sie beruflich ausbilden und als Arbeitskräfte einstellen. (Selbstverständlich gehört zur schulischen Grundbildung mit zunehmender Dringlichkeit auch eine Einführung in den Umgang mit dem Hilfsmittel Computer.) Wer selbst unterrichtet oder die Presse (aller Couleur) aufmerksam mitverfolgt, weiß, daß es sich nicht *nur* um faule Ausreden handelt, wenn Unternehmen erklären, sie könnten viele Lehrstellen nicht besetzen, weil die Bewerber immer schwächer seien im Rechnen und Schreiben, weil sie zu wenig „Allgemeinbildung" (!) mitbrächten (vgl. z. B. SZ vom 7./8. 3. 98, unter Berufung auf das Institut der Deutschen Wirtschaft Köln). Handwerkskammern erklären, die Firmen könnten „kein Reparaturbetrieb der Schulbildung" sein, auch was Benehmen und Zuverlässigkeit betrifft (z. B. SZ vom 7./8. 9. 96).

Wenn nun aber die Wirtschaft über diese Grundlagen-Ansprüche hinaus auf die Schulen Einfluß nehmen und bei Lehrplänen und Bildungsinhalten mitbestimmen will, so muß man sie deutlich in ihre Schranken weisen. (Freilich gibt es auch heute noch Unternehmer, die selbst weitblickend und gebildet genug sind, um zu wissen, daß Mitarbeiter, die nicht nur gut ausgebildet, sondern auch persönlich durch eine gewisse Allgemeinbildung geprägt sind, ebenso für den Betrieb eine größere Chance sind.)

Die Rolle, die die Wirtschaft im Bildungsprozeß spielt, müssen wir heute besonders kritisch prüfen, weil die Bildungsinstitutionen, die staatlichen wie die privaten – und erst recht alle die, die „autonom" sein wollen –, gerade dabei sind, sich in eine verhängnisvolle Abhängigkeit zu begeben. Stichwort Sponsoring: nichtstaatliche Geldgeber für Forschung und Lehre. Wer zahlt, schafft an, wie in den Elite-Universitäten der USA? Die bayerische Staatsregierung propagiert zum Beispiel die Neuerung: „Schulen ans Netz". Aber wer soll das bezahlen? Also ist man auf Spender angewiesen. Und die erklären den Lehrern und den Schulbehörden dann auch gleich, wie sich „die Aufgaben von Schule und Unterricht grundlegend" „veränderten" und was da alles falsch gemacht werde (so der Vorstandsvorsitzende von Siemens-Nixdorf gegenüber dem Kultusminister an einem Münchner Gymnasium; SZ vom 28. 11. 95).

## Elternvertreter

Welche Rolle spielen in der öffentlichen Diskussion um Schule und Lerninhalte nun die Eltern, genauer gesagt, die offiziellen Vertreter der Elternschaft? In einem Interview vom 13. 1. 98 (Überschrift: „Übersensible Lehrer") fragt der SZ-Vertreter (wieder Wolfgang Eitler) die Vorsitzende der Landesvereinigung der Gymnasialeltern in Bayern, Barbara von Schnurbein: „Warum wurde verantwortliche Mitarbeit von Eltern an den Schulen bisher verweigert?" Antwort: Ja, sie werde ihnen trotz der Festschreibung in der

Schulordnung verweigert, wohl deswegen, weil „Lehrer die Einmischung der Eltern fürchten". Eine weitere Suggestivfrage: „Unterstützen Sie das in Bayern hochgehaltene Prinzip der Auslese?" Antwort: Unterschiedliche Anforderungsprofile seien richtig, aber einen „Ausschluß von Schülern aufgrund zu hoher Anforderungen" dürfe es nicht geben. Das heißt also: Der Lernstoff und die Anforderungen müssen nach Ansicht dieser Elternvertreterin auf jeden Fall so sein, daß alle mitkommen, die auf eine bestimmte Schule geschickt worden sind; jede Leistung muß ausreichen. Noch deutlicher tritt in einem Artikel der Regensburger „Rundschau" vom 14. 1. 98 der Bayerische Elternverband auf. „Der reine Paukunterricht" (Was ist das?) müsse „endlich der Vergangenheit" angehören, wird da gewettert, jetzt gehe es um „Schlüsselqualifikationen wie Selbständigkeit, Kommunikations- und Teamfähigkeit", um „Integration und Sozialisation". Am Gymnasium werde „so viel Schrott" gelehrt; statt dessen werden Betriebspraktika empfohlen. Man will „größere notenfreie Räume", mehr „Mitbestimmung für Schüler und Eltern", es müsse „Demokratie praktiziert" werden, so daß es auch für Schülerzeitungen keine „Zensur" mehr gebe. Und so weiter. Wie viele Eltern fühlen sich durch solche Statements eigentlich vertreten? Da tritt also einer in einen Schachclub ein (bzw. er läßt sein Kind eintreten), und dann empört er sich darüber, und zwar auch im Namen der anderen, daß hier nicht Kegel oder Fußball gespielt wird. Solche Eltern, die aus dem Gymnasium offensichtlich etwas ganz anderes machen wollen, zum Beispiel eine Berufsschule, kommen gar nicht auf die Idee, daß sie für ihr Kind vielleicht einfach einen anderen Bildungs- bzw. Ausbildungsgang suchen sollten. Es gibt heute so viele Möglichkeiten, gerade in Bayern, und die Durchlässigkeit zwischen den Schultypen ist so groß, daß man wirklich keine Sackgassen oder endgültigen Versäumnisse mehr befürchten muß. Es darf aber auf jeden Fall das Gymnasium sein, so meint man, auch um den Preis, daß dieses Gymnasium dann kein Gymnasium mehr ist. Damit soll nicht gesagt sein, daß der Lernstoff oder die Lehr- und Lernmethoden einer Schulart nicht in Frage gestellt werden dürften. Aber man muß die Grundbedingungen anerkennen, den prinzipiellen Bildungsauftrag einer Schule, wenn man seine Kinder dort fördern lassen will. (Nur am Rande: Auch was den Erziehungsauftrag der Schulen betrifft, boykottieren die zuletzt zitierten Vertreter des Elternverbands die Arbeit der Lehrer und fallen ihnen und vor allem der Schulleitung sogar in den Rücken; die Schule ist (unter anderem) verpflichtet, den Schülern (wirklich „fürs Leben") klar zu machen, was sie in einer Schülerzeitung – auch im Namen der Schule – schreiben können und was nicht. Das ist dann auch „praktisches Lernen", denn ein derartiges Presseprodukt existiert ja nicht nur in einem fiktiven, verantwortungsfreien Raum, sondern real, innerhalb und außerhalb der Schule.)

# Hochschullehrer

Solche und auch andere problematische Vorstellungen von Elternvertretern werden allerdings häufig auch von Personen bestätigt, denen man eigentlich Kompetenz zutrauen müßte, weil sie professionell sprechen, zum Beispiel als Professoren. Von dem Hamburger Peter Struck war schon zweimal die Rede. Er hetzt gegen Realschul- und Gymnasiallehrer, verlangt einen Einheitslehrer, auch schon in der Lehrer-Ausbildung, der als Klassenlehrer bis zu fünf (!) Fächer unterrichten und viel mehr Sozialpädagoge und Sozialarbeiter als Wissensvermittler sein soll. Man kann sich ja vorstellen, wie weit und wie tief die Kompetenz eines Lehrers reicht, der am Gymnasium fünf Fächer unterrichten soll. Am besten, er beginnt gleich mit den „vernetzten" „Projekten", dann braucht er überhaupt nicht in die Tiefe zu gehen, noch weniger als in seinem Allroundstudium! So macht man's ja zum Beispiel in Brandenburg, wo man den Kindern (und den Eltern) anstelle des Religions- oder Ethikunterrichts LER verordnet hat (Lebensgestaltung – Ethik – Religionskunde): Die Kinder sollen Weltreligionen miteinander vergleichen, die sie überhaupt nicht kennen, und die der Lehrer natürlich auch nicht oder nur sehr oberflächlich kennt. Bei Struck wird der Erwerb von Wissen gegen Sozialisation ausgespielt, wobei er teilweise von Extrembeispielen ausgeht, von sozialen Hintergründen, bei denen Unterricht im Sinne von Wissensvermittlung tatsächlich nicht mehr möglich ist und man statt dessen Sozialarbeit leisten muß, um das Abgleiten in völlige Verwahrlosung und Kriminalität zu verhindern. Struck versteht solche Formen des Lernens, die er grundsätzlich für *alle* Schüler empfiehlt, als „Lebenshilfeschule": Zum Beispiel sollen Lehrer mit den Kindern frühstücken, möglichst den ganzen Tag und auch am Wochenende als Bezugsperson zur Verfügung stehen und den häuslichen Erziehern auch sonst immer noch mehr Verantwortung abnehmen, bis hin zum „Auf-den-Schoß-Nehmen" und (bei Grundschülern) bis zum möglichen „Gute-Nacht-Kuß" im Schullandheim (so etwa in „Neue Lehrer braucht das Land", 1994, S. 94).

Aber Struck ist nicht der einzige, der bezweifelt, daß die Hauptaufgabe des Lehrers, zumal des Gymnasiallehrers, das Lehren ist, das Vermitteln von Inhalten, das Erziehen *anhand* von Inhalten. Es gehört zum „guten Ton", ist Mode geworden, den Lernstoff zugunsten einer inhaltsfreien Pädagogik und Sozialisation zu verteufeln. Josef Kraus, Präsident des Deutschen Lehrerverbands, spricht von der „Educational Correctness".

Andere Professoren werden in der Öffentlichkeit bei vielen auf offene Ohren stoßen, wenn sie das Lernen auf so ungeschickt plakative Weise verdächtig machen wie etwa mit der Parole „Kreativität statt Paukerei". Unter dieser

Überschrift wurde am 27. 11. 97 in der SZ der Kunstpädagoge Rudolf Seitz, ehemaliger Präsident der Münchner Akademie der Bildenden Künste, anläßlich einer Preisverleihung für sein Projekt „Schule der Phantasie" als „pädagogischer Hippie" gefeiert. Noch immer, so gibt der Artikel die Kritik des Professors wieder, „sei der Unterricht vor allem auf Kenntniserwerb ausgerichtet", und das sei, so Seitz laut SZ wörtlich, „lächerlich angesichts der Tatsache, daß sich das verfügbare Wissen durch die neuen Technologien ständig vervielfacht". Man kann annehmen, daß Seitz es nicht so fürchterlich plakativ meint. Er dürfte wissen, daß alle großen Künstler auch große Könner und Handwerker waren, die nicht nur spielerisch gelernt und gelehrt haben, daß Wissen und Phantasie einander nicht ausschließen müssen und daß die entscheidenden Lernziele einer allgemeinbildenden Schule *die* Kenntnisse und Fähigkeiten sind, die gerade *nicht* durch die neuen Technologien überholt sind. Wozu dann aber diese Schwarzweißmalerei, die nur Vorurteile bestätigt? (Mit dem Schlagwort „Kreativität" hat übrigens ein anderer Professor, Hartmut von Hentig, in der Zeitschrift „Psychologie heute" vom Februar 1998 in erfrischender Weise abgerechnet. Er spricht vom „Kult um einen (be)trügerischen Begriff", warnt vor der „Ablösung vom Leitbild des Wissens oder der Denkleistungen" und „mißtraut" vor allem denen, die „Ordnung, Disziplin, Tradition zu Feinden der Kreativität erklären. Sie sind vielmehr oft deren Voraussetzung".)

Man liest in der Presse auch von Fällen, in denen ein Hochschullehrer allen Ernstes für ein Lernen „just in time" eintritt. Es komme nur noch auf eine „Flexibilität" an, mit der man (z. B. als Student) eben das lernen solle, was für den Augenblick gebraucht werde. Es ist übrigens möglich, daß Lehrende hier auch aus der Not eine Tugend machen: Aus Verzweiflung darüber, daß es viele Studenten aufgrund von Versäumnissen der Schule nicht mehr gewohnt sind, sich ein verbindliches, also bleibendes Grundwissen anzueignen, erklären sie dieses Grundwissen für überflüssig. Dafür ein (authentisches) Beispiel. Ein Gymnasiallehrer ist seit Jahren an einer bayerischen Universität als Beisitzer im mündlichen Staatsexamen tätig. Als er die Kandidaten ein wenig nach Grundkenntnissen fragt, die nichts mit ihrem Spezialgebiet zu tun haben, wird er von der Institutsvertreterin, einer aus Hessen kommenden Professorin, scharf kritisiert. Das Problem ist nicht etwa, daß die Fragen zu läppisch wären, also sozusagen unter der Würde eines Jungakademikers, sondern daß die Prüflinge diese läppischen Fragen nicht beantworten können und die Professorin, die mittlerweile als Prüferin ein heißer Tip sein soll, sich darüber ärgert, daß der Kollege den Studenten und ihr die schönen Noten verhunzen wolle. Und dabei handelt es sich in diesem Fall um ein Grundwissen, das die angehenden Gymnasiallehrer im Unterricht jederzeit parat haben müßten.

Einfluß auf die öffentliche Meinung zum gegebenen Thema haben natürlich auch andere Vertreter von Professoren, Lehrern und Lehrerverbänden, von Kirchen und weiteren gesellschaftlichen Gruppen, die freilich alle ihrerseits auch wieder auf Medien angewiesen sind. Auf die unterschiedlichen Programme und die dahinterstehenden Vorstellungen, etwa auch in der Frage der Schüler-Mitbestimmung, kann hier nicht näher eingegangen werden, ebensowenig wie auf die parteipolitischen Entwürfe und Taktiken oder auf Aussprüche einzelner Politiker, die sich als besonders innovative und trendgerechte Zeitgenossen zur Sache äußern wollen. (Ich denke an den CDU-Oberbürgermeister, der dem lebensfremden Lernen im Klassenzimmer die Zauberformel von der Umfeldorientierung entgegenstellt und von den Lehrern und ihren Klassen verlangt, sie sollten lieber hinausgehen und vor Ort „Schwierigkeiten mit ethnischen Gruppen aufarbeiten".) (SZ vom 4./5. 11. 95)

In diesem Abschnitt sollte nur die Problematik der Meinungsbildung bewußt gemacht werden, mit Hilfe von einigen Beispielen und grundsätzlichen Überlegungen. Daß man in jedem Fall mißtrauisch und kritisch sein und sich vor allem bei inflationären Schlagwörtern auch auf seinen gesunden Menschenverstand und sein sprachliches Schamgefühl verlassen darf, etwa auch, wenn die Justiz sich zu diesen schwierigen Fragen äußert, mag ein letztes Beispiel andeuten. Das bayerische Kultusministerium hat Ende April 1998 einen Prozeß gegen die Landesarbeitsgemeinschaft der Freien Waldorfschulen verloren. Es ging um die Gründung zweier weiterer Waldorfschulen, die nicht genehmigt worden war. Hier sollen nun nicht die Argumente der beiden Prozeßparteien diskutiert werden; bemerkenswert ist in unserem Zusammenhang die Urteilsbegründung. Die Verwaltungsrichter, so Wolfgang Eitler von der SZ (29. 4. 98) „üben offen Kritik an der Bildungspolitik des Kultusministeriums und dessen Bekenntnis zur möglichst frühen Entscheidung über den schulischen Werdegang von Kindern". Und dann wird wörtlich aus dem Urteil zitiert: Die Waldorfschule wird als „Gegenmodell" bezeichnet, „mit dem Akzent der Förderung statt dem der Selektion". Wer nur ein wenig mitverfolgt hat, in welchem Tonfall in der öffentlichen Diskussion heute Begriffe wie „Selektion" oder „Auslese" verwendet werden, fast ausschließlich von entschlossenen und oft aggressiven Gegnern eines gegliederten Schulsystems, der weiß, welch groteske Wertung dieses Wort enthält. Außerdem behauptet das Urteil ja zumindest indirekt: Eine Schule, in der das herrscht, was das Urteil „Selektion" nennt, in der es also zum Beispiel eine Versetzungsordnung gibt, kann nicht gleichzeitig auch noch eine „Förderung" ihrer Schüler wollen. Ist es die Aufgabe eines Vewaltungsrichters, solche Behauptungen aufzustellen und auf diese Unterstellungen sogar ein Urteil zu gründen? Auch hier gibt sich der Berichterstatter natürlich nicht mit einem sachlich-informativen

Bericht zufrieden. Er kratzt alles zusammen, was angeblich für diese Richter-meinung spricht, unter anderem muß wieder einmal der Bundespräsident her-halten: Die Urteilsbegründung, so kommentiert er, „liest sich stellenweise wie ein Auszug aus der Berliner Rede von Bundespräsident Roman Herzog zur Bildungspolitik". Wer diese Rede kennt, muß bei Eitlers Interpretation fest-stellen, daß hier ein blindes Huhn 'mal wieder danebengepickt hat.

## 3. Schule richtig denken

Diese Überschrift ist eine Anspielung auf bildungspolitische Programme, die besagen, man müsse „Schule neu denken", so als wäre alles Neue in jedem Fall auch das Richtige – und umgekehrt. Was und wozu sollen unsere Schüler lernen?

Daß die Schulabgänger derzeit etwas vermissen und vermissen lassen, was – auch ganz unmittelbar – gebraucht wird, kann nicht mehr ernsthaft bestritten werden. Universitäten verlangen nach Hochschul-Eingangsprüfungen, weil die Abiturienten zu einem großen Teil nicht mehr die für ein Studium not-wendigen Voraussetzungen mitbringen, was übrigens in neueren Umfragen auch von Studenten bestätigt wird. Rund ein Drittel aller Studenten bricht sein Studium wieder ab. Bei Lehrlingen ist es nicht viel besser. (Dieser Miß-stand der unzureichenden Schulbildung (auch in bezug auf die Arbeitshal-tung!) kam während der Studentenproteste im Wintersemester 97/98 so gut wie nie zur Sprache, obwohl er das Hauptproblem der Bildungspolitik ist, noch dazu ein Problem, das unabhängig vom Geld gelöst werden könnte, wenn der politische Mut und Wille vorhanden wäre.) Manche ziehen die rich-tigen Schlüsse. So findet man in der SZ vom 30. 3. 98 folgende Feststellung (von Heidrun Graupner): „Die Reform müßte in der Schule beginnen … Mit der Möglichkeit, vor dem Abitur schwierige Fächer abzuwählen, die den Notendurchschnitt drücken könnten, erhalten Abiturienten die Hochschul-reife, aber nicht die Hochschulqualifikation."

Auch die Absolventen anderer Schularten sind häufig zu wenig auf ihren wei-teren Ausbildungsgang vorbereitet. Und daß die an der Schule auf jeden Fall zu erwerbenden Kulturtechniken (wie Lesen, Schreiben, Rechnen) immer weni-ger beherrscht werden, macht sich auch ansonsten in der Gesellschaft be-merkbar. Der ehemalige Bundesbildungsminister Jürgen Rüttgers hat einmal gesagt: „Sie können heute nicht mehr davon ausgehen, daß der Absolvent einer deutschen Schule rechnen, schreiben und lesen kann." Man spricht zum Bei-spiel vom „sekundären Analphabetismus" bei Menschen, die das Lesen und Schreiben nach ihrer Schulzeit wieder ganz verlernen, weil sie darin als Schüler zu wenig Sicherheit erreicht haben und sich später nicht mehr üben, natürlich auch unter dem segensreichen Einfluß von elektronischen Unterhaltungs-, Verwirrungs- und Verblödungsmedien. Hilmar Hoffmann, Geschäftsführer der „Stiftung Lesen" und Präsident des Goethe-Instituts, spricht von drei Millionen Betroffenen in Deutschland (SZ vom 9./10. 9. 95).

„Reform" bedeutet, daß etwas, was deformiert worden ist, wieder richtig geformt wird. Wer in diesem Sinn eine Reform unserer Schulen will, wird vor allem folgende Gesichtspunkte geltend machen:

## Man muß zwischen Ausbildung und Bildung unterscheiden

Ausbildung braucht ein Mensch für seine berufliche Tätigkeit, Bildung braucht er für sein Leben. Im Unterschied zu einem Hobby, das der einzelne allein zu seinem eigenen Spaß betreiben kann, sollte sowohl die Ausbildung als auch die Bildung eines Menschen erstens ihm selbst und zweitens der Gesellschaft Vorteile bringen. Ein guter Arzt oder Handwerker hat nicht nur sein Einkommen und persönliche Befriedigung; er nützt auch anderen. Und ein Mensch mit einer guten Bildung wird sich auch als human erweisen; andernfalls ist er nicht wirklich, sondern nur formal gebildet. Es ist klar, daß sich die Bereiche überschneiden. Aber man darf sie nicht grundsätzlich miteinander verwechseln. Sonst stellt man nämlich Forderungen an die allgemeinbildenden Schulen, die richtigerweise an die Ausbildungsstellen zu richten wären, an die Berufsschulen und Betriebe und an die Universitäten. Die Schulen haben im Vorfeld genug andere Aufgaben. Allein schon deswegen, weil sich ein Schüler noch nicht für einen bestimmten Beruf entschlossen hat oder jedenfalls nicht für den gleichen wie seine Klassenkameraden, kann der Lernstoff sich nicht unmittelbar an den Inhalten einer (Berufs-)Ausbildung orientieren.
Betriebspraktika zum Beispiel gehören im Grunde nicht zum Bildungsgang eines Gymnasiums. (Was nicht heißen soll, daß der Gymnasiast in den Ferien nicht einmal in einem Betrieb arbeiten sollte. Auch Unterrichtsgänge in die „Welt der Arbeit" können natürlich sinnvoll sein.) Andererseits gehören alle *die* Lerninhalte zum gymnasialen Bildungsgang, die einem Abiturienten die *allgemeine* Studierfähigkeit sichern, ihn also in die Lage versetzen, an der Universität *jedes* Fach zu studieren. Wer nach dem Abitur nicht studiert, hat die Reifeprüfung selbstverständlich nicht „umsonst" abgelegt; je mehr Allgemeinbildung für den einzelnen, desto besser. (Ernst Zimmer, der Mann, der den geistig verwirrten Dichter Friedrich Hölderlin in sein Haus aufnahm, wo er von ihm und später von seiner Tochter 36 Jahre lang betreut wurde, war ein Schreinermeister, der Hölderlins Werk gelesen hat.) Maßstab für

den gymnasialen Lehrplan müssen aber in jedem Fall diejenigen sein, die später ein Universitätsstudium aufnehmen. Die anderen (bzw. deren Eltern) können den Stoffplan nicht nach ihren möglicherweise ganz anderen Vorstellungen „umfunktionieren". Sie haben ja die Möglichkeit, sich für einen anderen Bildungsgang zu entscheiden. Die Auswahl war noch nie so groß.

Eine persönliche Allgemeinbildung, also noch unabhängig von beruflichen Vorstellungen, muß selbstverständlich an jeder Schulart des gegliederten Systems vermittelt werden, wenn auch in unterschiedlichem Umfang und auf unterschiedlichen Stufen der Abstraktion und der theoretischen Beschäftigung. Klar muß ferner sein, daß Bildung etwas mit Persönlichkeitsentwicklung zu tun hat, mit Identitätsfindung, weshalb eine „multikulturelle" Begegnung voraussetzt, daß man zuerst einmal mit seiner eigenen Kultur vertraut ist, auch und gerade im Zeitalter der „Globalisierung". Zur Bildung gehört die Beschäftigung mit Sinnfragen, die jeden Menschen und ganz gewiß jeden jungen Menschen in irgendeiner Form interessieren. Er braucht Bildung in Form von Kommunikations- und Kritikfähigkeit, in Form von Mut, als Bereitschaft, Verantwortung zu übernehmen, wobei eben auch immer ein ganz konkretes *Wissen* erforderlich ist, zum Beispiel sprachliches, geschichtliches, religiöses, ökologisches Wissen. Wie soll ein Mensch aus der heutigen Flut von „Informationen", sagen wir aus dem Internet, das auswählen, was für ihn wirklich wichtig ist, wenn er kein Wissen besitzt, das ihm die Auswahlkriterien an die Hand gibt? Wie soll er Phänomene wie die DVU kritisch einschätzen, wenn er statt Wissen und Urteilskraft ein Vakuum besitzt, das dann mit Vorurteilen ausgefüllt wird? Wie soll er mit Scientology umgehen?

Im Geschichtsunterricht, in der großen Literatur und in den musischen Fächern etwa begegnen dem jungen Menschen Lebensmodelle, auch aus anderen Zeiten und Kulturen, die ihm, sofern er gründlicher (und nicht nur häppchenweise) damit vertraut gemacht wird, geistig-ästhetisches Erlebnis und zugleich Orientierung sein können, kritischer Anstoß zu grundsätzlichen ethischen und religiösen Fragen, die schon im Alten Testament oder von den Dichtern und Philosophen der griechischen Antike gestellt wurden und angesichts des technisch-naturwissenschaftlichen Fortschritts in der „Schönen neuen Welt" heute immer drängender werden.

Und schließlich braucht der junge Mensch – und noch mehr vielleicht später der alte oder der kranke Mensch – Bildung auch deswegen, weil er sonst nichts mit sich selbst anfangen kann, in seiner freien Zeit, nach Feierabend oder eben auch am Abend seines Lebens. Wie viele Zeitgenossen, die es nie gelernt haben, in einem Buch zu lesen, gute Musik zu hören oder die Natur zu erleben, würden heute mit schlimmen Entzugserscheinungen reagieren, wenn man ihnen ihre Dauerberieselung durch den Bildschirm entzöge? Ein letztes Beispiel: Es gibt Berichte aus dem Zweiten Weltkrieg, nach denen sich Kriegsgefangene ihr Dasein dadurch erträglicher machten, daß sie gemeinsam aus dem Gedächtnis Texte der Weltliteratur (wie der Odyssee) zusammenstellten und den anderen vortrugen.

## Man kann nur an einem bestimmten Gegenstand lernen

Alle Fähigkeiten, die heute unter dem schwammigen und peinlichen Modebegriff der „Schlüsselqualifikationen" zusammengefaßt werden (z. B. vernetztes Denken, Flexibilität, Selbständigkeit, Teamfähigkeit), sind nur dadurch zu erreichen, daß man einen konkreten Lernstoff bewältigt. Trockenschwimmübungen sind absurd. Wer zum Beispiel Zusammenhänge zwischen verschiedenen historischen oder naturwissenschaftlichen Phänomenen oder zwischen naturwissenschaftlichen und religiösen Beobachtungen herstellen will, muß zuerst die Fakten kennen, sonst kann er nicht lernen, wie man vernetzt denkt (vgl. LER in Brandenburg). Der Lerngegenstand, anhand dessen die allgemeineren Fähigkeiten erworben werden sollen, muß sehr bewußt ausgesucht werden und einen hohen Eigenwert haben; er darf nicht willkürlich gewählt sein. Lesen lernen wird das Kind zum Beispiel nicht an irgendwelchen Wörtern, sondern an sinnvollen Texten. Das Gleiche gilt für Fremdsprachen (Literatur!), und auch so etwas wie Teamfähigkeit kann man nur gewinnen, wenn man zusammen mit anderen etwas *Sinnvolles* tut. Das heißt: Es kommt auf ein sehr genau zu bestimmendes Wissen und Können an, aus dem sich dann als *weiterer* Lernertrag das ergibt, was man heute an allgemeineren Qualifikationen anführt – und was früher oft nur anders genannt wurde. Was zum Beispiel mit Sozialkompetenz gemeint ist – falls überhaupt etwas gemeint ist – mag früher schlicht Hilfsbereitschaft geheißen haben, oder Rücksicht, oder Kameradschaft, oder alles zusammen. Diesen sinnvollen Erziehungszielen kann man zum Beispiel durch Erzähltexte oder Sachberichte, die zu denken geben, näherkommen (in Fächern wie Deutsch, Geschichte, Religion), durch Beschäftigung mit einem Philosophen, durch einen nach fairen Regeln veranstalteten Wettkampf in der Sportstunde, durch eine (vom Lehrer gelenkte!) Aussprache über einen aktuellen Vorfall in der Klasse, durch einen Schullandheimaufenthalt mit einem pädagogischen Programm. Aber niemals konnte und kann es einen Grund geben, konkretes Lernen und Wissen wegen allgemeinerer Ideale als stures und überflüssiges Faktenpauken zu verteufeln oder wesentlich zu reduzieren, etwa zugunsten des gemeinsamen Frühstücks oder solcher Projekte, in denen Sozialverhalten das hauptsächliche oder gar das einzige Lernziel ist. Hier geht es nicht um Alternativen, ebensowenig wie bei der Frage nach der Wichtigkeit einer Förderung im kognitiven und im musischen Bereich: Zur menschlichen Bildung gehört beides, und der Kopf ist nicht der Feind der Phantasie. „Verkopfung" alleine wäre durchaus zu wenig. Aber wo nur irrational und ohne solides Wissen „aus dem Bauch" heraus gedacht und gehandelt wird, da kann es *noch* unmenschlicher werden.

Es gibt auch keinen Grund, die Konturen der einzelnen Schulfächer zu verwischen und dann einen großen Projektbrei anzurühren, der von den Schulbehörden, auch in Bayern (Hauptschule), neuerdings zum Teil schon befürwortet und als Modernisierung verkauft wird – nur weil man damit Geld sparen kann. Je ernster einem Lehrer sein Bildungsauftrag ist, den Schülern ein verbindliches Basis- und Orientierungswissen zu vermitteln, auf dem sich weiter aufbauen läßt, auch im Sinne einer späteren Vernetzung mit anderen Fächern, um so mehr wird er Wert darauf legen, daß es Lehrplanvorgaben und klare Fächerprofile gibt. Ein Ersatz der Schulfächer durch „aktuelle" Themen-Projekte, womöglich noch von der autonomen Schulfamilie nach Belieben ausgesucht, ist das Ende jeder Verbindlichkeit und ein Verbrechen an den Kindern. Damit ist nichts gegen gelegentliche Projekttage gesagt, an denen dann fächerübergreifend gearbeitet wird. Und daß ein Fachlehrer im Unterricht über den Tellerrand seines Faches hinausblicken soll, bestreitet auch kein vernünftiger Mensch. Es soll übrigens Lehrer geben, die das auch schon getan haben, bevor das „fächerübergreifende Lernen" zur Innovationsideologie erhoben worden ist.

Besonders unsinnig nimmt sich schließlich das Gerede von der Verfallszeit (oder Halbwertszeit) des heutigen Wissens aus, das als Argument gegen allzu ernsthaften Wissenserwerb in der Schule angeführt wird, als lohne es sich überhaupt nicht mehr, irgend etwas gründlich zu lernen. Wer sagt denn, daß die Schüler ausgerechnet das lernen sollen, was übermorgen schon nicht mehr gültig ist? Dabei handelt es sich doch in der Regel gerade um berufliches Wissen, mit dem eben diejenigen argumentieren, die den Auftrag der Schulen nicht begriffen haben; und es dürfte niemandem schwerfallen, Wissensgebiete auszumachen, die erstens in jedem Fall wichtig und verbindlich und zweitens auch nicht dem technologischen Wandel unterworfen sind. Das kleine Einmaleins wird in fünf Jahren kaum anders aussehen. Ähnliches gilt zum Beispiel für wichtige Geschichtsdaten oder für geographisches Faktenwissen. (Wenn einer dann irgendwann verkraften muß, daß aus Reval Tallinn und aus Karl-Marx-Stadt wieder Chemnitz geworden ist, dann hat er gleich auch noch etwas für die wichtigste „Schlüsselqualifikation" getan: für die Flexibilität!) Und schließlich gibt es vielleicht auch in der Kultur noch ein paar „bleibende" Werte.

## Lernen ist ein Aufbauprozeß, der Zeit verlangt und mit Reifung zusammenhängt

Auf die Frage eines Schülers, wozu er einen bestimmten Stoff lernen müsse, kann unter anderem auch einmal folgende Antwort angebracht sein: Weil dieser Stoff zum Bildungsgang unseres Schultyps gehört. Es gibt ja verschiedene Bildungsgänge. Wenn Universitäten ein *Ad*itur nach dem *Ab*itur fordern, also eine Eingangsprüfung, so ist das der falsche Weg, weil das Problem nur verschoben wird. Auch dann könnten die Betroffenen doch wieder die Wozu-brauche-ich-das-Frage stellen, wenn ihnen der Sinn einer bestimmten Voraussetzung (z. B. des Latinums) nicht einleuchtet oder wenn sie ein Stoffgebiet nicht unmittelbar interessiert. Das heißt nicht, daß man an den Lehrplänen nichts in Frage stellen dürfte. Hier geht es aber um das grundsätzliche Problem, daß man in jedem Bildungsgang auch Dinge lernen muß, die Mühe bereiten und die in einem größeren Zusammenhang wichtig sein können, den man vielleicht erst später erkennt.

Lernen ist etwas anderes als Zappen mit der Fernbedienung, es ist keine Beschäftigung mit beliebig „exemplarischen" Häppchen, sondern ein Vorgang, bei dem verbindliche Elemente aufeinander aufgebaut (und miteinander „vernetzt"!) werden. Auch aus diesem Grund sind Schulfächer mit klaren Konturen und Stoffplänen unerläßlich und dürfen nicht durch einen unverbindlichen Mischmasch von Sammelfächern und „Projekten" ersetzt werden. Der Lehrer muß wissen, was schon dran war, er muß auf dieses Grundwissen zurückgreifen können und gegebenenfalls wiederholen, und die Schüler müssen wissen, wie sie dran sind, was sie üben und repetieren müssen. Das ist auch *einer* der Gründe, weshalb eine konsequente und realistische (!) Notengebung didaktisch und pädagogisch notwendig ist.

Es ist bezeichnend, wie sehr seit der 68er-Zeit in allen Bundesländern das Auswendiglernen in Verruf geraten ist. Für manche Zeitgenossen, auch unter Lehrern, ist es nicht nur stupides Pauken, sondern fast schon so etwas wie ein Verstoß gegen die Menschenwürde. Zumindest haben viele Kollegen nicht mehr den Mut oder die Kraft, solche Lernleistungen von den Schülern einzufordern, weil sie den Gegenwind scheuen, oft auch von Eltern, und die Erfahrung fürchten, daß sie damit kläglich baden gehen. Das Ergebnis ist, daß sich die meisten Schüler nicht nur keine Fakten mehr über längere Zeit merken, sondern ebenso keinen literarischen Text zitieren können, kein Zitat erkennen, kein einziges Gedicht mehr zur Verfügung haben. Dabei ist das Memorieren häufig sinnvoll, sogar unerläßlich. In diesen Zusammenhang gehören auch die vielen möglichen Lernhilfen, die man „Eselsbrücken" nennt und die sich in allen Fächern anwenden lassen. Meinen Schülern bin ich immer mit dem Spruch gekommen: „Die Eselsbrücken heißen deswegen Eselsbrücken, weil diejenigen, die sie *nicht* benutzen, Esel sind." Das gilt natürlich auch für Lehrer. Man muß eben wirklich auch selbst vom Wert dessen, was der Schüler lernen und behalten soll, überzeugt sein; dann wird man sich auch nicht erhaben dünken über solche didaktischen Kniffe, komische Sätze oder Kunstwörter, die den Kindern übrigens auch Spaß machen können und die oft um so hilfreicher sind, je doofer sie sich anhören. Warum denn nicht? Wenn man sich einen Merksatz mit den Anfangsbuchstaben der neun Planeten aneignet (*„Mein Vetter erklärt Mama jeden Samstag unsere neun Planeten."*), dann kann man sie sich in ihrer Reihenfolge für alle Zeit einprägen. Andernfalls nicht. Wer „Dreidreidrei – Issos-Keilerei" parat hat, wird doch nicht mit irgendeinem sinnlosen Schlachten-Datum schikaniert, sondern er hat einen Anhaltspunkt auch für eine kulturelle Epoche: Zehn Jahre später stirbt Alexander. Mit ihm beginnt der sogenannte Hellenismus, der aus den und den Gründen wichtig ist, usw. Bei einem alten Erdkundelehrer mußten wir als Kinder massenweise Berge, Flüsse und Staaten der Welt mit ihren Hauptstädten in ihrer topographischen Reihenfolge auswendig lernen. Viele dieser Fakten kann ich heute noch aus meinen Gedächtnis-Schubladen ziehen, kann mich daran orientieren, sie auch in größere Zusammenhänge stellen. Ich bin diesem Mann dankbar. Ebenso meinen Deutschlehrern, die mir – kurz vor Anbruch der 68er-Ära – auf diese Weise noch zahlreiche Gedichte mitgegeben haben, die mir geblieben sind.

Wer das Lernen in diesem Sinn als Aufbauleistung ernst nimmt, bei der man um so mehr behalten und verstehen kann, je mehr Grundwissen man besitzt, weiß auch, daß sich dabei ein sehr erfreulicher Nebeneffekt einstellt, sozusagen eine „moderne" „Schlüsselqualifikation": Der Lernende bekommt ein besseres Gedächtnis. Man kann seine Merkfähigkeit nur in konkreten, abgegrenzten Zusammenhängen trainieren, nicht im allgemeinen. Das wird uns auch von namhaften Wissenschaftlern bestätigt, von Hirnforschern und Psychologen. So betont zum Beispiel Prof. Franz E. Weinert, Direktor des Max-Planck-Instituts für psychologische Forschung in München, immer wieder auch in der Öffentlichkeit die Notwendigkeit eines aufbauenden Lernprozesses, der von einem kompetenten Fachlehrer gesteuert sein muß.

**Nicht alle können oder müssen dasselbe lernen**

Wenn sich ein Kind im Unterricht langweilt, so kann das daran liegen, daß es nicht fleißig genug war, dadurch den Anschluß verpaßt hat und nun nicht weiß, wovon die Rede ist. Es kann auch an einem langweiligen Lehrer liegen. Ein weiterer Grund kann aber sein, daß das Kind über- oder unterfordert ist.

Die beiden zuletzt genannten Fälle treten dann ein, wenn das Angebot an Schulen entweder zu wenig differenziert ist (wie in den SPD-regierten Bundesländern, wo man alle Eltern durch „flächendeckende" Versorgung mit integrierten Gesamtschulen auf eine bestimmte ideologische Linie zwingen will), oder dann, wenn Eltern sich trotz eines größeren Angebots ohne Rücksicht auf das Kind eine Schullaufbahn einbilden, die für das Kind nicht die richtige ist.

Wenn man nur oder fast nur an soziale Lernziele denkt, kann man natürlich alle Kinder in *eine* Schule schicken, vom Hochbegabten bis zum geistig Behinderten: Es ist ja sinnvoll, wenn man sich darin übt, mit anderen und ganz anderen gut umzugehen, wobei freilich noch lange nicht gesagt ist, daß das dann auch gelingt. (Erfahrungen an integrierten Gesamtschulen scheinen eher zu belegen, daß die Kinder dort auch in ihrem Sozialverhalten schlechter abschneiden.) Sobald man aber an die Entwicklung der ganzen Persönlichkeit des Kindes denkt, also vor allem auch an die kognitive Förderung des einzelnen, müßte jedem eigentlich schon der natürliche Menschenverstand sagen, daß ein möglichst differenziertes Schulsystem erforderlich ist, in dem auf die individuellen Begabungen eingegangen wird, wobei zum Begriff der Begabung hier auch die Interessen gezählt werden sollen. Es kann durchaus sein, daß ein Kind die erforderliche Ausstattung für abstrakteres Denken an sich mitbrächte – und trotzdem wenig Freude an theoretischem Lernen und an längerem Stillsitzen hat und am Gymnasium todunglücklich ist, weil es zum Beispiel lieber ganz praktisch bastelt und tüftelt, sich sozial engagieren oder mit kleinen Kindern arbeiten will. Warum soll man es dann auf einen falschen Weg zwingen, wenn sich zeigt, daß es nicht etwa zu wenig fleißig und gewissenhaft, sondern einfach kein theoretischer Lerntyp ist, möglicherweise schon deutlich ausgeprägte andere Interessen hat? Vielleicht werden die Erziehenden dann darauf dringen, daß bis zur mittleren Reife durchgehalten wird. Aber muß es in diesem Fall das Abitur sein?

Es kann jedoch auch sein, daß ein Kind wirklich weniger begabt für logisch-abstraktes Denken ist und daß man als Lehrer mitansehen muß, wie Schüler durch falsche elterliche Erwartungen geradezu gequält werden. Ob man grundsätzlich zugeben kann, daß es in dieser Hinsicht falsche Erwartungen gibt, ist freilich eine Frage des Menschenbildes. Es fragt sich nämlich, ob man Begabungsunterschiede (oder überhaupt die Wichtigkeit von Begabung) um fast jeden Preis leugnen will, weil aus ideologischen Gründen alle Menschen gleich sein *müssen* (und man das fälschlicherweise unter „Chancengleichheit" oder gar „Gleichwertigkeit" versteht), oder ob man mit diesen Gegebenheiten unverkrampft umgehen kann, weil man einfach weiß, daß solche Leistungsunterschiede keine menschlichen Wertunterschiede sind – die einzigen

Unterschiede, die es tatsächlich nicht geben kann. Die Erziehungsberechtigten müssen sich also fragen, warum sie welchen Bildungsgang für das Kind wollen und weshalb sie den Rat von Lehrern gegebenenfalls nicht hören wollen – sofern diese überhaupt noch ehrlich beraten und nicht schlicht auf Kundenfang aus sind, vielleicht auch auf Druck des Schulleiters, weil die jeweilige Schule Schüler braucht.

Auch innerhalb der Schulart Gymnasium müssen nicht alle dasselbe lernen. Es muß hier einen gemeinsamen Mindestnenner geben, nämlich die allgemeine Studierfähigkeit, die ein vergleichbares (Mindest-)Niveau in Fächern wie Deutsch, Mathematik, Englisch, Geschichte verlangt, allerdings auf einer viel breiteren Basis als bisher. Ansonsten gibt es die Möglichkeit, sich für unterschiedliche Richtungen und Schwerpunkte zu entscheiden. Nicht jeder wird sich für Griechisch interessieren, und für manche ist Mathematik oder Chemie nicht nur ein notwendiges Übel, sondern ein Fach, das sie den Fremdsprachen gegenüber bevorzugen. Insofern ist es sinnvoll, wenn es Gymnasien mit unterschiedlichen Zweigen gibt, zum Beispiel dem neusprachlichen, dem altsprachlichen, dem mathemathisch-naturwissenschaftlichen.

Eine letzte Anmerkung zum Thema Lernstoff. Die Verdächtigung des Faktenwissens, die nun Mode geworden ist, hängt mit Schlagwörtern wie „Schlüsselqualifikationen" zusammen, und mit der Tatsache, daß zu viele Kinder ans Gymnasium gehen, die dort überfordert sind. Es gibt aber auch eine Stimmungsmache von Leuten, die meinen, Elite sei böse, und das, was nicht alle lernen könnten, dürfte dann eben keiner lernen. Deshalb scheint hier folgende Binsenweisheit angebracht: Man kannn nie zu viel lernen. Es kann aber sein, daß sich der einzelne statt des einen Lernstoffs besser einen anderen aneignet, mit dem er mehr anfangen kann.

## Auch in der Schule ist nach dem Praxisbezug zu fragen, aber in sehr differenzierter Weise

Die Vorstellung, schulisches Lernen lasse sich nur rechtfertigen, wenn ein unmittelbarer, gewissermaßen anwendungsorientierter Praxisbezug nachzuweisen sei, ist falsch. Falsch ist natürlich auch die Meinung, der Bezug zur Praxis des Alltags und des Berufslebens habe in der Schule keine Rolle zu spielen. Abgesehen von den Kulturtechniken des Lesens, Schreibens und Rechnens, die in jedem Fall auch fürs praktische Leben gebraucht werden, und auch abgesehen von den Berufsschulen, die ja ohnehin schon zum Ausbildungsbereich gehören, gilt grundsätzlich: Es kommt auf den Schultyp und auf das jeweilige Fach an. An der Hauptschule gibt es mehr praktischen Lernstoff als an der Realschule, und das Gymnasium hat wesentlich mehr als die beiden anderen Schularten die Aufgabe, auch theoretisch-abstraktes Wissen und Können zu vermitteln. Wenn es das gegliederte Schulwesen nicht gäbe, dann müßte man es erfinden. Aber auch innerhalb des Gymnasiums gibt es im Hinblick auf den Praxisbezug große Unterschiede zwischen den einzelnen Fächern. (Das gilt übrigens auch für die Studienfächer der Universitäten, die bei dem Ruf nach mehr problemorientiert-praktischem Studieren absurderweise häufig alle in einen Topf geworfen werden, als gäbe es nur Fächer wie Betriebswirtschaft oder das Geschäft mit der Gentechnologie.) Im Fach Englisch zum Beispiel ist es am Gymnasium unter anderem sinnvoll, sich in Alltagkonversation zu üben und auf alltägliche Situationen wie Einkaufen Bezug zu nehmen, in Latein ist es in der Regel nicht sinnvoll. Freilich darf auch das Englische am Gymnasium keinesfalls auf eine (womöglich gar nur noch mündliche) Gebrauchsfunktion reduziert werden, wie es von inkompetenten Kritikern auch schon gefordert wird. Das macht etwa im Fach Englisch einen wesentlichen Unterschied zwischen dem Gymnasium und der Realschule aus. In Chemie wird man häufiger mit der praktischen Anwendung des Lerngegenstands zu tun haben, zum Beispiel in der Industrie, als im Fach Geschichte, wo gelegentliche Exkursionen und Museumsbesuche ebenfalls sehr anregend sein können, sofern sie nicht nur der Erholung vom Lernen und der Unterhaltung dienen, sondern zum Aufbau eines verbindlichen Wissensgebäudes beitragen. Ein Mathematiklehrer kann manchmal sehr anschaulich unmittelbar auf die Praxis Bezug nehmen, bei anderen mathematischen Gegenständen ist das überhaupt nicht möglich und nicht sinnvoll. Soll man deswegen alle abstrakteren Denkoperationen und Denkschulungen aus dem gymnasialen Lehrplan hinauswerfen? Ähnliches gilt für das Fach Deutsch und – in unterschiedlicher Weise – für alle Fächer des Gymnasiums. Fazit: Dieser Schultyp ist in charakteristischer Weise durch theoretische Gegenstände geprägt. Das praktisch-anwendungsbezogene Lernen, wie es im dualen System einer handwerklichen Berufsausbildung erfolgt, ist nicht die Aufgabe eines Gymnasiums. Bezugnahmen auf den Alltag dienen nicht primär der Einübung praktischer Fertigkeiten und können das theoretische Lernen nicht ersetzen, sondern nur veranschaulichend und motivierend unterstützen.

**An der Schule muß das Wissen und Können vermittelt werden, für das man Fachleute braucht**

Frühstücken können mit den Schülern auch Laien, zum Beispiel Eltern. Die Schule ist *auch* eine Lebensgemeinschaft, aber in Form einer Lerngemeinschaft. Erziehung und menschliche Zuwendung erfolgt über die Beschäftigung mit *den* Lerngegenständen, die die Eltern oder andere häusliche Erzieher in der Regel nicht vermitteln können, wie zum Beispiel Mathematik oder Biologie. Kenntnisse und Fertigkeiten, für die keine Fachausbildung erforderlich ist, sind in erster Linie oder ausschließlich Aufgabe der privaten Bezugspersonen. Das bedeutet nicht, daß dieses Wissen und Können weniger wichtig sein müßte; aber die Schule kann diese Pflichten nicht *auch noch* übernehmen, die Lehrer wären außerdem persönlich überfordert, und es wäre unter anderem eine unverantwortliche Verschwendung, wenn in unserer „Wissens- und Informationsgesellschaft" die für die jeweiligen Schularten fachlich (und hoffentlich auch didaktisch und erzieherisch) kompetenten Experten Aufgaben übernähmen, für die keine Fachleute gebraucht werden. Wie man ein Formular ausfüllt, kann ein Kind auch von seinen Erziehern lernen, denn die tun das auch. Ähnliches gilt für das Verhalten im Straßenverkehr, für Säuglingspflege, Kochen, Fahrradreparieren, um nur einige wenige Beispiele für Kenntnisse und Fertigkeiten zu nennen, die wichtig, aber nicht Aufgabe der Schule sind. In gewisser Hinsicht gilt das auch für die praktische Sexualkunde. Und auf die Gefahr hin, mich bei den betroffenen Kollegen unbeliebt zu machen, muß ich in diesem Zusammenhang auch den Sport erwähnen: Wenn Eltern sich über ihren (Versorgungs-)Staat empören, weil er den differenzierten Sportunterricht nicht mehr bezahlen kann, also eine dritte und vierte Sportstunde in der Woche, und wenn sie mit dem Argument protestieren, daß die Kinder bei zu wenig Bewegung Haltungsschäden bekämen, so muß man diese Verantwortung an die Erziehenden zurückgeben: Warum machen *sie* mit ihnen keine Radtour, warum scheuchen sie die Kinder nicht vom Computer oder vom Fernseher weg, wenn sie dort stundenlang sitzen, warum schicken sie sie nicht in einen Turnverein, wo ja auch die Sportkollegen von den Schulen ein paar Stunden übernehmen könnten? Im Hinblick auf den (zusätzlichen) differenzierten Sport ist noch zu bedenken, daß der Schule die Geldmittel und die Stunden fehlen, um den Heranwachsenden zum Beispiel die primitivsten Grundfertigkeiten im Fach Deutsch zu vermitteln, wenn man etwa in der Mittelstufe des Gymnasiums drei (!) Wochenstunden zur Verfügung hat.

Die Vertreter einer „Lebenshilfeschule", die den Lehrer zum Sozialarbeiter machen wollen, argumentieren nun: Es ist gesellschaftliche Realität, daß viele Schüler zu Hause überhaupt nicht oder zu wenig betreut werden. Richtig. Und trotzdem handelt es sich um eine Minderheit, wobei es sehr auf die jeweilige Schule, den Schultyp, das Wohngebiet und soziale Umfeld ankommt. Nicht alle Schüler wohnen in Berlin-Kreuzberg. Durch Schulmodelle wie das von Peter Struck werden die Erziehenden nur dazu ermuntert, immer noch mehr Verantwortung auf die Schule abzuwälzen, unter Umständen auch die, die sie bisher wahrgenommen haben. Beratende Fachleute für bestimmte

Problemfelder gibt es an den meisten Schulen ja ohnehin schon, zum Beispiel die Drogenberater. Aber in den Fällen, in denen die Eltern überhaupt nicht erreichbar oder gar nicht vorhanden sind, muß man besondere Einrichtungen schaffen, vielleicht auch Erziehungsheime, und besondere sozialpädagogische Schulen, deren Lehrer und Erzieher dann tatsächlich in erster Linie Sozialarbeiter mit einer (anderen) Spezialausbildung sind, deren Hauptaufgabe es ist, das Abgleiten in Drogensucht und Kriminalität zu verhindern. Es gibt aber keinerlei Grund, solche Konzepte allen Kindern, Eltern und Lehrern überzustülpen.

## Den Wert eines Lerngegenstands kann man nur beurteilen, wenn man den Gegenstand schon kennt

Lernen verändert. Nach dem Lernen ist man ein anderer. Wie soll jemand, der einen Lernprozeß und seine Auswirkungen gar nicht erfahren hat, die richtige Vorstellung von der Sache haben? Das gilt selbstverständlich für den gesamten Bereich der Erziehung, zu dem ja das Lernen gehört.

Beim Einkauf im Supermarkt läßt sich ein noch ziemlich kleines Kind von irgendwelchen „Kinder-Angeboten" anlocken und verlangt danach. Als der Vater den Wunsch nicht erfüllt, liefert das Kleine im Einkaufswagen selbst die Begründung dafür: „Gell, Papa, sonst werd' ich verwöhnt!" Dieser – authentische – Fall dürfte die Ausnahme sein. In der Regel muß man davon ausgehen, daß der Lernende den Sinn des Lernens noch nicht oder zumindest noch nicht ganz versteht.

Aber selbst wenn ihm die Zusammenhänge schon verständlich wären – wer von uns tut alles schon allein deswegen, weil es eigentlich sinnvoll wäre, also auch das Unangenehme, das, was mit Konzentration, Anstrengung oder Verzicht verbunden ist und (noch?) keinen unmittelbaren Lustgewinn bietet? Schon deswegen kann man Kinder und Jugendliche nur in sehr begrenztem Umfang in der Frage mitentscheiden lassen, was (auch wann, wie, ob) sie lernen sollen. Die Verantwortung liegt bei den Erwachsenen. Sie müssen letztlich darüber befinden, auf welche Wünsche und Vorschläge der Jüngeren sie eingehen können, auf welche nicht.

Am Begriff des „Er-ziehens" läßt sich veranschaulichen, wie unrealistisch die Forderung nach „demokratischer" Mitbestimmung (oder gar nach „anti-autoritärer Er-ziehung") von Schülern ist. Wenn die Kinder immer wüßten, wohin sie „gezogen" (oder „geführt", vgl. Päd-„agogik") werden sollten, und dann auch noch konsequent danach handelten, so könnte man sie ja selbst und allein zu diesen Zielen hingehen lassen. Oft ist die Einsicht in ein Ziel und der theoretische Wunsch danach sogar vorhanden. Dann brauchen sie immer noch einen von außen gesetzten Ordnungsrahmen. Prof. Franz E. Weinert vom Max-Planck-Institut für psychologische Forschung spricht von einer „durch Druck von außen erzeugten Motivation" (Rheinischer Merkur vom 21. 11. 1997). Vielleicht will das Kind ein Instrument beherrschen, aber nicht regelmäßig üben. Auch hier, beim häuslichen Lernen und Üben, geht es, über den jeweiligen Stoff hinaus, noch um die – häufig von pseudo-innovativen Schlagwörtern verdeckten – alten Tugenden wie Konzentrationsfähigkeit und Durchhaltevermögen (auf Neudeutsch auch „Frustrationstoleranz"), um Einstellungen, die man fürs Studium und „fürs Leben" braucht und die von den Erwachsenen langfristig und mit Geduld aufgebaut werden müssen. Auf ein Kind wird es aber in jedem Fall herzlich wenig Eindruck machen, wenn man argumentiert: Das mußt du auch lernen, damit du eine positive Arbeitshaltung bekommst. Hier gibt es tatsächlich nur „Learning by doing".

Die Frage an das Kind, wie es die Schule – und wie es den Lernstoff – denn haben wolle, ist ebenso problematisch wie die neuerdings aufgekommene Vorstellung von einem modernen „Dienstleistungsbetrieb" Schule. Wenn etwas in unserer Dienstleistungsgesellschaft nicht zum Dienstleistungsbereich werden darf, dann ist es die Schule; allein schon deswegen, weil Erziehung sich nicht als Service verkaufen, sich nicht feilbieten, nicht prostituieren kann, wie das häufig schon die Schulen tun, die um ihre Schülerzahlen bangen, etwa bei Schau- und Werbeveranstaltungen zum Tag der offenen Tür. Die Programme der Erwachsenenbildung (zum Beispiel an Volkshochschulen oder auch an Universitäten) dagegen kann man durchaus als ein Dienstleistungsangebot verstehen, vor allem insofern, als dort ein Dozent keinen Erziehungsauftrag hat. Aus demselben Grund mag hier auch in gewisser Hinsicht eine Evaluation sinnvoll sein, also eine Beurteilung der Lehrenden durch die Lernenden. Aber an der Schule? Als ob Kinder nicht überfordert wären, wenn sie diejenigen „bewerten" sollten, die dazu da sind, sie nicht nur zu fördern, sondern auch zu fordern, oft mit einem Stoff und mit Verhaltensnormen, deren Sinn sie (noch?) nicht einsehen können!

Eine irgendwie demokratisch-gleichberechtigte Mitbestimmung von Eltern bei der Frage nach den Lerngegenständen ist nicht nur deswegen unmöglich, weil Eltern keine Fachleute sind, sondern auch aufgrund der Tatsache, daß sie als subjektiv Betroffene meist besonders befangen sind.

Was bei falschem Demokratieverständnis herauskommt, sehen wir in Bundesländern wie im ehemals rot-grün regierten Hessen. Dort hat man die Entscheidung über die Schullaufbahn eines Kindes ausschließlich den Eltern in die Hand gegeben: Es sei „Elternrecht", zu bestimmen, welches Kind ans Gymnasium gehe (und dort auch bleiben und versetzt werden müsse), unabhängig von Begabung und Leistungsbereitschaft. Die Folge: Dort besuchen oft mehr als 50 Prozent eines Gesamtjahrgangs das Gymnasium und bekommen ihr Abitur. Natürlich dürfte man eine solche Schule nicht mehr „Gymnasium" nennen, und das Reifezugnis ist in diesen Fällen ein Papier ohne Aussagekraft. Hier wird – politisch gewollt – seit Jahren ein ungeheurer Etikettenschwindel betrieben, mit verheerenden menschlichen und volkswirtschaftlichen Folgen.

Zu der Überforderung von Kindern, die man bei Lehrplanentscheidungen mitbestimmen lassen will, noch ein Zitat von Pestalozzi aus dem Jahr 1801: Dieser große Kinderfreund, der junge Menschen ernst genommen hat wie wenige Pädagogen, ist keineswegs dafür, „das Urteil der Kinder über irgendeinen Gegenstand vor der Zeit scheinreif zu machen, sondern vielmehr dasselbe so lange als möglich zurückzuhalten, bis sie jeden Gegenstand, über den sie sich äußern sollten, von allen Seiten und unter vielen Umständen ins Auge gefaßt und mit den Worten, die das Wesen und die Eigenschaft derselben bezeichnen, unbedingt bekannt seien." Man müsse „verhüten, daß sie ... sich über Dinge prononcieren, die sie nur oberflächlich kennen. Ich glaube, der Zeitpunkt des Lernens ist nicht der Zeitpunkt des Urteilens; der Zeitpunkt des Urteilens geht mit der Vollendung des Reifens ... an." (aus der Schrift „Wie Gertrud ihre Kinder lehrt", Bad Heilbronn 1994, S. 36 bzw. 29)

In einem Gespräch zwischen Josef Kraus und dem ebenfalls schon erwähnten Prof. Weinert wird die „direkte Instruktion als die effektivste Unterrichtsmethode" genannt. Sie verlange in jedem Fall „ein hohes Maß an Lehrersteuerung", Weinert nennt in diesem Interview einen Anteil von 80 Prozent. Was für die Gestaltung des Unterrichts gilt, muß noch mehr für die Zuständigkeit der Lehrer und Lehrplankommissionen hinsichtlich der Inhalte gelten, vorausgesetzt freilich, daß diese überhaupt noch pädagogisch-sachliche Maßstäbe anlegen. Wie jeder Fachmann (Damen natürlich immer eingeschlossen), jeder Zahnarzt, Bergführer oder Pilot sind sie auf eine ganz andere Weise kompetent und verantwortlich als ein Laie – und als die, die ihnen anvertraut sind. Ich kann mich als Fluggast für einen Segelflieger, eine Propellermaschine oder für einen Jumbo entscheiden – nachdem ich mich über die Bedingungen für den jeweiligen Flug informiert habe. Aber sobald ich eingestiegen bin, werde ich mich, auch als Erwachsener, auf jemanden verlassen, der besser als ich selbst weiß, „wo's langgeht". Natürlich soll der Vergleich auf *diesen* Aspekt beschränkt sein: Es ist klar, daß ein guter Lehrer eine Beziehung zu seinen Schülern hat und bereit ist, auch von den Kindern zu lernen und Anregungen von ihnen und von den Eltern nach Möglichkeit aufzugreifen. Diesen Lehrertyp gab es schon immer, auch bevor man Schlagwort-Ideale wie „Interaktion" oder „Flexibilität" entdeckt hat.

Vielleicht ist das überhaupt das Wichtigste: der Verzicht auf Schlagwörter und

Einzelinteressen, die Rückkehr zum Sachargument. Eine Verbesserung unserer Bildungs- und Ausbildungssituation ist nur möglich, wenn wir uns in der Gesellschaft auf gemeinsame Grundlagen verständigen und uns in dem Anliegen einig sind, daß die Lernenden individuell gefördert werden sollen, zu ihrem eigenen Wohl und zum Wohl der Gemeinschaft. Dafür brauchen wir vor allem ein differenziertes Bildungssystem mit unterschiedlichen Schularten, die unterschiedliche und klar definierte Leistungen bieten und verlangen müssen. Menschen, die das gesamte Wissen und Können beherrschten, hat es nie gegeben. Aus diesem Grund, so sagen uns schon in der griechischen Antike Philosophen wie Platon, ist es zur Gründung der politischen Gemeinschaft, der Polis, gekommen: Die einzelnen leisten jeweils *ihren* Beitrag, und in der Form der Arbeitsteilung können sie einander helfen.

**Literatur**

Adam, Konrad (Hrsg.): Bildungslücken. Stuttgart 1997.
Kraus, Josef: Spaßpädagogik. München 1998.
Mahlmann, Friedrich: Pestalozzis Erben. Heidelberg 1997.
Munz, Alfred: Schule im Wüstenwind. Berlin 1997.
Pauly, Gisela: Mir langt's. Hamburg 1994.

*Schule muß sich heute mehr
um Persönlichkeitsentwicklung
als um Wissensvermittlung
kümmern.*

Hermann Giesecke

# Erziehung statt Unterricht?

## Schule und „neue Jugend"

Kinder sind immer anders, als ihre Eltern als Kinder waren – von den Groß-eltern ganz zu schweigen. Das liegt daran, daß die Zeiten sich ändern und somit auch die Erfahrungen, die Kinder machen können oder müssen. Selten jedoch wurden aus der „veränderten Kindheit" derart teilweise radikale pädagogische Schlußfolgerungen gezogen wie gegenwärtig. Die pädagogische Literatur ist voll von Klagen darüber, daß die überlieferten pädagogischen Vorstellungen in Familie wie Schule überholt seien angesichts der aus einer veränderten Lebenslage resultierenden Einstellungen und Bedürfnisse der neuen Kinder.

Die leitenden Stichworte sind: Verschärfung der sozialen Gegensätze, Ar-beitslosigkeit und neue Armut, gravierende familiäre Unterschiede, Berufs-tätigkeit beider Elternteile, viele Alleinerziehende, zahlreiche Einzelkinder, der kulturelle Pluralismus, Integrationsprobleme von Aussiedler- und Aus-länderfamilien. Dazu kommen Umweltbelastungen, multimediale Beriese-lung, belastete Atemluft, ungesunde Ernährung, verbauter Lebensraum, Straßenlärm, Bewegungsmangel. Kinder, die unter derartigen Bedingungen aufwachsen, könne man nicht einfach mehr wie früher unterrichten, vielmehr müsse die Schule zu einem umfassenden „Lebensraum" werden, in dem die Schüler Geborgenheit finden, zu sich selbst kommen und nachholen können, was sie an Erziehung bisher entbehrt hätten. Derartige Analysen kulminie-ren in einem tiefen Ressentiment gegen den herkömmlichen Unterricht und gegen die Leistungen, die er abverlangt. Aber sind solche Diagnosen wirk-lich zutreffend und sind es vor allem die Schlußfolgerungen, die daraus gezogen werden?

Wenn ich die gegenwärtige Kindheit mit meiner eigenen – Jahrgang 1932 – vergleiche, sind die Veränderungen unübersehbar. Ich wuchs wie wohl die meisten meiner Generation in einer Familie auf, die nur pädagogisch gefil-terte Informationen über das wirkliche Leben an mich heranließ, und in einer Schule, die ebenso verfuhr. Fernsehen gab es nicht, der Rundfunk war „gleich-geschaltet", Konsumgüterwerbung hätte keinen Sinn gemacht, weil es keine Massenkaufkraft gab – für das, was auf Lebensmittelkarten zu erhalten war, brauchte man keine Werbung. Die Freizeitoptionen waren ebenso gering wie die des Konsums, Kleidung mußte aufgetragen oder möglichst gut erhalten an die jüngeren Geschwister weitergegeben werden, Spielzeug war eine Rarität. In allen Fragen, die für das Alltagsleben eines Kindes von Bedeutung sind, stimmten Familie und Öffentlichkeit überein: Was den Erwachsenen als noch nicht „kindgemäß" erschien, war dem Kind auch nicht zugänglich; selbst das Grauen des Krieges – die Bombennächte an der „Heimatfront" – sollte ihm möglichst verheimlicht werden durch Evakuierung in „bombensichere" Gebiete, und in den Wochenschauen wurden vergewaltigte Frauen zwar als tot, aber immer voll bekleidet dargestellt. Modern gesprochen stimmten in meiner Kindheit Erziehung und Sozialisation überein: Was Familie und Schule dem Kind sagten und von ihm erwarteten, entsprach im wesentlichen dem, was es im Rundfunk und sogar bei der Hitlerjugend hörte. Für aggressive Jugendgangs hätte man nicht einmal die Polizei gebraucht, damit wurden die Männer vor Ort allein fertig. „Ungebührliches" Benehmen in der Öffentlichkeit wurde von jedem gerade anwesenden Erwachsenen moniert, und die so Gerügten wären nicht auf die Idee gekommen, über ihre Eltern einen Anwalt einzuschalten; die hätten ihnen statt dessen eher eine Tracht Prügel verabreicht. Kindheit war ebenso geprägt durch Fürsorge wie durch eine fast lückenlose soziale Kontrolle.

Nichts von dem, was ich hier skizziert habe, gilt heute noch; das muß man keinem Zeitgenossen mehr beweisen. Allerdings war schon damals die von den Nazis herbeigeführte „Gleichschaltung" des öffentlichen Lebens, der ich meine eindimensionale, durch pluralistische Widersprüche nicht angefochtene Kindheit verdanke, historisch überholt. Vorher, in der Weimarer Republik, hatte sich die Pluralisierung der Gesellschaft und damit auch ihrer Werte bereits breit entfaltet – als notwendige Konsequenz einer modernen Gesellschaft. Die nun von den Nationalsozialisten politisch wieder erzwungene Übereinstimmung von Erziehung und Sozialisation brachte ihnen zwar nicht geringe Sympathien in der Bevölkerung ein, machte aber auch die Erwachsenen zu Objekten von Erziehung, was wohl auch die eigentliche Absicht war. Die fast sentimentale Einstellung des Regimes zum Kind war zudem insofern verlogen, als sie der planmäßigen Ermordung jüdischer und osteuropäischer Kinder offensichtlich nicht widersprach.

Nach dem Zweiten Weltkrieg wurden die Verbrechen selbstverständlich verurteilt, aber die Vorstellung, man könne und müsse Kindern und Jugendlichen ein möglichst nicht-pluralistisches Aufwachsen garantieren, blieb in den Köpfen der damals Erwachsenen weitgehend intakt. In *diesem* Punkte waren sie – wenn auch meist unbewußt – der Gleichschaltung weiterhin verbunden, während sie sonst in fast allen Belangen wieder an die Zeit vor 1933 anknüpfen wollten. Daraus entstand ein Widerspruch, der viel zum späteren

Zorn der Studentenbewegung beigetragen hat: Man wollte zwar den Pluralismus für Staat und Gesellschaft, weil nur in seinem Rahmen politische Demokratie und wirtschaftlicher Fortschritt möglich waren, aber man wollte ihn nicht auch für die Erziehung. Deshalb geriet die deutsche Pädagogik erneut in eine Art von Verspätung im Vergleich zu anderen westlichen Ländern, für die die Tatsache des pluralistischen Aufwachsens seit Jahrzehnten selbstverständlich und nicht durch eine Phase wie die des Nationalsozialismus unterbrochen war. In diesen Ländern finden wir deshalb auch nicht das allgemeine Gejammer von Pädagogen über die Schlechtigkeit der Welt, über die bösen Einflüsse des Fernsehens oder über die fehlenden Perspektiven für junge Menschen; dort weiß man seit langem, daß Erziehung im Rahmen dieser pluralistischen Widersprüche erfolgen muß, bei uns jedoch hat diese Einsicht bis heute nicht recht gegriffen.

## 1. Sozialisation und Erziehung in der pluralistischen Gesellschaft

Die erwähnten Veränderungen der Kindheit lassen sich im Kern unter dem Stichwort der „Pluralisierung" der Gesellschaft zusammenfassen. Die Kinder heute werden ja nicht nur von der Familie und der Schule erzogen bzw. sozialisiert, sondern auch von den Massenmedien, der Konsumgesellschaft (symbolisiert durch das Kaufhaus) und nicht zuletzt von den Gleichaltrigen, und diese Faktoren ziehen nicht mehr – wie noch zur Zeit meiner Kindheit – am gleichen Strang. Unter *Sozialisation* werden *alle* gesellschaftlichen Einwirkungen verstanden, die Kinder und Jugendliche erreichen und mit denen sie sich auseinandersetzen müssen. Zur *Erziehung* dagegen wird nur derjenige Teil der Sozialisation gerechnet, der mit entsprechenden Absichten von bestimmten Personen – Eltern, Lehrern, Sozialpädagogen – ausgeht. Wir können uns das Aufwachsen der Kinder insgesamt als eine Art von Kräftefeld vorstellen, dessen einzelne Faktoren nach *unterschiedlichen* Maßstäben auf das Kind einwirken und mit denen es sich auseinandersetzen muß. Aus dieser Tatsache ergibt sich eine erste wichtige Konsequenz:
Im Rahmen ihrer pluralistischen Sozialisation müssen die Kinder lernen, sich an *unterschiedlichen* sozialen Orten *unterschiedlich* je nach den dort geltenden Regeln zu verhalten – anders in der Diskothek als in der Schule, anders im Kaufhaus als in der Kirche, in der Familie anders als unter Gleichaltrigen. Es gibt also keinen generellen Maßstab mehr für „richtiges" Verhalten überhaupt; „richtig" verhält sich ein Kind vielmehr, wenn es sich am jeweiligen Ort *erfolgreich* verhält, nämlich entsprechend den allgemeinen Erwartungen, auf

die es dort trifft. Im Konfirmandenunterricht soll es sich z. B. nach innen gekehrt und konzentriert verhalten, in der Diskothek aber extrovertiert seinen Gefühlen freien Lauf lassen. An jedem dieser Orte kann es zum Außenseiter werden, wenn es die jeweils gebotenen Verhaltenserwartungen verwechselt. Im Unterschied zu meiner Kindheit müssen Kinder also heute lernen, ihr Sozialverhalten bereits früh zu differenzieren – je nachdem, wo sie sich gerade befinden.

Wenn das aber so ist, dann können Kinder das, was sie für ihr gegenwärtiges und künftiges Leben *insgesamt* brauchen, nicht mehr an *einem* Ort – weder in der Familie, noch in der Schule – umfassend lernen. Was man wo braucht, kann man nur durch Teilnahme lernen, ohne daß es von einem sozialen Ort auf alle anderen einfach übertragbar wäre. Man kann in der Familie nicht lernen, was Schule ist, weil die Familie nicht unterrichtet; man kann in der Schule nicht lernen, wie man sich erfolgreich in einer Diskothek verhält, weil die Schule keine Unterhaltungsveranstaltung ist. Die traditionelle Erziehungsidee beruhte jedoch auf einer ganz anderen Vorstellung: Man formt unter pädagogischen Gesichtspunkten in einem dafür geeigneten pädagogischen Milieu – Familie, Schule – den jungen Menschen so, daß er danach als sittlich gefestigte Persönlichkeit den Widrigkeiten des Lebens zu trotzen vermag und seinen moralischen Standpunkt überall im Leben durchhalten kann. Erst kommt die Erziehung, dann das Leben; oder aber das Leben wird – wie im Nationalsozialismus – insgesamt so organisiert, daß die Unterschiede von Erziehung und Sozialisation bedeutungslos werden. Diese Vorstellung entspricht aber nicht mehr der Wirklichkeit des modernen Aufwachsens. Erziehung, also das, was Eltern und Lehrer tun, kann nur noch als *Intervention* in das Leben von Kindern und Jugendlichen verstanden werden, das im ganzen auch von solchen Einwirkungen geprägt ist, die *nicht* nach pädagogischen Grundsätzen verfahren. Der Konsummarkt fragt z. B. nicht danach, was für Kinder gut ist, sondern danach, was sich an Kinder oder durch deren Vermittlung gut verkaufen läßt.

Die unterschiedlichen Einflüsse, denen die Kinder ausgesetzt sind, gehorchen also verschiedenen Maximen, die miteinander in Konkurrenz treten und jeweils eigentümliche Maßstäbe zur Geltung bringen. Die Maßstäbe der schulischen Aufklärung sind nicht die des Journalismus, des Freizeitmarktes oder der Fernsehunterhaltung und umgekehrt. Alle diese Sozialisationsfaktoren haben ihren eigenen Sinn und ihre eigenen Qualitätsmaßstäbe. Der Journalismus will z. B. Partei *für* bzw. *gegen* etwas ergreifen, der schulische Unterricht dagegen muß – wenn er konsensfähig bleiben will – auf solche Parteinahmen verzichten; seine Art der Aufklärung ist von ganz anderer Art. Derartige Unterscheidungen muß das Kind erfahren können und sich entsprechend zu verhalten lernen: die Welt ist aufgeteilt in einzelne Bereiche, deren Werte nicht miteinander identisch sind. Die besondere Schwierigkeit des heutigen Aufwachsens besteht im wesentlichen darin, daß die Kinder diese widersprüchlichen Erwartungen, die ja nicht zuletzt auch Wertwidersprüche zum Ausdruck bringen, produktiv in ihre Persönlichkeit zu integrieren und für ihre Lebensplanung zu nutzen lernen.

Darin steckt Chance und Gefahr zugleich: Einerseits ist diese Pluralisierung die Voraussetzung dafür, daß die Kinder schon früh autonome Handlungs- und Entscheidungskompetenzen erhalten und sich in diesem Sinne individualisieren können; denn Individualisierung hätte ja ohne diesen Pluralismus keinen sozialen Sinn. Individualisierung setzt ihrem Begriff nach Handlungsspielräume voraus. Andererseits ist diese Freiheit aber auch ein Zwang, der insbesondere für diejenigen Kinder zur Last werden kann, die nicht über die geistigen, materiellen und sozialen Fähigkeiten verfügen, die für eine produktive und befriedigende Nutzung dieser Chancen erforderlich sind. Jugendliche Randgruppen muß man zumindest auch als den Versuch deuten, diese Schwierigkeiten durch Regression bzw. durch Unterwerfung unter einen die Welt vereinfachenden Gruppenzwang zu lösen. Die nationalsozialistische Bewegung bezog aus einem derartigen antipluralistischen Affekt einen großen Teil ihrer Dynamik und ihres Ansehens in der Bevölkerung.

Das Leben unter radikal pluralistischen Bedingungen enthält also auch eine *politische* Brisanz; denn der einzelne kann auch im Pluralismus *nicht* pluralistisch leben, er kann z. B. nicht zugleich Christ, Atheist, Muslim sein oder sich für politisch rechts und links zugleich halten. Diese Widersprüche von Optionen für sich in eine überzeugende Fassung zu integrieren, und dies nicht ein für allemal, sondern ein Leben lang: das ist eine notwendige persönliche Leistung, die wir im allgemeinen als *Identität* bezeichnen, und diese Leistung kann kein Erzieher mehr stellvertretend für das Kind übernehmen. So gesehen ist der Versuch abweichender jugendlicher Subkulturen, sich eine möglichst eindeutige „Szene" zu verschaffen, in der die pluralistischen Widersprüche und Freiheitsräume nicht gelten sollen, eine *mißlungene* Suche nach Identität – mißlungen deshalb, weil sie außerhalb der eigenen Szene nicht erfolgreich sein kann.

Was aber bleibt von der Erziehung, wenn der moderne Pluralismus den persönlichen Freiheitsspielraum von Kindern immer mehr vergrößert hat? Was wir traditionell unter Erziehung verstehen, setzt einen Bezug zu einem Kollektiv voraus. Zur Individualität kann man nicht erziehen, man kann sie fördern und ermutigen oder behindern, aber nicht zum Ziel pädagogischen Handelns machen. Das Individuum findet seine Form in tätiger Auseinandersetzung mit äußeren Ansprüchen, auch mit erzieherischen. Erziehung zielt jedoch immer auf etwas, was ein Individuum mit anderen *gemeinsam* haben soll. Man darf sich da nicht durch die reformpädagogische Tradition täuschen lassen, die immer die Individualität des Kindes gepriesen hat: In Wahrheit wollten auch die Reformpädagogen Gefolgschaft für *ihre* Ziele, denen sie eine für das Kollektiv der Schule, des Volkes, des Staates usw. erhebliche Bedeutung beimaßen und auch heute beimessen. In Wahrheit geht es ihnen lediglich um einen *Wechsel* der kollektiven Verbindlichkeit bzw. der Bezugspunkte dafür.

Zwischen dem Prozeß der Individualisierung der Kindheit und dem Erziehungsanspruch gibt es also einen Widerspruch. Die Reichweite von Erziehung im Sinne eines kollektiven Bezugs geht nämlich in dem Maße zurück, wie die Individualisierung fortschreitet; es ergibt keinen Sinn, diesen individuellen Spielraum wieder durch Erziehung besetzen zu wollen. Wenn es zutrifft, daß Erziehung sich auf *soziale* Zusammenhänge bezieht, dann kann sie heute gezielt nur noch die *Grenzen* zur Geltung bringen, deren Überschreiten den sozialen Zusammenhalt gefährden würde – alle anderen Einflußnahmen sind höchstens Anregungen. Erziehung wird so zu einem eher *negativen* Begriff, etwa nach dem Motto: Ich schreibe Dir nicht vor, was Du tun sollst, sondern nur noch, was Du *nicht* tun darfst – ansonsten setze ich darauf, daß ich Dich überzeugen kann. Nicht von ungefähr ist deshalb gegenwärtig von *Grenzsetzungen* die Rede, wenn Erziehungsprobleme erörtert werden.

Im öffentlichen Leben ist diese Grenze die Legalität: Solange ein Kind oder Jugendlicher kein Gesetz bricht, gibt es auch keine Möglichkeit der pädagogischen Intervention etwa durch staatlichen Druck. Früher griff der Staat bereits ein, wenn „Verwahrlosung" drohte. In diesem Wandel kommt zum Ausdruck, daß unser Rechtssystem zugeschnitten ist auf diejenigen Bürger, die – vor allem durch ihre Bildung und persönliche Autonomie – in der Lage sind, nicht nur im Rahmen der Legalität zu verbleiben, sondern den individuellen Handlungsspielraum auch produktiv zu nutzen. Um *deren* Freiheit zu schützen, müssen wir darauf verzichten, rechtzeitig in das Leben derjenigen Kinder und Jugendlichen kontrollierend und helfend einzugreifen, die diesen Ansprüchen nicht gewachsen sind, obwohl frühe, präventive Interventionen ihnen vielfach helfen würden. Vielmehr sind wir auf deren *freiwillige* Mitwirkung angewiesen. Freiwilligkeit ist jedoch nur zu erwarten, wenn es ein entsprechendes Problembewußtsein gibt, aber gerade das haben diese Kinder und Jugendlichen in der Regel nicht: Sie wissen nicht, was ihnen fehlt, und wenn man es ihnen sagt, streiten sie es ab. Diese Rechtslage ist für die Arbeit der Jugendhilfe zu einem großen Problem geworden; denn selbstverständlich gibt es nach wie vor das, was früher „Verwahrlosung" genannt wurde – jenen schleichenden Prozeß, den wir vielleicht am besten bei der Drogenabhängigkeit beobachten können: mehr und mehr werden die menschlichen Beziehungen zur Familie, zu Freunden, zur Schule, zum Arbeitsplatz ruiniert, bis das Leben in einer sozial isolierten Existenz versinkt.

Der eben erwähnte, durch den Zwang zur Individualisierung eröffnete autonome Handlungsraum wird nun selbstverständlich nicht aus der bloßen Innerlichkeit des Kindes heraus ausgefüllt. Es entscheidet nicht allein von sich aus, was darin geschieht. Vielmehr spielen sich hier vielfältige Kommunikationen ab, aus denen sich die Kinder eine Strategie entwickeln. Auch hier gibt es Kollektives – z. B. durch den Einfluß der Massenmedien –, aber dieses Gemeinsame kann nicht mehr durch Erziehung erzwungen werden. In diesen freien Handlungsspielraum können natürlich auch Erwachsene – Eltern, Lehrer – hineinwirken, indem sie etwa im Unterricht der Schule die Vorstellungswelt und die Phantasie des Kindes mit entsprechenden Aufgaben beschäftigen, oder indem Eltern zu Auseinandersetzungen über Normen und Regeln des Lebens auf dem Hintergrund ihrer Erfahrungen anregen. Innerhalb der durch Erziehung unmißverständlich zu ziehenden Grenzen können sich vielfältige und produktive pädagogische Einwirkungen ergeben. Diese jedoch ebenfalls als „Erziehung" zu bezeichnen, wäre unzweckmäßig, weil dadurch die wichtige Unterscheidung zwischen Grenzsetzung und freiem Spielraum der Kommunikation verwischt würde. Die modernen psychologisch orientierten Erziehungsratgeber beschäftigen sich im wesentlichen mit diesem freien Gestaltungsraum, nicht mit den *sozial* notwendigen Grenzsetzungen; deshalb können sie sich auch so modern-antiautoritär gerieren, weil sie lediglich die Honigseite der Beziehungen zwischen Erwachsenen und Kindern im Blick haben. Über die Gestaltung des freien Handlungsraumes kann man z. B. gleichberechtigte Vereinbarungen mit Kindern treffen, über die Grenzen im Kern jedoch nicht. Wenn beispielsweise in einer Schule – was als pädagogisch modern gilt – Lehrer und Schüler sich in einer vertragsähnlichen Verabredung verpflichten, auf Gewalt zu verzichten, dann ist das eine Illusion, weil die Gewaltfrage längst geklärt ist – durch den Gesetzgeber. Gewaltfreiheit ist als erzieherische Aufgabe durchzusetzen, Vereinbarungen, die durchaus sinnvoll sein können, müssen davon als von einer Vorgabe ausgehen, die den Beteiligten nicht zur Disposition steht.

Was wir traditionell „Erziehung" nennen, hat sich also in zwei verschiedene Ebenen aufgeteilt: als Grenzsetzung durch die Normen und Regeln der jeweiligen *sozialen* Orte einerseits und als *persönliche* pädagogische Einwirkung (von Eltern und Lehrern) im Rahmen des individualisierten Handlungsspielraums der Kinder und Jugendlichen andererseits. Man kann, wie es heute üblich ist, beides unter dem Begriff der Erziehung zusammenfassen, muß dann aber die Unterschiede deutlich sehen. Im zweiten Falle geht es z. B. nicht darum, Gehorsam zu verlangen, sondern eher um Vorbild sein, überzeugen, Perspektiven entwickeln, unterstützen und ermutigen.

Wenn es nun zutrifft, daß im gesamten Konzert der unterschiedlichen Sozialisationsfaktoren Familie und Schule nur jeweils *ein* Instrument darstellen, und wenn es weiter zutrifft, daß Erziehung (im engeren Sinne) gebunden ist an den sozialen Sinn der jeweiligen sozialen Organisation, dann folgt daraus, daß *jede* dieser pädagogischen Instanzen auch ihre eigenen Wertmaßstäbe zur Geltung bringen muß: die Familie ebenso wie in anderer Weise die Schule. Beide erziehen zunächst einmal für sich selbst, für ihren eigenen Sinn und Zweck. Es gibt also keine einheitliche, auf den ganzen Menschen bezogene Erziehungspraxis mehr, die einzelnen Erziehungsräume – Familie, Schule – können sich nur noch partikular verstehen, eben als begrenzte Intervention.

## 2. Zum Stellenwert der Schule

Damit sind wir bei der Schule, von der dieses Buch ja handelt. Es ist bemerkenswert, daß die eben beschriebene, durch den radikalisierten Pluralismus erzwungene Revision der Erziehungsvorstellung im Hinblick auf die Schule kaum beachtet wird. Im Gegenteil werden aus der Öffentlichkeit alle möglichen Wünsche an sie herangetragen: Sie soll die Defizite der Familie kompensieren, den Rechts- und Linksradikalismus unter Jugendlichen eindämmen, präventiv gegen Kriminalität und Verwahrlosung wirken, Aids verhindern, die Verkehrstoten minimieren. Es gibt inzwischen kein gesellschaftliches Problem mehr, das nicht lauthals der Schule zur Lösung aufgetischt wird. Betrifft das Problem in erster Linie die Erwachsenen, so soll die Schule langfristig *vorbeugen*, betrifft es die Kinder und Jugendlichen selbst, soll sie möglichst schnell und effektiv *intervenieren*. Jedes halbwegs für wichtig gehaltene politisch-gesellschaftliche Problem – und davon gibt es wahrlich genug – wird zumindest *auch* als pädagogisches formuliert und damit zur Aufgabe der Schule erklärt. Wenn es aber zutrifft, daß Erziehung immer einen *kollektiven* Bezug haben muß, stellt sich die Frage, woher entsprechende Selbstverständlichkeiten heute kommen sollen. Denkbar wären gemeinsame Vorgaben durch die *Lehrer als Kollegium*, durch die *Eltern* und durch den *Staat*.

Der Pluralismus hat aber längst auch die *Lehrerkollegien* ergriffen, die in vielen pädagogischen Fragen nicht mehr einer Meinung sind und angesichts des gesellschaftlichen Pluralismus auch nicht mehr sein können. Wenn es hoch kommt, einigt sich ein Kollegium über Grundsätze des gemeinsamen Umgangs mit den Schülern und deren Eltern. Aber das kann nur ein, wenn auch wichtiger, Minimalkonsens sein. Im übrigen vertreten die Lehrer jeweils einzeln ihre persönlichen Auffassungen in pädagogisch relevanten Fragen. Das muß übrigens für die Schüler keineswegs verwirrend sein, weil sie auf diese Weise ja auch erfahren können, wie ein und derselbe Beruf individuell gestaltet werden kann.

Hinzu kommt, daß im Unterschied zu früheren Zeiten die Schule sich von ihren jeweiligen Milieus emanzipieren mußte. „Erziehung" *durch* die Schule war früher im wesentlichen Erziehung *zu* demjenigen Milieu, in dessen Rahmen sie sich verstand: katholisch, evangelisch, bildungsbürgerlich, sozialistisch. Im Pluralismus ist jedoch dieser kollektive Bezug weitgehend verschwunden, die Schularbeit befindet sich nicht mehr in Übereinstimmung zur übrigen Sozialisation, sie wird vielmehr zu einem spezifischen Instrument im Konzert der gesamten Sozialisation.

*Die Elternschaft* repräsentiert ebenfalls kein kollektives Milieu mehr, auf das sich ein schulischer Erziehungswille generell stützen könnte. Vielleicht ist ein Rest davon noch im Umkreis privater konfessioneller Schulen zu finden. Aber sonst stehen die Eltern der Schule im allgemeinen *einzeln* gegenüber. Wenn es hier etwas Kollektives gibt, dann handelt es sich meist um von den Massenmedien transportierte pädagogische Moden, denen aber keine soziale Wirklichkeit und vor allem auch keine Verbindlichkeit im Sinne der alten Milieus mehr entspricht.

Und *der Staat* kann in seinen Schulen nicht erziehen, weil er andererseits diesseits der Legalität alle wesentlichen normativen Entscheidungen freigegeben hat und deswegen den Schülern nicht mehr vorschreiben kann, wie sie sich in Alltagsfragen zu verhalten haben. In der Öffentlichkeit ist inzwischen alles erlaubt, was nicht per Gesetz verboten ist. Zu meiner Schulzeit konnte die Schule noch Rechenschaft über mein außerschulisches Freizeitverhalten verlangen, das war in der Schulordnung so vorgesehen und wurde im Konfliktfall auch geltend gemacht, und dies weit vor einem Gesetzesverstoß; von einem Schüler wurde damals ein „sittlich einwandfreies" Verhalten in der Öffentlichkeit „selbstverständlich" gefordert, da wartete man nicht erst darauf, daß ein Gesetz übertreten wurde.

Merkwürdigerweise wird der Ruf nach „mehr Erziehung" in der Schule zu einem historischen Zeitpunkt laut, an dem die objektiven gesellschaftlichen Voraussetzungen dafür weitgehend entschwunden sind. Es ergibt also keinen Sinn mehr, einfach eine Liste des erzieherisch Wünschbaren aufzustellen und der Schule zu sagen, sie solle das alles nun auch verwirklichen. Und wie immer, wenn einer Idee die Wirklichkeit davongelaufen ist, für die sie einmal tragfähig war, entsteht daraus fast folgerichtig eine Ideologie. Ein großer Teil dessen, was sich heute schulpädagogisch fortschrittlich gibt, ist in diesem Sinne tatsächlich ideologisch geworden. Das zeigt sich insbesondere an drei Tendenzen:

1. Unter dem Postulat eines unreflektierten Erziehungsanspruchs droht die eigentliche unterrichtliche Aufgabe zugunsten anderer, für erzieherisch wichtig gehaltener, immer mehr zurückgedrängt zu werden. Ein großer Teil dessen, was schulpädagogisch „in" ist, erklärt sich von daher, etwa „Schülerorientierung", „soziale Integration", „soziales Lernen" oder „Lebensweltorientierung". Solche erzieherischen Vorgaben werden dann auf den Unterricht übertragen, so daß nur noch das gelehrt wird, was diesem Ziel dient; die objektive Wirklichkeit, die der Unterricht ja aufklären soll, wird von daher sortiert und instrumentalisiert. Das wird erkennbar in den sogenannten „Lernzielen", die der Unterricht erreichen soll. Derartige erzieherische Ansprüche erweisen sich darüber hinaus als bodenlos, weil der Unterricht von immer neuen erzieherisch gemeinten Absichten geradezu überschwemmt wird; über die Schiene „Erziehung" werden Ansinnen an die Schule herangetragen, die im Prinzip grenzenlos und auch allen möglichen Moden des Zeitgeistes ausgeliefert sind: Was immer an Kindern und Jugendlichen zu bemängeln ist, wird der Schule übertragen, die diese Aufgaben unter den Bedingungen des Pluralismus jedoch nicht mehr erfüllen kann.

2. Über den Begriff der „Erziehung" werden, wenn man genauer hinsieht, im wesentlichen pädagogisch kaschierte ideologische Weltsichten transportiert, die sich gegenüber den realen gesellschaftlichen Bezügen verselbständigen. Deren wesentliche Stichworte sind „Ganzheitlichkeit" und „Integration". Vertrat die Schule früher im wesentlichen die Weltanschauung des ihr zugehörigen Milieus, so produziert sie nun eine eigene, und die ist gekennzeichnet durch einen anti-intellektuellen, anti-kognitiven und insofern auch gegenaufklärerischen Affekt, ferner durch Emotionalisierung und durch Überbetonen menschlicher Nähebeziehungen – alles Momente, die den Unterricht immer mehr entwerten. Eine Variante davon ist die vorgängige Moralisierung von Sachverhalten, die schon bis in manche Richtlinien vorgedrungen ist. Die Moralisierung der Welt tritt an die Stelle ihrer Aufklärung.

3. Unter dem Stichwort der „Sozialpädagogisierung" soll die Schule pädagogische Aufgaben der Kompensation oder gar der Nachsozialisierung übernehmen. Schwierige, lernschwache, geistig behinderte Kinder sollen

in den Mittelpunkt der erzieherischen Arbeit rücken. Die Schule soll so zur umfassenden „Lebensschule" werden. Aber für derartige, an sich ungemein wichtige pädagogische Aufgaben ist die Schule nicht qualifiziert, rechtlich nicht verfaßt und auch nicht ausgestattet. Auf diese Weise wird die pädagogische Arbeitsteilung zwischen Familie, Schule und Jugendhilfe unterlaufen, anstatt zu einer produktiven, dem Wohl gerade des schwierigen und lernschwachen Kindes dienenden Zusammenarbeit zu führen. Daß Schule und Jugendhilfe rechtlich unterschiedlich geregelt sind, ist bedeutsam für unsere demokratische Verfassung. nämlich ein wesentliches Moment der Gewaltenteilung. Wenn man das ignoriert, droht die Schule zu einem pädagogischen Monopolisten zu werden, zu einem pädagogischen Leviathan.

Demgegenüber ist die tatsächliche erzieherische Kompetenz der Schule sehr viel enger zu fassen, aber in dieser Beschränkung kann sie durchaus wirksam sein. Ich sehe sie vor allem unter vier Gesichtspunkten, von denen die ersten drei als „pädagogische Einwirkungen" in den Autonomiebereich der Schüler zu bezeichnen wären, die vierte als durch den sozialen Ort vorgegebene verbindliche „Erziehung" gelten muß.

1. Der Unterricht selbst hat eine erzieherische Implikation, die allerdings im Einzelfalle schwer zu kalkulieren und schon gar nicht planbar ist; denn er beschäftigt die Vorstellungskraft der Schüler und stattet sie mit formalen geistigen Fähigkeiten aus. Indem die Schüler sich in der Schule gerade *nicht* mit sich selbst bzw. ihrer aktuellen Befindlichkeit befassen, sondern mit geistigen Ansprüchen, die die Stoffe und damit auch die natürliche und kulturelle Wirklichkeit an sie stellen, werden sie z. B. auch mit Werten konfrontiert, an denen sie sich abarbeiten können. Zudem fordert der Unterricht wichtige *soziale* Verhaltensweisen heraus wie Einfühlungsvermögen, Toleranz, Zuhören können sowie gewaltlose, nämlich argumentative Klärung von Meinungsverschiedenheiten.

2. Nicht zu unterschätzen ist die Wirkung, die immer noch von der Persönlichkeit der Lehrerinnen und Lehrer ausgeht: wie sie mit Schülern kommunizieren und sich Konflikten stellen, wie sie sich fachlich und didaktisch präsentieren, wie sie mit dem geistigen Gehalt ihrer Stoffe selbst umgehen, wie sie zwischen persönlicher Meinung und sachlicher Information trennen usw. Nach wie vor können von Lehrerinnen und Lehrern bedeutsame Vorbildwirkungen ausgehen, auch wenn das nicht immer offensichtlich ist.

3. Erzieherische Wirkung kann nicht zuletzt auch von der Art und Weise aus-

gehen, in der das soziale Miteinander in der Schule gestaltet wird. Dabei ist nicht nur an Stil und Ton des täglichen Umgangs und an die Möglichkeiten der formellen Mitbestimmung der Schüler zu denken, sondern auch an das, was man gemeinhin „Schulleben" nennt, also etwa künstlerische Aufführungen, Feste und Feiern. Es widerspricht der Aufgabe der Schule ja nicht, wenn die Schüler sich dort wohl und sozial akzeptiert fühlen. Aber die Umkehrung dieses Gedankens ergibt keinen Sinn, daß nämlich erst Ziele der sozialen Erziehung festgelegt werden, um daraus dann geeignete Unterrichtsstoffe abzuleiten.

Diese drei erzieherischen Implikationen verbleiben allerdings im psychischen Eigentum des Schülers, der letztlich entscheiden muß, welche Schlußfolgerungen er daraus für sein eigenes Leben und dessen Orientierung zieht.

4. Anders verhält es sich mit den Regeln, die die Schule als Institution geltend machen muß, die können nicht zur Disposition des einzelnen Schülers stehen. Als Institution muß die Schule gewährleisten, daß ihr Zweck, die Abhaltung von Unterricht, auch verwirklicht werden kann. Im Unterschied zur Familie ist die Schule Teil des *öffentlichen* Lebens, und das Kind tritt mit dem Schulbeginn in dieses öffentliche Leben ein. Daraus folgt unter anderem, daß der Schulunterricht nicht einfach die Fortsetzung des elterlichen Erziehungswillens mit anderen Mitteln sein kann. Im privaten Rahmen der Familie dürfen z. B. Vorurteile aller möglichen Art, etwa rassistische oder sexistische, vertreten werden, jedenfalls kann das niemand verhindern; die Schule dagegen ist *universellen* Maßstäben wie Toleranz und Wahrheit verpflichtet, also solchen, die für die Gesellschaft im ganzen gebraucht werden. Als Institution muß die Schule also in ihren Mauern die Regeln des öffentlichen Umgangs geltend machen, und die sind im Prinzip identisch mit denen, die auch für einen erfolgreichen Unterricht benötigt werden. Dazu gehört etwa auch die zivile Art und Weise, in der dort miteinander gesprochen wird.

Ich will das an einem Beispiel aus der Schule verdeutlichen: Die Gleichaltrigen-Gruppe verwendet einen eigentümlichen „Jugendjargon". Wenn die Schule nun in falsch verstandener Anbiederung diesen Jargon generell – in Ausnahmen kann dies durchaus anschaulich sein – als Unterrichtssprache zuläßt, oder Schimpfkanonaden und andere Verbalaggressionen in Gegenwart von Lehrern oder gar während des Unterrichts hinnimmt, verhält sie sich nicht etwa „kindgerecht", sondern verwahrlosend und betrügt die Schüler um eine wichtige Sozialerfahrung: Schule ist eben Schule, keine Diskothek und kein Fußballplatz, und was als Schimpfkanonade während eines Konfliktes in der großen Pause auf dem Schulhof vielleicht noch toleriert werden kann, ist während des Unterrichts fehl am Platze.

Bei den in solchen Fällen gebotenen pädagogischen Interventionen handelt es sich nicht um die Durchsetzung eines allgemeinen Tugendkatalogs, sondern um die Durchsetzung eines bestimmten *Verhaltens*. Die Öffentlichkeit kann weder von uns Erwachsenen, noch von Kindern eine bestimmte Gesinnung oder eine bestimmte Charakterstruktur erwarten, und beides kann man auch in Schulen nicht überprüfbar anerziehen. Niemand muß z. B. Ausländer oder einen bestimmten Frauen- bzw. Männertyp (oder wen auch sonst immer) *mögen*, aber *verhalten* muß sich jeder ihnen gegenüber höflich und zivilisiert und erst recht im Rahmen der Gesetze. Vielfach verkennt die Schule diesen Zusammenhang: Früher hatten die Schüler Angst vor den Lehrern, nun haben sie noch schlimmere Angst vor ihren Mitschülern, weil die Lehrer ihre Macht nicht mehr zum Schutz der Schüler voreinander zur Geltung bringen.

Die Schule erzieht für sich selbst, damit ihr Zweck, das Unterrichten, durchgeführt werden kann. Indem sie dies tut, lehrt sie zugleich die Regeln des vernünftigen und erfolgreichen öffentlichen Verhaltens. Der gelungene Unterricht impliziert die der Schule optimale Sozialerziehung, diese muß nicht erst von außen her als zusätzliche pädagogische Aufgabe dem Unterricht hinzugefügt werden, wie Konzepte des „sozialen Lernens" leicht unterstellen.

## 3. Rehabilitierung des Unterrichts

Die „veränderte Kindheit", von der anfangs im Vergleich zu der meinen die Rede war, hat in der tonangebenden Schulpädagogik wie in der öffentlichen Meinung dazu geführt, unter Verwendung eines exzessiv gebrauchten Erziehungsbegriffs die Kernaufgabe der Schule zu demontieren: das Unterrichten. Wer die gegenwärtige schulpolitische und schulpädagogische Diskussion verfolgt, wird feststellen, daß der Unterrichtung der Schüler durch ihre Lehrer immer weniger Bedeutung beigemessen wird. Vielmehr sollen die Schüler möglichst selbst herausfinden und bestimmen, was, wie und in welchem Tempo sie lernen wollen.

Unterricht, der vom Lehrer ausgeht, gilt im Vergleich dazu als unmodern oder gar als politisch reaktionär. Der Lehrer müsse sich verändern, vom Unterrichter zum Erzieher und zum Moderator von Lernprozessen werden, heißt es vielfach. Das im Auftrag der nordrhein-westfälischen Landesregierung erstellte Gutachten „Zukunft der Bildung – Schule der Zukunft" faßt die künftigen Aufgaben der Schule im Bild vom „Haus der Lernens" zusammen, in dem zwar auch noch Unterricht stattfinden soll, aber nur noch als Teil vielfältiger und im einzelnen offener allgemeiner Lernprozesse. Der Begriff des Lernens hat den des Unterrichts weitgehend abgelöst. Fragt man Lehrer nach dem Kern ihres beruflichen Handelns, verweisen sie meist nicht auf ihre unterrichtliche Aufgabe, sondern auf die möglichst gute Beziehung zu ihren Schülern als Voraussetzung einer erzieherischen Einwirkung. Die verbreitete Abwertung des Unterrichts zeigt inzwischen auch dort Wirkung, wo Lehrer sich davon nicht leiten lassen wollen; denn ihre Schüler bleiben von dieser Meinung nicht unbeeindruckt und halten die Leistungsanforderungen der Schule leicht für eine unnütze Quälerei.

Diese Tendenz beruht jedoch auf einer falschen Schlußfolgerung; denn die Aufgabe, durch systematischen Unterricht die Welt zu erschließen und die Lebensmöglichkeiten des Kindes in ihr zu verdeutlichen, wird durch die moderne pluralistische Sozialisation im Prinzip nicht berührt. Um dies zu verstehen, muß man sich die Besonderheiten des unterrichtlichen Lehrens und Lernens klarmachen.

Unterricht ist nicht irgendeine beliebige Form des Lernens, sondern eine ganz besondere, und sie ist keineswegs nur für Kinder von Bedeutung, sondern auch in vielfältiger Weise für das Leben der Erwachsenen. Unterricht heißt von der Grundschule bis zur Weiterbildung im oberen Industriemanagement im Kern immer dasselbe: Da gibt es Lehrende, die etwas wissen oder können, und die diesen Vorsprung in didaktisch möglichst geschickter Weise an diejenigen weitergeben, die es noch nicht wissen oder können. Die Fähigkeit, sich erfolgreich unterrichten zu lassen, ist für die produktive Teilnahme am Berufsleben wie auch am politischen und kulturellen Leben unerläßlich geworden, und diese Tendenz nimmt zu und nicht ab, wenn man etwa die steigenden Aufwendungen der Wirtschaft für Fortbildungsmaßnahmen bedenkt; sie setzen alle die Fähigkeit voraus, sich unterrichten *lassen* zu können. Dazu gehört, einer spezifischen geistigen Ordnung der Dinge folgen und eine entsprechende Konzentration und Disziplin aufbringen zu können. Die Fähigkeit, sich unterrichten zu lassen, muß also heute von (möglichst) allen gelernt werden, und diese Fähigkeit ist durch nichts anderes ersetzbar. Sie bedeutet vielmehr einen Bruch mit denjenigen Lernweisen, die das Kind bisher aus seinem außerschulischen Leben kannte.

Unterricht geschieht nämlich immer in *Distanz* zum sonstigen Leben, für dessen Bewältigung er andererseits gebraucht wird. Der Grundschüler wie der Manager *verlassen* ihr normales Leben, um sich unterrichten zu lassen, und kehren danach wieder in dieses zurück. Das Leben selbst lehrt zwar vieles und wichtiges, aber es unterrichtet nicht. So gesehen ist Unterricht eine geniale kulturelle Erfindung, weil sie uns ermöglicht, die Unmittelbarkeit unserer Existenz zu überschreiten und für noch unbekannte spätere Verwendungssituationen gleichsam auf Vorrat zu lernen. Was dagegen das Leben lehrt, bleibt von sich aus fixiert an die Unmittelbarkeit der jeweiligen Situation.

Ohne Unterricht könnten die Menschen im allgemeinen und die Kinder im besonderen die in ihnen schlummernden Fähigkeiten in nur sehr geringem Maße entfalten; sie könnten sich – altmodisch gesprochen – nicht „bilden". Die Fähigkeit, sich unterrichten zu lassen, liegt so gesehen also auch im wohlverstandenen Interesse des Kindes selbst und tritt zu diesem keineswegs in einen prinzipiellen Widerspruch, als sei sie per se nicht „kindgerecht". Im Gegenteil sind die Schulfächer mit ihren unterschiedlichen Anforderungen nicht zuletzt dazu da, die Fähigkeiten des Kindes, die niemand vorher kennen kann, herauszufordern, so daß es immer genauer zu erkennen vermag, was es gut kann und was weniger gut, was ihm mehr liegt und was weniger, damit es allmählich auf diesem Hintergrund seine Zukunftsplanung zu entwickeln vermag. So gesehen ist die weniger gute Zensur genau so wichtig wie die gute, aber auch unterschiedliche Unterrichtsmethoden, die etwa eher auf Einzelarbeit oder eher auf Kooperation setzen, sind dafür wichtige Erfahrungen. Das Kind hat im allgemeinen von sich aus keinen Bildungswillen, der über seinen unmittelbaren Lebenshorizont hinausreicht. Darauf ist sein natürlicher Lernwille zunächst einmal beschränkt, d. h. es will sich in seiner *unmittelbaren* sozialen Umgebung erfolgreich bewegen und dafür dann auch etwas lernen; das ist wichtig, aber etwas ganz anderes.

Ohne den schulischen Unterricht würde sich ein wichtiges Prinzip unserer demokratischen Gesellschaft nicht realisieren lassen, daß nämlich der gesellschaftliche Status der Bürger nicht mehr wie früher durch Herkunft, sondern durch Leistung geregelt werden soll. Schule ist die einzige Möglichkeit der Emanzipation des Kindes, über die es selbst verfügen kann. Das einzige Kapital, das ein Kind von sich aus vermehren kann, ist sein Wissen und seine Manieren. Ohne Schule würden die Reichen ihren Nachwuchs wieder wie früher privilegieren können. Ohne Schule bliebe das Kind also den gleichsam naturwüchsigen Mechanismen seiner Sozialisation ausgeliefert, die ihrerseits von den Zufälligkeiten seiner Geburt und seines Lebensmilieus abhängen.

Nimmt man jedoch die besondere Bedeutung des Unterrichts ernst, dann dürfen die Lerngruppen – die Schulklassen – nur nach dem Grundsatz der Leistungsfähigkeit zusammengestellt sein. Jedes Kind muß in einer solchen Gruppe von seinen Fähigkeiten her einen chancengleichen Zugang zu den zu bearbeitenden Aufgaben haben. Daraus ergibt sich zwangsläufig eine entsprechende Gliederung des Schulwesens – sei es innerhalb einer Gesamtschule, sei es im Rahmen eines mehrgliedrigen Schulsystems. Jedes Kind hat zwar ohne Rücksicht auf Geschlecht, ethnische und religiöse Zugehörigkeit einen Anspruch auf optimale Förderung seiner Begabungen, und damit auf Integration in die Gesellschaft, aber nur im Rahmen seiner unterrichtsbezogenen Fähigkeiten. Die Schule kann nur im Rahmen ihres Zweckes unterschiedliche Bevölkerungsgruppen integrieren, über den außerschulischen Alltag ihrer Schüler kann sie nicht verfügen.

Die Fähigkeit, sich unterrichten zu lassen, gehört also zu den kulturellen Grundtechniken, die ein Mensch lernen muß – ähnlich wie Lesen, Schreiben und Rechnen. Daran vermag auch die „neue Kindheit" nichts zu ändern. Diese spielt allerdings eine Rolle bei der konkreten Gestaltung des Unterrichts.

1. Die *Erfahrungen* der Kinder und Jugendlichen sind anders, nämlich viel komplexer und in gewissem Sinne auch „reifer" als zu meiner Kindheit. In kognitiver Hinsicht ist die heutige Schülergeneration im Vergleich zu früheren in vielen Alltagsfragen – einschließlich der zwischenmenschlichen Probleme von Erwachsenen – sehr viel besser informiert. Wenn die Schule diese Vorerfahrungen durch ihre didaktisch-methodischen Inszenierungen unterbietet, verfehlt sie leicht ihren Zweck und ihre Akzeptanz und infantilisiert die Schüler.

2. Die Erfahrungen der Schüler konkretisieren sich in den *Fragen*, die sie an die Unterrichtsstoffe stellen. Mit diesen Fragen versuchen die Schüler, den neuen Stoff und vor allem seine innere Logik mit ihren bisherigen Erfahrungen zur Sache zu verbinden. Deshalb ist es wichtig, der Bearbeitung solcher Fragen einen erheblichen Raum zu gewähren, was zu selten geschieht – sei es, weil die Stoffülle es nicht zuläßt, sei es, weil die Lehrer sich vor Fragen fürchten, die sie nicht sofort beantworten können. Den Prozeß der Individualisierung, der aus der Pluralisierung der Gesellschaft erwächst, fördert aber nicht der Unterrichtsstoff als solcher, sondern die je subjektive Art der Aneignung. Dafür ist die Schülerfrage von zentraler Bedeutung.

3. Der Individualisierung müssen auch Stil und Ton des Umgangs zwischen Schülern und Lehrern entsprechen. Schüler werden heute in ganz anderem Maße als Persönlichkeiten geachtet als früher. Dem widerspricht nicht, daß die Lehrer die spezifischen Forderungen der Schule zur Geltung bringen. Aber „autoritäres" Verhalten von ihrer Seite dürfte inzwischen aussichtslos geworden sein.

4. Die Erfahrungen der Schüler sind jedoch auch in eigentümlicher Weise begrenzt. Es sind im wesentlichen – materielle wie immaterielle – Konsumerfahrungen. Arbeitserfahrungen und solche, die aus dem Erwerb des Lebensunterhaltes resultieren, fehlen. Dieses Mißverhältnis führt leicht zu falschen Erwartungen („Spaß" haben) an die Schule und zum Desinteresse an den Lernaufgaben, wenn sie anstrengend und mühsam werden.

Zusammenfassend läßt sich sagen, daß sich Kindheit und Jugend in der Tat erheblich verändert haben, daß daraus aber für die Schule keine falschen Schlußfolgerungen gezogen werden dürfen. Ihre Aufgabe bleibt weiterhin, die Schüler durch Unterricht über die Welt und über ihre Stellung in ihr aufzuklären. Diese Welt hat sich geändert und wird sich weiter ändern, bis die Schüler erwachsen geworden sind, aber sie muß in ihren Grundlagen begriffen sein, wenn sie für die nächsten Generationen bewohnbar bleiben soll.

*Lernen ist besonders effektiv,
wenn es spielerisch oder
auf andere Weise beiläufig
geschieht.*

Volker Ladenthin

# Von der Gefahr, das Lernen zu verspielen

## Bildungstheoretische Überlegungen zu neueren Lehr- und Lernmethoden

## 1. Lernen als Nebensache?

In der Schulpädagogik läßt sich ein Trend ausmachen, der auf eine methodische Umorientierung des Unterrichts zielt. Grundidee ist, das Lernen nicht mehr ausdrücklich zu inszenieren, sondern als Nebenfolge geschehen zu lassen. Vom Schüler aus betrachtet heißt dies, daß das Handlungsziel einer Unterrichtsstunde nicht mehr „Kenntnis, Fertigkeit und Fähigkeit" und der Vorgang selbst nicht mehr Lernen heißt. Vielmehr geht es um das Handeln oder um das Herstellen von Produkten.

### Unmethodische Methoden

Dem methodisch organisierten Lernen wird das *spielerische Lernen* gegenübergestellt, in dem die Kinder innerhalb von Handlungen, die sie als Spiel empfinden, nebenbei Lernleistungen vollziehen. So könnte man „Mensch-ärgere-dich-nicht" mit zwei Würfeln spielen, um Kindern in den Spielhandlungen beiläufig „nicht-zählendes Addieren" zu ermöglichen. Die Spielhandlung ermöglicht den Lernvorgang, läßt ihn aber – bedingt durch die Spielmotivation – nicht als solchen erscheinen. So wird das Spiel im Kontext von Unterricht zu einer Methode, die von den Schülern nicht als Lehrmethode erfahren wird und reflektiert werden kann. Denn im Spiel kann man „die didaktischen Zwecke gewissermaßen unbemerkt einschleusen" (Flitner 101). Demgegenüber wird aber auch die Auffassung vertreten, daß das Spiel Kräfte fördere und fordere, die durch pädagogische Handlungen gar nicht zu provozieren seien, weil das Spiel das Ganze des Menschen anspreche, die Pädagogik aber nur Aspekte. So ersetze das Spiel die pädagogische Handlung.
Dem methodisch organisierten Lernen wird auch das *Lernen durch Erfahrung* gegenübergestellt, indem den Kindern in technischen oder lebensweltlichen Handlungen ermöglicht wird, sich diejenigen Kenntnisse, Fertigkeiten oder Fähigkeiten anzueignen, die zur Durchführung dieser Handlungen nötig sind. Auch hier ermöglichen die technischen oder lebensweltlichen Abläufe

einen Lernvorgang, der als solcher nicht ausdrücklich wird und nicht durch die Zielvorgabe „Lernen", sondern durch ein technisches oder lebensweltliches Handlungsziel motiviert ist. Dabei rechnet man dem lebensweltlichen Handeln eine besonders hohe, oft auch sittliche Bedeutung für das Lernen zu. Der Herstellung eines vorzeigbaren, in den Lebensvollzug eingebundenen Produkts unterstellt man motivierende Kraft. Die lebensweltlichen Probleme sollen „betroffen" machen, so daß aus dieser Betroffenheit ein motivationaler Schub für das Lernen und Handeln entsteht. Ebenso auffallend ist, daß Lebenswelt und Lernen nicht in ein hierarchisches Verhältnis gesetzt werden: „Schule muß (…) Hilfestellungen geben, indem sie kritische Distanz schafft, jedoch *gleichzeitig* den direkten *Bezug* zu den Normen, Werten und Handlungsmustern dieser Lebenswelt herstellt." (Dobbelstein-Osthoff 54) „Offener Unterricht" zeichne sich dadurch aus, daß er „wenig strukturiert", „stark" schülerzentriert und „mit einem hohen Grad" an Selbstbestimmung verbunden sei (ebd. 44). Die Differenz zwischen Schule und Alltag verweist nicht auf die Notwendigkeit der Schule, sondern soll den Anstoß zu einer Entschulung, besonders aber Entmethodisierung der Schule geben. Bildung in der Schule steht hier unter dem Primat der sozialen Integration: „Schule, die gesellschaftliche Konflikte außen vor halten will, mißachtet ihren Auftrag, die Fähigkeit und Bereitschaft zu solidarischer und demokratischer Konfliktlösung zu entwickeln. In der schulischen Lebenswelt *herrschen andere Strukturen als in der außerschulischen Welt.* Sie verfremden die sozialen Beziehungen wie auch die Verhaltensformen. Wenn Kinder und Jugendliche in unserer Gesellschaft handlungsfähig und mündig werden sollen, dann können sie dies nicht außerhalb der Verhaltensforderungen unserer Gesellschaft lernen." (ebd. 54)

Dem methodisch organisierten Lernen wird auch das *Lernen durch Erlebnisse* gegenübergestellt, indem Kinder in Situationen, die sie in ihrer emotionalen Dimension betreffen, angeregt werden, sich mit dieser Situation auseinanderzusetzen und ihre Gesamtpersönlichkeit in ihr zu entfalten. Die „Erlebnispädagogik" „will Kindern Erfahrungen ermöglichen, die ihnen dabei helfen, das Leben zu bewältigen" (Brandt 41). Der Anspruch ist umfassend. Seine methodische Einlösung benennt den Grundgedanken: „Im Rahmen erlebnisorientierter Aktionen wird gelernt – die helfende Pädagogin lehrt aber nicht. Sie (…) akzeptiert Kinder, so wie sie sind, und unterstützt spontane Aktionen der Kinder." (ebd.) Dies mag vielleicht für den Kindergarten angehen (allerdings soll auch dort das Curriculum Schulfähigkeit sichern) – jedoch wollen diese Konzepte weit über einen bestimmten pädagogischen Bereich hinausgehen: „Das setzt professionelle Kompetenz voraus, die im Rahmen von Beziehungsarbeit auch bedeutet, selbstbestimmtes

Lernen zulassen zu können, Kinder selbst machen zu lassen, nicht jede Lernerfahrung vorstrukturieren zu wollen. Kinder, die durch erziehungswütige Pädagogen ständig didaktisch aufbereitete Lernsequenzen erarbeiten müssen, die Beziehungen nur durch angepaßtes Verhalten und gute (intellektuelle) Leistungen erwerben können, geraten leicht in Verzweiflung. Das Eingreifen Erwachsener stört häufig den Entwicklungsprozeß der Kinder" (ebd. 60). Erziehung wird durch Beziehung ersetzt. Dem Kind in seiner Eigenwilligkeit wird unterstellt, das bereits zu beherrschen, was es doch erst lernen soll: „Kinder kennen ihre Grenzen sehr gut selbst. Sie schätzen die eigenen Fähigkeiten und Grenzen realistisch ein." (ebd. 10 )

**Gut erfunden – aber wahr?**

Zur Legitimation greifen diese und ähnliche Konzepte auf psychologische Forschungen zurück. Gleichwohl läßt sich die Traditionslinie dieser methodischen Konzepte bis in die Reformpädagogik verfolgen – oft wird diese von den neueren Methoden selbst als (rechtfertigende) Bezugsgröße des eigenen Denkens benannt. (Brandt 41)

Ellen Key hat in ihrem Klassiker über das „Jahrhundert des Kindes" die Grundüberlegung folgendermaßen zusammengefaßt: „Da dies für mich das Alpha und Omega der Erziehungskunst ist, wiederhole ich jetzt das, was ich schon am Anfang gesagt habe: Sei bemüht, das Kind in Frieden zu lassen, so selten wie möglich unmittelbar einzugreifen, aber verwende all deine Wachsamkeit, all deine Energie darauf, daß deine eigene Persönlichkeit *und das Leben selbst*, die Wirklichkeit in ihrer Einfachheit und Nacktheit der Erzieher des Kindes werde." (Key 114) Eltern müssen „unmerklich erziehen" (ebd. 140).

Eine Wurzel der Konzeption der unmethodischen Methoden ist in den „allgemeinen pädagogischen" Überlegungen reformpädagogischer Provenienz zu sehen, deren Grundsätze Röhrs wie folgt zusammenfaßt: „Öffnung der Fenster und Türen der Schule, um die Begegnung mit der Welt und ihren Problemen zu ermöglichen. Gegenstandsbezogenheit des Lernens, um ein inneres Betroffensein durch die ursprüngliche Fragestellung zu sichern, ist das Ziel." (Röhrs 51)

Als Ziel dieser und ähnlicher Konzepte ist demnach das anzusehen, was man als Vorstellung einer „unmethodischen Methode" bezeichnen kann. Es sind vom Lehrer eingesetzte Methoden, die das Methodenhafte des Lernens verdecken sollen. Die hier erwähnten Konzeptionen versuchen, den Schüler das methodisch strukturierte Lernen nicht bemerken zu lassen und ihn sich selbst zu überantworten. Die Konzeptionen der Spiel-, Erlebnis- und Erfahrungspädagogik stellen Verfahren vor, die den Schüler in Tätigkeiten binden, deren *Lern*sinn durch einen *Handlungs*sinn verborgen werden soll. „Methodisch" und „selbstgesteuert" wird in solchen Konzepten zu einem Widerspruch.

Man versucht die Kinder vor der Anstrengung und Weltabgewandtheit des Lernens dadurch zu bewahren, daß man ein Lernen verspricht, das den Schülern nicht als solches bewußt wird oder aber sie so ergreift („betroffen macht"), daß das Lernen mit den existenziellen Lebensvollzügen ununterscheidbar verbunden ist: Lernverweigerung also Lebensverweigerung bedeuten würde.

Spiel, Erfahrung und Erlebnis werden dabei als pädagogische Methoden angesehen. Das setzt voraus, daß entweder den Modi von Spiel, Erfahrung und Erlebnis schon methodische Verfahren inhärent sind oder aber die Schüler selbst solche Verfahren mitbringen, um in Spielen, bei Erfahrungen oder in Erlebnissen etwas zu lernen.

Beide Voraussetzungen sind jedoch nicht leicht zu belegen. So ist Lernen, ist Schule notwendig, weil Kinder nicht schon Kompetenzen mitbringen, mit denen sie sich die Welt selbständig aneignen. Brächten sie sie mit, bräuchten wir sie nicht zu lehren – bräuchten wir schließlich gar keine Schulen.

Allerdings gibt es Kinder, die schon über erhebliche methodische Kompetenz verfügen – sei es, daß sie sie im Elternhaus, in Pfarrgruppen oder Vereinen, in Kindergarten und Vorschule erworben haben. Würde nun die Schule auf methodisches Lernen verzichten, weil sie Methoden bei Kindern voraussetzt, so käme es zu einer Benachteiligung derer, die in ihrer bisherigen zufälligen Bildungsgeschichte noch keine Methodenkompetenz erworben haben. Es käme, soziologisch gesprochen, zu einer ausdrücklichen schulischen Benachteiligung der Kinder, die schon durch ihre familiale oder soziale Situation und der damit verbundenen Bildungsgeschichte benachteiligt sind. Gerade die leistungsschwächeren, die wenig vorgebildeten Kinder leiden unter einer konzeptionellen Methodenlosigkeit und werden weiter benachteiligt.

Aber wie ist es mit den anderen Argumentationen? Sind denn dem Spiel, der Erfahrung und dem Erlebnis schon Methoden der Welterkenntnis inhärent, so daß sich Kinder im Spiel eben diese Methoden aneignen?

Es ist sicherlich richtig, daß ein Spiel Fähigkeiten fordert – unklar aber ist, wie ein Spiel diese Fähigkeiten fördert. Soviel ist zu sagen, daß die Förderung nicht systematisch erfolgt, also methodisch, sondern inzident: es gibt die Möglichkeit des Ausweichens und der Substitution. Schachaufgaben können als Denktraining, aber auch als Erinnerungstraining genutzt werden. Und auch bei den erwähnten zwei Würfeln im Mensch-ärgere-dich-nicht-Spiel läßt sich die Summe der gewürfelten Augen – unter Umgehung des Rechnens – abzählen. Gleichwohl ist im Spiel die methodische Kontrolle noch relativ groß, weil man Spiele so anlegen kann, daß gezielt bestimmte Kenntnisse, Fertigkeiten und Fähigkeiten für die Spielgeschichte isoliert werden können (z. B. könnte man den erwähnten Würfel mit Ziffern beschriften, um Zählen durch Rechnen zu ersetzen).

Wenn man aber „spielen" so versteht und als Unterrichtsverfahren so einrichtet, daß es seinen „Sinn in sich selbst hat" (Huizinga 15 f.), dann kann man es nicht zugleich pädagogisch verzwecken wollen. Dann ist Spiel eine außerpädagogische Handlung im pädagogischen Kontext. Allerdings wird eine solche Position insofern kaum haltbar sein, weil auch das Spielen „Akte eines Ichs sind": „Wer seine Betrachtung des Spiels vom Menschen löst, es von ihm als unabhängig seiend setzt, der macht ihn zum Objekt. (…) Das Spiel kann keinen Daseinsmodus im Sinne eines Sondergeschehens haben. (…) Es ist ohne Mensch nicht." (Petzelt 62; vgl. Schaller 70) Das Spielen ist nur Sonderfall des Handelns, es fällt nicht aus dem Handeln und damit der Verantwortung des Menschen heraus. Deshalb muß das Kind spielen lernen; aber das Spielen ersetzt nicht das Lernen. Spielerisches Lernen täuscht dabei dem Schüler eine Freiheit vor, die letztlich doch nicht gegeben ist, weil auch im spielerischen Lernen das Spiel pädagogisches Mittel ist. Zum anderen aber verhindert das spielerische Lernen, daß dem Schüler das Lernen als eigener und eigens vor sich selbst zu verantwortender Akt verstanden und gewertet wird. Das Spiel ist im pädagogischen Kontext verzweckt, und erst als pädagogische Konzeption ist es legitime Methode. Der Sinn des Spiels ist – im pädagogischen Kontext – nicht das Spiel, sondern das Lernprogramm, das im Spiel versteckt ist. Weil aber das Lernprogramm versteckt ist, reicht das Spiel nicht aus. Kinder müssen nicht nur lernen; sie müssen sich dabei beobachten, was, warum und auch wie sie lernen. Denn nur dann ist das Gelernte transferierbar, nur dann können Lerner auf die Veränderung der eigenen Person durch das Lernen (also auf Bildung) reflektieren.

Reicht „Erfahrung" allein als Methode aus, wenn man einen Unterricht plant, der bilden soll? Erfahrungen sind zufällig; die Art des Umgangs mit ihnen, die Weise der Ausdeutung sind unspezifisch. Erfahrungen sind ambivalent, erst ihre pädagogische Nutzung sichert, daß Erfahrungen nicht nur gemacht, sondern reflektiert werden; sichert, daß aus ihnen etwas gelernt werden kann.

Auch Erlebnisse können in ihren Folgen ambivalent sein. Es gibt traumatische Erlebnisse, indifferente Erlebnisse und eine schier unendliche Deutungsvielfalt. So besteht die Möglichkeit, daß Kinder sich dem Lernen gerade durch vorhergehende Erlebnisse verschließen: Erlebnisse sind letztlich nicht planbar. Sie sind nicht von sich aus richtungsgebend. Sie sind kontingent. Pädagogisches Handeln ist aber durch die Zielgerichtetheit von zufälligen Bildungsanlässen zu unterscheiden.

**Greifen, um zu begreifen?**

An dieser Stelle wäre auf das zurückzugreifen, was ich – etwas polemisch – als populäre Mythen in neueren schulpädagogischen Konzepten bezeichnen möchte. So wird immer wieder – etymologisch „aufgerüstet" – behauptet, daß Kinder greifen müßten, um zu begreifen. Diese sinnfällige Maxime läßt sich durch Erfahrungswissen nicht bestätigen. So wird man z. B. den Grundriß einer mittelalterlichen Stadt eher durch einen Stadtplan als durch eine Begehung begreifen: Man muß nicht in der Stadt stehen, um sie zu verstehen – wie überhaupt alle Abläufe oder Strukturen kognitiv durch Modelle, nicht aber durchs Anfassen oder Hantieren verstanden werden. Ebenso ist nicht nachweisbar, ob man Worte besser lesen lernt, wenn man die Buchstaben aus Papier ausschneidet.

All unser Wissen besteht aus Deutungsprozessen, Verstehensprozessen, Konstruktionsprozessen – also aus geistigen Prozessen. Und nicht alles, was man nicht anfassen kann, ist unbegreiflich.

**Erkennen durch Handeln?**

Ähnlich problematisch ist eine Verabsolutierung der Prinzipien der Handlungsorientierung (die als Gegenteil des kognitiven Lernens verstanden wird) und der Produktorientierung (als Gegenteil der Prozeßorientierung). Bei handlungsorientierten Methodenkonzepten wird vorausgesetzt, daß sich „Denken (…) zunächst in der Form aktiven Handelns (vollzieht). Über die praktische Bewältigung von Situationen gelangt das Kind zu einer theoretischen Bewältigung." (Piaget 40) Es fragt sich, ob dieses „Gelangen von – zu" ein zu steuernder oder ein sich naturwüchsig-notwendig ergebender Prozeß ist? Setzt die praktische Bewältigung von Situationen nicht gerade die gedankliche Bewältigung voraus? Praktische Lösungen werden ja erst gefunden, wenn bestimmte kognitive Fähigkeiten vorhanden sind; man könnte die Befähigung zu praktischen Lösungen als Indiz für die geistige Entwicklung nehmen.

Handeln allein evoziert noch keine Erkenntnisse: Müßte ansonsten die Fließbandarbeit nicht die am meisten bildende Tätigkeit sein? Und müßte das Denken (Ordnen, Urteilen) die Bildung des Subjekts geradezu verhindern? Es gibt Kenntnisse, Fertigkeiten und Fähigkeiten, die sich eher durch gedankenbegleitetes Handeln und andere, die sich eher im Denken aneignen lassen: So kann man Schlittschuhfahren nicht durch Denken, Lesen aber auch nicht durch Laubsägearbeiten lernen. Eine Handlungsorientierung ist also nicht von vornherein besser als kognitives Lernen.

Gleichwohl ist es richtig, daß wahrnehmungsbehinderte Kinder, Kinder mit Verzögerungen in der Körperwahrnehmung usw. nicht kognitiv belehrt werden können. Allerdings verläßt man in diesen Bereichen das Paradigma der Pädagogik und bewegt sich im therapeutischen Bereich. Es scheint aber nicht ratsam, gesunde Kinder mit therapeutischen Methoden zum Lernen anzuhalten.

### Bildung durch Produktion?

Auch Produktorientierung sichert nicht notwendigerweise Lernen, weil Produkte nicht aus einem Wissenszuwachs, sondern auch aus Lebensgewohnheiten und Routinen entstehen können. Umgekehrt schlagen neue Einsichten, die bedeutsam für das Gelingen des Lebens werden, sich nicht zwingend in vorzeigbaren Produkten nieder: Sie führen zu Einstellungen, zu Haltungen oder gedanklichen Dispositionen. Der Lernvorgang, ein Gedicht künftig nicht als Nachricht oder Information, sondern als ästhetisches Sprechen zu begreifen, läßt sich nicht produktorientiert auslösen. In diesem Fall würde man – um produktorientierte Konzepte weiterhin vertreten zu können – von geistigen Produkten sprechen: Die Interpretation eines Textes, das Auswendiglernen eines Gedichtes, die Kompetenz im Umgang mit einem geometrischen Gesetz usw. Der Produktbegriff wird dann allerdings unscharf und mit dem Lernbegriff identisch.
Spiel, Erlebnis und Erfahrung, Handlungs- oder Produktorientierung sind nun durchaus nicht ungeeignete Momente pädagogischen Handelns; sie haben im pädagogisch bestimmten Kontext ihren spezifischen Sinn. Problematisch aber ist es, wenn Spiel, Erlebnis und Erfahrung, Handlung oder Produkt pädagogische Kategorien ersetzen sollen, wenn man versucht, von diesen Begriffen her pädagogische Handlungen zu begründen und zu strukturieren. Denn pädagogisches Handeln geht nicht in Spiel, Erlebnis und Erfahrung, nicht in der Handlung oder im Produkt auf, sondern Spiele, Erlebnisse und Erfahrungen, Handlungen und Produkte müssen unter pädagogischer Perspektive befragt werden, wenn sie in der Schule begründet Verwendung finden oder sogar prozeßleitend werden sollen.

## 2. Erinnerung an Grundsätzliches

Die Akzeptanz der „unmethodischen Methoden" ist vordergründig dadurch zu erklären, daß das Wort „Methode" Konnotationen wie Langeweile, Starrsinnigkeit, Gleichförmigkeit, Phantasielosigkeit und Zwang („Wider den

Methodenzwang") auslöst. Und sicherlich gibt es zahllose Belege aus der Geschichte der pädagogischen Methodenlehre, die als Beleg für diese Konnotation herangezogen werden könnten. Gleichwohl darf die Ablehnung einer falschen Verwendung von Methoden oder die Kritik einer Verwendung von falschen Methoden nicht zu einer Ablehnung von Methoden überhaupt oder zu einer Bevorzugung von Methoden führen, denen wesentliche Merkmale des zielgerichteten Lernens fehlen, nämlich Regelsicherheit (und damit Ergebnissicherheit) für alle und Bewußtheit über den eigenen methodischen Vollzug. Es soll abschließend versucht werden, Kriterien für die Beurteilung von Methoden zu nennen und zu begründen. Sie helfen, Methoden zu bewerten und im schulischen Kontext zu verorten.

**Die drei Methoden des Unterrichts**

In der Diskussion um Methoden sind, um der begrifflichen Klarheit willen, drei Methodenverständnisse zu unterscheiden, die häufig vermischt werden: Mit der *Wissenschafts-(oder: Fach)methode* konstituiert der Lerner einen Gegenstand. (So konstituiert sich z. B. nach hermeneutischer Theorie durch das Wechselspiel zwischen Sinnerwartung und Textaufnahme die Textbedeutung.)

Mit der *Lernmethode* eignet sich der Schüler die Wissenschaftsmethode an. (Der Schüler versteht den Prozeß des Verstehens und führt ihn selbst durch, er übt z. B. an Texten das Verstehen; er gliedert den Text; klärt bisher unbekannte Worte; er prägt sich textanalytisches Vokabular ein usw.)

Mit der *Lehrmethode* fordert der Lehrer den Schüler auf, sich die Wissenschaftsmethode anzueignen. (Der Lehrer steigert die Textschwierigkeit; der Lehrer präsentiert optisch gegliederte Texte; der Lehrer fragt nach Worten, die der Schüler evtl. überlesen hat; der Lehrer gibt einen Lückentext, in dem das textanalytische Vokabular fehlt.)

Jede Unterrichtsplanung muß diese drei Methoden unterscheiden und bei der Planung mitberücksichtigen.

**Ziele für Lehr- und Lernmethoden**

*Ziel 1: Methoden müssen zum Lernen wissenschaftsanaloger Erkenntnis anleiten!*

Lehr- und Lernmethoden selbst sind weder bildend noch bildungsverhindernd. Es gibt keine guten oder schlechten Methoden an sich, sondern nur einen funktionalen oder dysfunktionalen Gebrauch. Ob Lehr- und Lernmethoden geeignet sind oder nicht, hängt unter anderem vom Gegenstand ab.

Es bedarf eigentlich keiner subtilen Argumentation um zu erklären, warum man einerseits Fertigkeiten im Feilen, Schwimmen oder Gitarrespielen nicht allein durchs Denken oder Lesen, andererseits Fähigkeiten im Multiplizieren und Gedichtinterpretieren aber nicht besonders gut durch Hantieren lernen kann. So läßt sich die Behauptung nicht halten, daß hantierende Methoden grundsätzlich besser wären als andere, ja, daß von ihnen her Unterricht zu konstruieren sei.

Lehr- und Lernmethoden müssen sich daraufhin befragen lassen, ob sie zur Gegenstandskonstitution geeignet sind oder nicht.

– Diese Gegenstandskonstitution wird besser erreicht, wenn man nicht abgeschlossene Erkenntnisse lehrt, sondern zum Erkennen anleitet.

– Diese Gegenstandskonstitution wird besser erreicht, wenn das Wissen nicht punktuell, sondern systematisch geordnet ist, so daß Schüler statt vieler Einzelheiten einen Gesamtzusammenhang lernen, in dem Einzelnes und Allgemeines aufeinander verweisen.

– Diese Gegenstandskonstitution wird besser erreicht, wenn die Schüler nicht Handlungen vollziehen, sondern methodisch bewußt ihre Arbeitsschritte planen.

– Gerade in der Bewußtheit des Lernens, nicht in seiner unbewußten Beiläufigkeit, vollzieht sich Bildung: Der Lerner muß sich als Lerner erleben, um das Wissen und den Vorgang des Wissenserwerbs transferfähig zu halten.

Das Explizitmachen des Lernens – das die eingangs genannten Konzepte gerade verhindern wollen – hat nun auch motivationale Bedeutung: Stolz oder Freude über den Lernerfolg kann sich nur einstellen, wenn der Lernerfolg den eigenen Anstrengungen zugeschrieben werden kann. Wird dem Schüler nicht bewußt und explizit, daß er in der Schule lernt oder gelernt hat, wird er sich fragen, warum er in die Schule gehen soll. Beiläufiges Lernen birgt die Gefahr der Schulverdrossenheit oder führt zur Notwendigkeit, Elemente des Entertainment als Ersatz für Lernmotivation stattfinden zu lassen.

*Ziel 2: Methoden müssen zum Lernen erfahrungsanaloger Erkenntnis anleiten!*

Wir lernen nur freiwillig, was uns etwas wert ist: Folglich müssen die Lehr- und Lernmethoden sicherstellen, daß dem Schüler ein Wertbezug zum zu Lernenden präsent bleibt.

– Der Lehrgegenstand muß auch von lernmethodischer Seite aus dem Vorverständnis, aus alltäglichen Lernformen, aus erfahrungsnahen Interessen wie Neugier, Verwunderung, Staunen, Verunsicherung, Ärgernis, Freude her erschlossen werden. So stellt sich methodisch ein Wertbezug zum zu Lernenden her.

– Der Lernvorgang muß so ausgelöst werden, daß er die Komplexität von Verstehensprozessen (Denkgewohnheiten, Denkhemmungen, auditive oder visuelle Präferenzen, unterschiedliche Verbalisationen, Wechsel zwischen Sprachebenen, Aspektvielfalt) berücksichtigt, aber intentional begrenzt ist.

– Am Ende des Lernvorgangs bedarf es des anamnetischen Rückblicks, der den Vorgang des Lernens selbst betrifft. Die Differenz zwischen gelernt haben und anwenden können muß ebenso beachtet werden wie der Unterschied zwischen Übung und Umgang. Es muß reflektiert werden, wie das ehedem Fremde zum Eigenen geworden ist.

*Ziel 3: Methoden müssen Selbsttätigkeit auslösen*

Methoden entmündigen den Schüler nicht, sondern regeln seine Selbsttätigkeit; vielfach ermöglichen sie erst Selbsttätigkeit. Die Bewältigung von Aufgaben verlangt nämlich ein methodisches Vorgehen, in dem die Komplexität der Aufgaben reduziert, gegliedert und damit überhaupt erst bearbeitbar gemacht wird: Wie kann man z. B. Weltgeschichte lernen? Dieses Unterfangen kann doch nur angegangen werden, wenn man sich methodischer Verfahren versichert, statt „wild drauf los zu lernen". Dabei sind diejenigen Lehrmethoden besser geeignet, die das Lernen immer schon als Selbsttätigkeit verstehen. Lehrmethoden sind Auslöser von Selbsttätigkeit – deshalb sind Medien, die nur rezeptive Verhaltensweisen zulassen, auch keine pädagogisch sinnvollen Medien, d. h. kein Methodenersatz. Das Fernsehen ist unmethodisch – deshalb ist es *allein* nicht bildend (Ladenthin 51 ff.).

Lernmethoden sind nun immer selbsttätig – weil Lernen ein Denkvorgang ist, den man natürlich nur selbst ausüben kann. Die Aufgabe des Lehrers besteht also darin, das Lernen geordnet und zielgerichtet stattfinden zu lassen. Die Kritik an Spiel, Erfahrung und Erlebnis als Methode liegt ja nicht darin, daß dort nichts gelernt würde, sondern darin, daß unklar bleibt (oder zumindest nicht geplant werden kann), was gelernt wird. Umgekehrt kann man traditionellen Lernmethoden nicht vorwerfen, sie beließen den Schüler in Passivität. Insofern sie Lernmethoden sind, ist der Schüler auch aktiv. Ob freilich die Aktivität ausgelöst wird, hängt von der Lehrmethode und vom Geschick des Lehrers ab. Man kann auch an Spielen routiniert teilhaben – also so, daß man nichts lernt. Man kann sich der Erfahrung verweigern und Erlebnisse nur als Reiz, als „kick" oder „thrill" nehmen. Auch die „alternativen", die methodenlosen Methoden sind auf die Aktivität des Adressaten angewiesen. Aber allein schon Aktivität oder Motivation kann nicht als Ziel von Schule betrachtet werden.

Der Kritik kognitiver Methoden ist entgegenzuhalten, daß schon das einfache Verstehen des anderen ein aktiver, selbsttätiger Vorgang ist. Verstehen geschieht also gerade nicht als Informationsaustausch, so als ob im Sprechen vom Redner zum Hörer eine „Information" wie eine Münze gleichen Wertes zwischen Käufer und Verkäufer gewechselt werden kann. Das Kommunikationsmodell beschreibt gerade nicht, was sich im Verstehen ereignet. Denn „die Menschen verstehen einander nicht dadurch, dass sie sich Zeichen der Dinge wirklich hingeben, auch nicht dadurch, dass sie sich gegenseitig bestimmen, genau und vollständig denselben Begriff hervorzubringen, sondern dadurch, dass sie gegenseitig ineinander dasselbe Glied der Kette ihrer sinnlichen Vorstellungen und inneren Begriffserzeugungen berühren, (…) worauf alsdann in jedem entsprechende, nicht aber dieselben Begriffe hervorspringen." (Humboldt 477) Jenes „Glied in der Kette ihrer (…) Begriffserzeugungen" ist das Wort. Es „regt bloss an, (den Begriff) (…) mit selbständiger Kraft, nur auf bestimmte Weise zu bilden." Sich verständlich machen ist also immer auf ein aktives Verstehen angewiesen. Verstehen ist nicht nur rezeptiv, sondern zugleich aktiv. Passives Zuhören gibt es also nicht. Wenn man das Gesagte nicht selbst mitdenkt, gleitet es an einem vorüber wie eine Werbesendung.

## Fünf Prinzipien

Versucht man, das Wissen um Methoden systematisch zusammenzufassen, ergeben sich fünf Prinzipien (vgl. Rekus 224 ff.).

### Prinzip 1: Wissen als Denken

Wir müssen uns immer bewußt machen, daß wir Schülern nicht Wissen vermitteln, sondern „Das Denken von Etwas". Eine Blume „besteht" nicht aus Zellen – sondern nur dann, wenn man sie unter einem bestimmten Gesichtspunkt betrachtet, ergibt sich diese Aussage.

Wissen ist also immer als Weg zum Wissen zu denken. Wenn man Lernprozesse nicht vom Gedanken des methodisch konstruierten Wissens her einleitet, hält man die Schüler unmündig. Was wir nicht selbst denken, was wir nicht mitgedacht haben – was wir nur gepaukt, auswendig gelernt haben, das haben wir nach 14 Tagen wieder vergessen.

Wir müssen das zu Lernende so (mit-)teilen, daß der Schüler es selbst nicht nur denken, sondern als Produkt seines Denkens erkennen kann. Er muß merken, daß er etwas gelernt hat.

### Prinzip 2: Anschaulichkeit

Lernen wird nur ausgelöst, wenn der Inhalt des Lernvorgangs dem Schüler etwas bedeutet. Er muß einen Bezug zum Gegenstand über das Gefühl, die

Erinnerung haben, er muß eine zustimmende Wertung vornehmen. Der Gegenstand muß anschaulich sein: Damit ist eben keine optische Aufbereitung, sondern der wertende Bezug gemeint.

## Prinzip 3: Selbsttätigkeit

Wenn jedes Wissen erkenntnistheoretisch betrachtet immer methodisch gewonnen ist, dann sind jene Lehrmethoden gut, die den Schüler zu Selbsttätigkeit im Erkennen auffordern.

## Prinzip 4: Konzentration

Erkennen in dem hier verstandenen Sinn ist immer nur vorläufiges Erkennen. Es stellt Fragen und bekommt Antworten auf die Fragen. Eine bestimmte Frage zu stellen, heißt aber, andere Fragen nicht zu stellen.

Erkennen in diesem Sinne heißt dann, daß das Wissen immer zugleich auf ein Nichtwissen hindeutet. Wer den Wald biologisch beschreiben kann, weiß damit nicht etwas über „den Wald an sich". Wir müssen also die Schüler auf die Begrenztheit des Gewußten hinweisen. Das geschieht durch die Überschreitung der einen Fachmethode in die Methoden eines anderen Faches. Ein Physiklehrer, der nur Physik lehrt, lehrt nicht einmal Physik. Denn um Physik zu lehren, muß man die Physik von anderen Frageformen abgrenzen: man muß Leistung, aber auch Grenzen der physikalischen Methode aufweisen. Die Welt erschließt sich nicht durch *eine* Wissensform.

Jedes Unterrichtsfach muß die Grenzen seiner Fachwissenschaft überschreiten, will es nicht nur ausbilden, sondern bilden. Dieses Überschreiten kann durch den Verweis auf die Begrenztheit der Methode oder durch die Zusammenarbeit mit anderen Fächern geleistet werden. Wie auch immer: Ohne die Markierung der Grenze des eigenen Faches kann auch die Leistung des Faches nicht gewürdigt werden.

## Prinzip 5: Synthese

Gleichwohl ist jedes Wissen immer nur als fachliches Wissen zu haben. Es gibt kein ganzheitliches Wissen; vielmehr stellt sich Ganzheit nur ein, wenn man die Erkenntnismethoden in ihrer Besonderheit aufsucht und ausweist und dann – in einem eigenen Erkenntnisakt, der Synthese – zusammenfügt. Wissen heißt so betrachtet nichts anderes als Ordnen. Indem wir ein Fach, eine Methode wählen, ordnen wir die Welt. Jedes Fach ist bereits ein Ordnungsvorgang – so, wie jedes Wort ein Ordnungsvorgang, und deshalb nie wertneutral ist.

Diese Ordnung ist willkürlich. Wir Menschen haben die Freiheit, die Welt so zu ordnen, wie wir es für richtig halten. Wir haben deshalb die Freiheit der

Wahl. Diese Wahl ist ein Wertungsvorgang. Wir wählen die eine Betrachtungsweise und wir lehnen damit die andere ab.

Aber ist es sittlich, so etwas zu tun? Bereits die Wahl und die Bewertung der Methode sind eine sittlich relevante Entscheidung. Sie ist ein wertender Vorgang – der die Frage nach dem Kriterium für das Werten stellt. Dies betrifft aber nicht nur die Fächer, sondern innerhalb der Fächer jeden einzelnen Gegenstand. Keine Wissenschaft „besitzt" also Wissen, sondern sie bestimmt Methoden, die die Welt ordnen und somit implizit die Ordnung der Welt vorschreiben. Hierüber müssen wir Rechenschaft ablegen.

Das Kriterium für die Ordnung kann im Hinblick auf Bildung nur die Vorstellung vom gelingenden Leben sein: Trägt die Ordnung, die man vornehmen möchte, zum Gelingen des Lebens bei: Oder ist sie beliebig? Dann sollte man darauf verzichten.

## Literatur

Brandt, Petra: Erlebnispädagogik – Abenteuer für Kinder. Theorie und Projektideen. Freiburg – Basel – Wien 1998, S. 41.

Dobbelstein-Osthoff, Peter: Öffnung von Schule: Chancen – aber auch neue Probleme, in: Landesinstitut für Schule und Weiterbildung, Hrsg.: Gestaltung des Schullebens und Öffnung von Schule – ein Beitrag zur Qualitätsverbesserung von Schule? Soest 1992 (5. Aufl.), S. 41 ff.

Flitner, Andreas: Spielen – Lernen. Praxis und Deutung des Kinderspiels. München 1972.

Huizinga, Johan: Homo ludens. Vom Ursprung der Kultur im Spiel. Reinbek 1965.

Humboldt, Wilhelm von: Ueber die Verschiedenheit des menschlichen Sprachbaues und ihren Einfluss auf die geistige Entwicklung des Menschengeschlechts, (1830–1835) In: Wilhelm von Humboldt, Werke in fünf Bänden, hrsg. von Andreas Flitner und Klaus Giel, Bd. III. Darmstadt 1988 (6. Aufl.), S. 368 ff.

Key, Ellen: Das Jahrhundert des Kindes. Studien. [1902] Mit einem Nachwort von U. Herrmann. Weinheim und Basel 1992.

Ladenthin, Volker: Bildung und Fernsehen: Zu einer Theorie ‚Negativer Hermeneutik'. In: Pädagogische Rundschau 51 (1997), S. 51–62.

Petzelt, Alfred: Spiel und Persönlichkeit, in: Ausschuß Deutscher Leiberzieher, Hrsg.: Das Spiel. Frankfurt/M. 1959, S. 61 ff.

Piaget, Jean: Handbuch der Bewegungserziehung. Freiburg 1993.

Rekus, Jürgen: Die Differenzierung der Unterrichtsformen als Beitrag zur pädagogischen Reform von Schule und Unterricht, in: Jürgen Rekus: Bildung und Moral. Weinheim – München 1993, S. 224–254.

Röhrs, Hermann: Die Reformpädagogik. Ursprung und Verlauf in Europa. Berlin – Darmstadt – Dortmund 1980, S. 51.

Schaller, Hans-Jürgen: Zur pädagogischen Theorie des Spiels. Ahrensburg 1973.

*Kinder wissen auch
beim Lernen selbst am besten,
was gut für sie ist.*

*Ohne Sie, ohne Ihre liebevolle Hand,*
*ohne Ihre Unterweisung und Ihr Beispiel*
*wäre nichts von alledem geschehen.*

(Albert Camus an seinen früheren Lehrer nach
der Verleihung des Literaturnobelpreises 1957)

MICHAEL FELTEN

# Auf den Lehrer kommt es an

Daß die Zukunft einer Gesellschaft auch von der Qualität ihrer Lehrer abhängt, weiß eigentlich jeder. Ob Heranwachsende in der Schule Erfolg haben und das Lernen ihnen Freude macht, ob sie ihre Neugier beibehalten und spezifische fachliche Interessen herausbilden, ob sie eine tragfähige Grundbildung erwerben und auch jenseits der Schulzeit sich noch gerne mit unbekannten Sachverhalten auseinandersetzen – das alles hängt eben nicht nur davon ab, was sie aus der Familie mit in die Schule bringen, sondern auch, in wessen Hände sie dort geraten.

## 1. Blick zurück – mit Trübungen

Da jeder einmal selbst die Schule besucht hat, ist für viele klar, was Kinder in der Schule brauchen – und was ihnen unbedingt erspart bleiben sollte. Der eine erinnert sich noch an Ohrfeigen, die seinem jugendlichen Ungestüm hin und wieder ein jähes Ende setzten, der andere an Stockschläge, die seiner anhaltenden Widerborstigkeit bisweilen schmerzlich Einhalt geboten. Hier mußte einer vielleicht Linealhiebe auf die ausgestreckten Handflächen hinnehmen, wenn er 'mal wieder beim Nachbarn abgeguckt hatte, dort einer beim Nachsitzen hundertmal „Ich darf meine Kameraden nicht ärgern." schreiben – und anschließend noch einmal, weil er die Schönschrift der ersten Zeile nicht hatte durchhalten können. Mancher ist sich auch sicher, daß seine Fachnoten weniger die tatsächliche Leistungsfähigkeit als vielmehr das angeblich miserable Benehmen wiederspiegelten, und nicht wenige berichten von verächtlichen Kommentaren des Lehrers, wenn sie etwa eine mathematische Regel immer noch nicht verstanden hatten.

Auch in einer Vielzahl von Romanen und Biographien erscheinen Schulen als ‚mittelalterliche Drillanstalten‘, in denen dominante und demütigende ‚Pauker‘ im Geiste der ‚schwarzen Pädagogik‘ junge Menschen verängstigten und entmutigten. Manchem ist etwa Professor Unrat bekannt, eine Lehrerfigur bei Heinrich Mann, die die Schüler rachsüchtig, wenn auch mit schlechtem Gewissen, zu verfolgen versteht. Beim Bruder Thomas Mann erlebt man, wie der junge Hanno Buddenbrock unter der ganzen Bandbreite schrecklicher Lehrergestalten leidet, an der Spitze ein Schulleiter namens Goldner, der die jungen Menschen zu zitternden Kreaturen werden läßt. Bertolt Brecht faßt seine Schulerfahrungen dahingehend zusammen, dort trete einem „groß (...) der Unmensch gegenüber“. Hermann Hesse schließlich behauptet von seiner Schulzeit, er habe unter allen Lehrern nur einem wirklich Achtung entgegenbringen können, die übrigen habe man entweder gehaßt oder gefürchtet.

## 2. Das Gegenteil von schlecht ist nicht zwangsläufig gut

Daß es für den Lernerfolg und das Selbstwertgefühl junger Menschen kaum förderlich ist, wenn Lehrer dozieren, demütigen oder desinteressiert sind, ist mittlerweile unbestritten. Ein guter Lehrer – so deshalb vielfach der kurze Schluß – könne nur das genaue Gegenteil der Generation jener Pauker sein, die Gehorsam einforderten und alles besser zu wissen glaubten, die den Schulbesuch zur Qual und das Lernen zu einem Akt der Unterwerfung machten. Leider gebe es aber – so munkelt man – von den Lehrern alten Stils einfach noch zu viele. Kein Wunder, daß unseren Kindern die Lust am Lernen vergällt werde und ihre Entwicklung zu mündigen Bürgern nicht recht voran käme. Kaum ein Zweifel also: Neue Lehrer braucht das Land.
Und wie sähe er aus, der ideale Pädagoge? Die Fachzeitschriften der letzten Jahre – und zunehmend auch „Empfehlungen“ oder „Handreichungen“ von Kultusbehörden – zeichnen voller Euphorie ein anheimelndes Bild: Ohne festen Plan, aber gut gelaunt betritt er die Klasse; schließlich will er nicht das Risiko eingehen, die Kinder als Wissender zu erdrücken oder ihre spontanen Lernaktivitäten in ein fremdbestimmtes Schema zu pressen. Statt dessen erkundet er zunächst einmal die aktuellen Lernbedürfnisse seiner Schüler: Möchten sie selbstbestimmt an ihrem Wochenplanpensum arbeiten? Oder haben sie heute eher Lust, im Rahmen eines Projektes in das gesellschaftliche Umfeld hineinzuwirken? Oder finden sie es besser, jetzt über das letzte Planspiel zu diskutieren? Er jedenfalls will ihnen höchstens als behutsamer „Lernprozeßbegleiter“ zur Verfügung stehen – am liebsten wäre es ihm sogar, beim Lernen überflüssig zu sein. Man erkennt unschwer: Es mißfällt ihm, ‚wie ein

Feldwebel' Frontalunterricht abzuhalten, sondern er bevorzugt Arbeits-
formen, bei denen die Schüler das Lernen selbst steuern und viel miteinander
reden müssen. Er achtet allerdings streng darauf, daß das Lernen nicht zu
anstrengend ist und möglichst spielerisch betrieben wird – Spaß und Ab-
wechslung sollen das Schulleben prägen statt Frust und Verkopfung.

Deshalb ist ihm auch vorrangig an einem guten Klima in der Klasse gelegen.
Treten Konflikte zwischen Schülern auf oder stören einzelne die gemeinsame
Beschäftigung mit der Sache, so geht er nicht darüber hinweg, wie die Kinder
sich gerade fühlen, sondern greift dies verständnisvoll auf und macht es zum
Thema eines ausführlichen Klassengesprächs; dabei wertet er natürlich nicht
oder greift ,von oben her‘ ein, sondern läßt die Beteiligten selbst eine Lösung
finden; vielleicht empfiehlt er auch eine friedenstiftende Körperübung oder
ein von Aggressionen befreiendes Rollenspiel. Da er Kinder möglichst wenig
enttäuschen möchte, gibt er lieber keine Noten; statt dessen beschreibt er in
mehrseitigen Lernentwicklungsberichten, wie sie sich bemühen und was
sie bereits können. Überhaupt fordert er nicht unerbittlich Leistungen ein,
die dem augenblicklichen Interesse seiner Schüler zuwiderlaufen, sondern
animiert sie lieber zu einer selbstbestimmten Auseinandersetzung mit interessanten Gegenständen, oder zu „Traumreisen" und anderen Entspannungs-
übungen. Hausaufgaben stellt er nur ungern, aus Sorge, Kinder mit Lernschwierigkeiten oder aus beengten familiären Verhältnissen seien dann benachteiligt. Und eigentlich findet er es insgesamt problematisch, Erwartungen
an junge Menschen zu stellen – damit zwänge man ihnen nur unpassende
Muster auf, nötige sie zu unmenschlicher Anpassung, ja vergewaltige sie
eigentlich.

So hätte ich auch gerne Schule gehabt! Erst bei genauerem Hinsehen zögert
man vielleicht. Lassen sich komplexe Sachverhalte denn wirklich ohne
Anstrengung aneignen? Ist geistige, also Kopfarbeit nicht gerade in einer
hochzivilisierten Welt eine zunehmend wichtige Form menschlichen Tätig-
seins? Vergeht nicht kostbare Zeit, wenn Schüler über Dinge befinden müssen, die sie auch bei bestem Willen noch nicht beurteilen können? Ist es nicht
unerläßlich, Lernende auch auf ihre Fehler aufmerksam zu machen – damit
sie sie überwinden können? Muß man es nicht geradezu mit ihnen trainieren, sich in Konflikten zu beherrschen zu lernen? Und läßt man Heranwachsende nicht regelrecht im Stich, wenn man es in der Pubertät beim wohl-
klingenden Appell an ihre Eigenverantwortung beläßt?

Die Angelegenheit ist also ein wenig komplizierter: Wer zu wissen glaubt, was
ein schlechter Lehrer ist, kennt damit noch nicht zwangsläufig die Merkmale
eines guten. Gut gemeint, das bedeutet eben nicht unbedingt schon richtig
gewußt – oder gar angemessen gekonnt.

## 3. Bewährte Tugenden – frisch entstaubt

Vielleicht trügt die düstere Erinnerung ja auch. Der üble Nachgeschmack, den der ein oder andere autoritäre Lehrer bei großen Dichtern wie einfachen Menschen hinterlassen hat, verdeckt möglicherweise manch' angenehme Erinnerung an vergangene Schulzeiten: Stunden, in denen der Lehrer freundlich und selbstbewußt, sachkundig und hilfsbereit war; in denen Interessantes, Problematisches, vielleicht bisher Unbekanntes zur Sprache kam; in denen man selbst etwas beisteuern konnte (und nachher entsprechend stolz war); in denen einem richtig geholfen wurde (nicht zuviel und nicht zuwenig); nach denen man neue Fähigkeiten bei sich verspürte.

Derlei unspektakuläre Sternstunden scheint die pädagogische Fachdebatte vergessen zu haben – oder etwa verdrängt? Jedenfalls müht man sich dort seit Jahren und nach Kräften, die Schullandschaft ‚von Grund auf' zu erneuern. Überfliegt man das „Verzeichnis lieferbarer Bücher" (Stichwort Pädagogik), so hagelt es dort nur so von lustbetonten Begriffen: Spaß, Spiel, Spannung scheinen die Leitlinien für eine Schule zu sein, die erfolgreich und zufrieden macht.

Vor zwei Jahren ist nun unerwartete Unruhe aufgekommen. Bereits seit längerem hatten Wirtschaft und Hochschulen – sie bekommen als erste hautnah mit, was Schulen tatsächlich leisten – zunehmend über drastisch sinkende Kenntnisse und Fähigkeiten der Schulabgänger geklagt. Die internationale Schulleistungsstudie TIMSS stellte nun unmißverständlich fest: Im Vergleich mit 40 anderen Ländern erzielen deutsche Schüler in Mathematik und den Naturwissenschaften höchstens mittelmäßige Leistungen – und das, obwohl sie sich selbst weitaus besser einschätzen. Das Schulsystem hierzulande – obwohl in den letzten 30 Jahren bereits erheblich gewandelt – erzielt offenbar keineswegs den gleichen Erfolg wie „Sport, Spiel, Spannung", die beliebte TV-Serie der fünfziger Jahre.

Die Schuld an diesem nicht länger zu leugnenden Mißstand wurde zunächst wie gewohnt zugeteilt: Es werde halt zuwenig Geld für die Bildung ausgegeben. Und das gesellschaftliche Klima sei so rauh geworden, daß Kinder und Jugendliche es eben schwerer hätten mit dem Lernen. Überhaupt sei das Schulsystem viel zu veraltet und müsse noch viel gründlicher als bisher reformiert werden – andere Lehrer, mehr Freiarbeit, weniger Noten.

In dieser Situation berichtete das Max-Planck-Institut für Psychologische Forschung in München von einer Untersuchung (SCHOLASTIK), die manch ‚progressiven' Pädagogen bestürzte, praktizierende Lehrer allerdings kaum verwundern konnte: Unterricht ist dann besonders erfolgreich, wenn er hohe Anteile an „direkter Instruktion" aufweist. Ist er zudem abwechslungsreich gestaltet, so zeigen die Schüler auch nachhaltig Freude beim Lernen. Besonders leistungsfördernd wirken nach dieser Analyse solche Lehrer, die sich auf das fachliche Lernen konzentrieren und Störungen des strukturierten Unterrichts weitgehend vermeiden. Sie stellen hohe Anforderungen, können verständlich und geduldig erklären und sind in der Lage, Schüler in Problemfällen individuell zu beraten und zu unterstützen. Im übrigen war aus früheren Forschungen bereits bekannt, daß schwächere Schüler keineswegs bei niedrigeren Leistungsanforderungen besser lernen, sondern bei höheren.

Eine weitere, keineswegs allerorts erwünschte Kunde war kurz zuvor vom Max-Planck-Institut für Bildungsforschung in Berlin gekommen. Hier hatte man im Rahmen der BIJU-Studie unter anderem festgestellt, daß Schüler dann am zufriedensten sind, wenn der Unterrichtablauf weitgehend lehrergeleitet verläuft. Lerngruppen sind demnach besonders dann erfolgreich, wenn folgende Bedingungen herrschen: Die Fachkenntnisse werden gemeinsam und nicht vereinzelt erarbeitet; dabei ist der Unterricht vom Lehrer weitgehend geplant und strukturiert, und der Anteil offener Phasen bleibt gering – die Schüler verlieren so weniger Zeit durch unproduktive Mitbestimmungsdebatten.

Der gute Lehrer muß offenbar keineswegs eine Neuschöpfung sein – aber natürlich ist er auch nicht einfach ein Relikt der ‚guten alten Zeit‘. Schule braucht weder Dozenten oder gar Fachidioten, aber auch keine Therapeuten oder nur Kumpel – sondern eben Pädagogen, die möglichst nachhaltige Bildungsarbeit leisten. Menschen also, die Heranwachsende mit Kenntnissen und Fertigkeiten vertraut machen, die für ein Leben in der modernen Gesellschaft grundlegend sind. Die sie durch das Dick und Dünn, das jedes Lernen – zumal gemeinschaftliches – nun einmal mit sich bringt, ebenso verständnisvoll wie selbstbewußt leiten. Und die ihnen dabei auch Zumutungen nicht ersparen, ihnen also Anstrengung und Selbstüberwindung abverlangen. Daß ein solcher Lehrer dazu zunächst einmal selbst fachlich begeistert und ‚rundherum‘ kompetent sein muß, ist eigentlich klar – bei den aktuellen Akzentsetzungen der Lehrerausbildung jedoch keine Selbstverständlichkeit mehr. Daß er interessante Probleme auswählen, verschiedene Erarbeitungswege anregen und Sachverhalte altersgemäß erklären können muß, ist ebenfalls augenfällig – und dennoch bei aller Freiarbeits- und Selbstbestimmungseuphorie vielleicht schon zu sehr in den Hintergrund getreten. Daß er Irrtümer aufklären, Fehlverhalten anmahnen und Leistungen ehrlich bewerten können muß, ist auch unumgänglich – gleichwohl in Theorie und Praxis bereits vielfach in Mißkredit geraten. Daß er nicht zuletzt für eine gute, d. h. konzentrierte, kooperative und gleichzeitig ‚lockere‘ Stimmung in der Lerngruppe sorgen muß, wird zwar selbstverständlich erwartet – ist allerdings tägliche Herausforderung. Tatsächlich hat er es ein Stück weit in der Hand, inwieweit seine Schüler beim gemeinsamen Lernen nicht nur ihren Ehrgeiz bewahren, sondern auch Schwächen akzeptieren und Hilfsbereitschaft entwickeln. Prosoziales Verhalten hieß das früher, Schlüsselqualifikation nennt man es neupädagogisch heute.

Im Hinblick auf Unterrichtsmethoden würde ein guter Lehrer es gewiß ablehnen, sich festzulegen. Er weiß, daß es „modernen Frontalunterricht" (Aschersleben) gibt – insofern braucht er diese Unterrichtsmethode nicht zu verteufeln. Er regt aber auch Gruppenarbeit an – wenn die sozialen Fähigkeiten der Lerngruppe dies zulassen. Er thematisiert ebenso fachübergreifende Bezüge – wenn die dafür notwendigen Fachkenntnisse gesichert sind. Und er hat nichts dagegen, daß Schüler sich an der Planung von Unterrichtssequenzenen beteiligen oder mit selbstgewählten Problemstellungen auseinandersetzen – sofern sie über den nötigen Überblick und die dazu erforderlichen Arbeitstechniken verfügen.

Dabei weiß er sich einig mit den aktuellen Befunden der Unterrichtsforschung (etwa *Weinert*). Jede nachhaltige Bildung ist demnach das Ergebnis vielfältiger psychologischer Prozesse, mit verschiedenen Bildungszielen, unterschiedlichen Lernmechanismen und mannigfachen Unterrichtskonzepten. So hat sich etwa für den Erwerb intelligenten Wissens als am zweckmäßigsten die „direkte Unterweisung" erwiesen, eine vom Lehrer stark gesteuerte, dabei die Schüler aktivierende Unterrichtsform („vertikaler Lerntransfer"). Soll dieses Wissen nun auch flexibel und kompetent genutzt werden können, dann bedarf es ergänzend der Auseinandersetzung mit den situativen Kontexten seiner möglicher Anwendung („horizontaler Lerntransfer") – hier sind lebensnahe und variable Übungs- und Anwendungsaufgaben oder auch sinnvoll konzipierte projektartige Recherchen ebenso notwendig wie nützlich. Oberste Bildungsziele schließlich benennen Metakompetenzen wie Schlüsselqualifikationen und Wertorientierungen („lateraler Lerntransfer") – inwieweit sich diese allerdings über das zuvor Gesagte hinaus unterrichtlich beeinflussen lassen, erscheint derzeit noch unsicher bis fraglich.

Der gute Lehrer ist mithin jemand, der überzeugt ist, daß junge Menschen zu kurz kommen, wenn man sie einfach nur wachsen läßt. Deshalb fordert er sie immer wieder heraus, ihre geistigen und sozialen Fähigkeiten auszuweiten, und vorübergehende Lernschwierigkeiten zu überwinden – wissend, daß er so ihr Selbstwertgefühl am ehesten stärkt. Daß dies nicht immer mit Wohlgefühl einhergehen kann, ist nur typisch für das Überwinden von Widerständen. Aber deshalb ist der Lehrer als Person ja so unverzichtbar und wesentlich für das schulische Lernen: Gerade die personale Vermittlung vermag auch den zunächst Gleichgültigen nahezubringen, wie interessant die Welt ist, gerade in diesem Beziehungskontext erleben Heranwachsende, daß sie etwas (lernen) können und etwas wert sind. Ein solcher Lehrer ist sich im übrigen auch darüber im klaren, daß ihm eine enorm wichtige diagnostische Funktion zukommt – Kinder entwickeln sich nun einmal bei allem pädagogischen Bemühen unterschiedlich. Insofern hat er keine Scheu, einerseits besondere Begabungen zu erkennen und zu fördern, andererseits aber auch bei mangelnder Eignung auf nicht überfordernde Schulformen zu verweisen.

Kurz gesagt: Ein guter Lehrer muß
- gerne mit jungen Menschen zu tun haben,
- fachlich viel wissen,
- Lernprozesse methodisch angemessen, insbesondere aktivierend strukturieren,
- geschickt fragen und gut erklären,
- sensibel Hilfen geben und Eignungen richtig einschätzen sowie
- das Lernen in Gruppen souverän leiten können.

Nichts Neues? Eine ‚einfache‘ Lösung? Nur wer sich selbst schon weit vom alltäglichen Umgang mit jungen Menschen entfernt hat, könnte diesen Vorwurf erheben. Die ‚neuen Kinder‘ stellen vielmehr eine ungeheure Herausforderung für den pädagogischen Alltag dar. Zu Hause bestimmt der schnelle Wechsel des Fernsehbildes den Lebensrhythmus – da entsteht unterrichtliche Konzentration oft nur mit Einfallsreichtum und Standfestigkeit. Als Einzelkinder leben sie vielfach verhätschelt oder als Schlüsselkinder vereinsamt – da muß ein sinnvoll aktives Miteinander besonders feinfühlig entwickelt werden. Häufig sind sie gewohnt, sich nur anzustrengen, wenn es ihnen paßt – nun kostet es enorme Kraft, ihnen konsequent Bemühungen abzuverlangen. Gewalt erleben sie, ob im Film oder im sozialen Umfeld, immer öfter als Mittel der Auseinandersetzung – das friedfertige Lösen von Pausenkonflikten braucht entsprechend mehr Anleitung.
Man könnte es auch so sagen: Der gute Lehrer hält sich nicht für den einzigen, der in der Klasse etwas zu sagen hat, aber er will auch nicht ausschließlich „den Kindern das Wort geben" (so eine beliebte reformpädagogische, auf Freinet zurückgehende Formel). Er hat nichts gegen ‚mehr Leben in der Schule‘ (dies eine weitere modische Floskel) – bei ihm findet es im regen Unterrichtsgeschehen statt. Er ist überzeugt, daß das Hören von Lehrervorträgen nicht unbedingt hörig macht – und das Erlebnis von Freiarbeit nicht zwangsläufig frei. Er ist nicht ständig unsicher, was wohl für Heranwachsende gut ist – und läßt sie deshalb auch nicht allzufrüh im Stich.

## 4. Impulse aus Japan

Kein anderes Fach ist bei Schülern so gefürchtet wie Mathematik – und gleichzeitig so beliebt wie dieses. Gefürchtet, weil sich die mathematischen Inhalte einer flüchtigen Vereinnahmung weitgehend verschließen, vielmehr konzentrierte geistige Auseinandersetzung und intensive Übung verlangen; beliebt, weil die dort angesprochenen Probleme auch schon jungen Menschen reizvoll erscheinen und sie zu Lösungsversuchen herausfordern.

Auch in diesem Fach gärt seit geraumer Zeit eine Innovationsdebatte. Manche Kritiker befürchten etwa, der Mathematikunterricht könne einen Machbarkeitsglauben produzieren, der allzu unkritisch etwa gegenüber ökologischen Problemen mache. Anderen ist ein Dorn im Auge, daß die dem Fach innewohnenden Schwierigkeiten junge Menschen um Abitur und Studierfähigkeit bringen könnten. So werden Forderungen nach einem „sanften Mathematikunterricht" ebenso laut wie die Auffassung „Sieben Jahre Mathe sind genug".

Im vergangenen Jahr nun attestierte die bereits erwähnte TIMSS-Studie deutschen Schülern ein überraschend niedriges Leistungsniveau in Mathematik. Achtkläßler hierzulande liegen demnach in der unteren Hälfte eines breiten internationalen Mittelfeldes; zudem wird dieser keineswegs schmeichelhafte Stand auch erst in einem weitaus höheren Alter als in der Mehrzahl anderer europäischer Staaten erreicht. Etwa 20% dieser Vierzehnjährigen sind gar noch dem Fähigkeitsniveau der Grundschule (!) zuzuordnen, während es vergleichsweise nur sehr wenige Schüler mit Spitzenleistungen hierzulande gibt. Im innerdeutschen Vergleich wurde außerdem festgestellt, daß Gesamtschüler dieses Alters kaum besser abschneiden als Hauptschüler, und daß Jugendliche aus Nordrhein-Westfalen ihren Kollegen in Bayern um etwa ein (weiteres!) Jahr hinterherhinken.

Japanische Schüler achter Klassen hingegen gehörten bei dieser Untersuchung zur Spitzengruppe. Was ist in Japan anders als bei uns?

1. Japanische Lehrer unterrichten anders. Sie betrachten gute Leistungen grundsätzlich nicht als ein Ergebnis statischer spezifischer Begabungen, sondern als Resultat von Mühe und Ausdauer. Sie bereiten Erarbeitungsphasen systematisch vor, leiten das Unterrichtsgeschehen präzise und äußern sich dabei häufig. Sie lassen die Schüler wohlausgewählte Problemstellungen untersuchen, die diese emotional ansprechen („nasse" Aufgaben) und mehrere Lösungsmöglichkeiten beinhalten; diese verschiedenen Wege werden anschließend gemeinsam aufmerksam diskutiert. Sie behandeln den Stoff abwechslungsreicher und mathematisch anspruchsvoller, als

dies bei uns in der Regel geschieht, und sie räumen der Erarbeitung wie auch dem Üben mehr Zeit ein. Sie denken sich aber nicht ständig neue Unterrichtsmethoden aus, sondern entwickeln bewährte Stundenverläufe beständig weiter.

2. Japanische Schüler lernen anders. Sie achten den Lehrer als jemanden, der ihnen viel an Wissen und Erfahrung voraus hat und ihnen dies mitgeben möchte. Sie verhalten sich im Unterricht äußerst diszipliniert, weil sie mit der Einstellung zur Schule gehen, etwas für ihr Leben ungeheuer Wichtiges zu tun. Es ist für sie selbstverständlich, sich anzustrengen, und sie sind bereit, auch nach der Schule noch mehrere Stunden mit dem Training des Stoffes zu verbringen – und das nicht nur in den Yukus, den vielen privaten Lernhilfeinstituten. Dies treibt sie im übrigen keineswegs verstärkt in den Selbstmord, wie gelegentlich gemutmaßt wird – Japans Suizidraten bei Jugendlichen sind denjenigen in Westeuropa und USA vergleichbar oder liegen gar darunter.

3. Japanische Eltern bereiten anders auf die Schule vor: Kinder genießen in Familie und Gesellschaft ein hohes Maß an Aufmerksamkeit und zwar liebevoller wie anfordernder. Sie werden von ihren Müttern umfassend behütet und vielfältig angeregt – und gewissenhaft kontrolliert. Heranwachsenden wird in einer heiteren Stimmung beigebracht, sich an sinnvolle Regeln zu gewöhnen und Zumutungen hinzunehmen. Lernen wird nicht als Schande angesehen, von daher haben Fehler einen gänzlich anderen Stellenwert als bei uns, und die Schule genießt eine ungleich höhere Wertschätzung. Eltern interessieren sich nachdrücklich für das, was ihre Kinder lernen, sie unterstützen die schulischen Anforderungen und ermöglichen ihnen umfangreiche außerschulische Förderung.

Gewiß lassen sich die positiven Aspekte japanischer Verhältnisse hierzulande nicht einfach imitieren. Gleichwohl wäre es kurzsichtig, sie als Bilder von einem anderen Stern abzutun – schließlich hat Japan um die Jahrhundertwende wichtige Teile seiner heutigen Erziehungsphilosophie aus Europa entlehnt. Das Beispiel aus dem Land der aufgehenden Sonne kann uns insofern verschiedenes lehren: Zum einen, daß unser Mathematikunterricht durchaus vernetzter und problemorientierter – und damit anspruchsvoller – werden müßte. Zum anderen, daß eine bessere Schule keineswegs ganz anders als die bisherige sein muß, sondern vor allem als „Weiterentwicklung in traditioneller Rahmung" (so der Wortlaut der TIMSS-Studie) zu denken ist. Die modische Kritik am lehrergeleiteten Unterricht hierzulande geht eben in die Irre: Der gute Lehrer ist weder streng noch läßt er gewähren – er leitet vielmehr konsequent und freundlich an. Er fördert Schüler, indem er sie aktiv fordert, und zwar im Hinblick auf

Neugier und Anstrengungsbereitschaft ebenso wie auf soziale Disziplin. Mittlerweile sprechen denn auch einzelne Kultusminister wieder von einer Kultur der Anstrengung, die es in der Schule zu etablieren gelte.

Deutlich wird bei diesem Ländervergleich im übrigen auch, daß ein Lehrer nicht nur dann gut ist, wenn er die beschriebenen Eigenschaften besitzt – man muß ihm auch bestimmte Einstellungen entgegenbringen: Eben grundsätzlichen Respekt angesichts der Schwierigkeit seiner Aufgabe – die wenigsten Eltern möchten nämlich mit ihm tauschen. Und die Würdigung der Bedeutung, die er für die nachfolgende Generation hat – je ernser ihn die Heranwachsenden nehmen, um so leichter fällt ihnen das Lernen.

## 5. Grenzen des Bildungsauftrags

Berufstätige Eltern finden oft zu wenig Zeit, sich ihren Kindern in Ruhe zu widmen. In anderen Familien kommt es alleine schon wegen der vielen Fernsehapparate im Haushalt kaum mehr zu regelmäßigen ausführlichen Gesprächen. So stößt es auf immer breitere Zustimmung, wenn neuerdings gefordert wird, die Schule solle nicht nur Lesen, Schreiben und Rechnen lehren, sondern auch verkehrstüchtig und medienkritisch, friedensfähig und umweltbewußt machen. Einer muß es ja schließlich auch tun, so der leicht resignierte Gedanke. Die Frage ist allerdings, inwieweit eine öffentliche Bildungsinstitution überhaupt derart komplexe Erziehungsaufgaben bewältigen kann – diese müßten ja in der Familie mit ihrem weitaus dichteren und intensiveren Beziehungsnetz zumindest grundgelegt werden. Und möglicherweise sind auch, wenn man der Schule solche ungewohnten und schwierigen Aufgaben zuweist, durchaus Kinderkrankheiten zu befürchten – oder mehr als das. Schulische Drogen- und Suchtvorbeugung ist eines dieser neuen Arbeitsfelder, und hier zeichnen sich in der Tat bedenkliche Entwicklungen ab. Zu Recht war man davon abgekommen, junge Leute im Rahmen der Gesundheitserziehung lediglich mit pauschalen oder übertriebenen Warnungen vom Griff zu Rauschgiften abhalten zu wollen – die Erfahrung zeigte, daß dies vielfach unglaubwürdig wirkte oder gar neugierig machte. Weitgehend unbekannt ist, daß der Trend mittlerweile ins andere Extrem geht: So wird nicht selten gefordert, Schule solle weitgehend darauf verzichten, Schülern die Schädlichkeit von Drogenkonsum überhaupt noch vor Augen zu führen – das bringe sowieso nichts. Selbst den speziell mit Beratung beauftragten Lehrern wird gelegentlich davon abgeraten, Heranwachsenden gegenüber eine persönliche Wertung etwa zu Haschisch abzugeben – sonst würden diese erst recht dazu greifen. Und im Rahmen von Lehrerfortbildungen ist auch schon erwogen worden, Jugendlichen förmlich beizubringen, wie sie risikoarm (!) mit Drogen umgehen könnten – wichtig sei nur, darauf zu achten, daß sie dabei nicht süchtig würden.

Drogenmißbrauch und Sucht könne statt dessen etwa dadurch vermieden werden, daß Lehrer und Sozialpädagogen mit den Jugendlichen gemeinsam in tiefe Höhlen abstiegen oder unwegsame Schluchten durchquerten. Nach solchen – gewiß an sich reizvollen – Erlebnissen (daher die Bezeichnung Erlebnispädagogik!) hätten die vorher gelangweilten und kontaktscheuen jungen Menschen dann keinen Grund mehr, zu Drogen zu greifen. Hilfreich sei auch, im Rahmen der Klassengemeinschaft diverse Psychospiele zu veranstalten; hier müssen sich etwa einzelne Schüler ungeschützt fallenlassen und werden von ihren Kameraden dann aufgefangen; oder alle liegen auf dem Boden und jeder denkt sich in einen Tagtraum hinein, der ihn von allen derzeitigen Belastungen befreien soll. Solche Übungen – sie entstammen ursprünglich dem therapeutischen Bereich – würden das Selbstvertrauen der Kinder derart stärken, daß sie anschließend „zu stark für Drogen" seien.

„Drogenberater als Drogenverführer?" fragten sich angesichts derartiger Empfehlungen wohl nicht nur bayrische Oberstufenschüler. Offenbar beinhalten unbekannte Arbeitsfelder auch das Risiko naiver oder gar kontraproduktiver Ansätze. Schule sollte sich deshalb auf die ihr eigenen Mittel besinnen, der wachsenden Gefährdung junger Menschen durch Drogen im Rahmen des Möglichen vorzubeugen.

Einmal in Ruhe und sachlich fundiert darüber nachdenken und diskutieren zu können, warum es denn eigentlich sinnvoll ist, um Rauschgifte einen großen Bogen zu machen – wo könnten junge Menschen dies besser als in einem fachübergreifend gestalteten Unterricht, zu dem Fächer wie Deutsch, Biologie, Politik oder Religion einen Beitrag leisten? Verharmlosende Meinungen zu den ‚Einstiegsdrogen' Alkohol, Haschisch und Ecstasy durchschauen zu lernen – was wäre da geeigneter als die Debatte mit einem Lehrer, der gut informiert ist und clever argumentieren kann, und der einen beiläufig spüren läßt, was er davon hält, wenn man Probleme durch Betäuben zu lösen versucht? In Rollenspielen auszuprobieren, wie man „cool nein sagen" kann, wenn in der Clique ein Joint herumgeht oder einem in der Disco vermeintliche Glückspillen angeboten werden – wie gut ließe sich das in der Schule realisieren!

Das Bild vom guten Lehrer ist also abzurunden. Tatsächlich kann er nicht darüber hinwegsehen, daß junge Menschen vor bisher unbekannten Problemen stehen. Er weiß aber, daß die Schule sie am besten darauf vorbereitet, wenn sie sich auf ihr Instrumentarium beschränkt. Im Hinblick auf Drogen etwa hieße das, über Risiken wirksam aufzuklären und sinnvolles Verhalten für riskante Situationen vorzubereiten – nicht weniger, aber auch nicht mehr. Schule kann so durchaus einen wirkungsvollen Beitrag zur Drogenvorbeugung leisten. Sie darf nur nicht zum Spielplatz für Laienpsychologen werden – und schon gar nicht für Sympathisanten eines ‚liberaleren' Umgangs mit Rauschgiften.

## 6. Meisterschaft verlangt Beschränkung

Die eingangs skizzierten Vorstellungen vom Lehrer light sind keineswegs nur Visionen – nicht weniges davon wird an unseren Kindern bereits ausprobiert. Und manch erfolgreich tätiger ‚Schulmeister' ist bereits nachhaltig verunsichert, ob sein inneres Leitbild von anforderndem und diszipliziertem Unterricht nicht doch überholt und hinterwäldlerisch sei. So darf es eigentlich auch deshalb nicht überraschen, wenn Schüler hierzulande schlechter rechnen können als in vielen anderen Ländern Europas, und wenn Konflikte und Disziplinprobleme in den Schulen eskalieren. Das „Jahrhundert des Kindes' endet offenbar mit einem gefährlichen Mißverständnis: ‚Humanes' Lernen sei selbstbestimmtes Lernen, der beste Lehrer wäre der nicht mehr vorhandene Lehrer, und Schüler wüßten selbst am besten, was gut für sie ist. Was auf den ersten Blick betont kindgemäß klingt, läuft in Wirklichkeit auf kinderfeindliche Vernachlässigung hinaus und bringt neue Formen der Benachteiligung mit sich, insbesondere der von Schwächeren. Ziel und Weg werden eben allzuschnell verwechselt.

Tatsächlich bewirken Lehrer dann am meisten, wenn sie den Schwerpunkt ihrer Tätigkeit im Unterrichten sehen – und dies sachkundig und selbstbewußt ausführen. Wenn sie also ‚nur' dafür sorgen, daß Schüler möglichst viel lernen können: Natürlich nicht allein grundlegendes Wissen, sondern auch sinnvolles Lern- und Arbeitsverhalten. Wer genau hinsieht, erkennt den ungeheuren Anspruch, den dieses ‚nur' beinhaltet: Sich nicht beirren zu lassen, wenn verwöhnte Kinder über die Anforderungen stöhnen oder den Lehrer als zu streng verfluchen. Trotzdem sensibel zu erfassen, wenn einzelne Schüler in Interesse oder Leistung nachlassen, um sie zu neuen Lernschritten zu ermuntern. Und gleichzeitig darauf zu achten, wann andere unterfordert sind, um ihnen rechtzeitig weitergehende Impulse und Arbeitsmöglichkeiten zu verschaffen.

Gewiß haben junge Menschen darüber hinaus auch noch andere Bedürfnisse; hierfür ist die Schule aber nicht der primäre Ort. Sich emotional aufgehoben fühlen – dafür sind eigentlich Eltern oder befreundete Verwandte da. Bei außerschulischen Problemen des Entwicklungsalters gut beraten werden – dafür sollte es genügend qualifizierte Beratungsangebote geben. Die Freizeit sinnvoll gestalten – das kann man viel besser mit Freunden oder auch Jugendbetreuern als mit Lehrern. Kinder zu haben schafft eben für die gesamte Gesellschaft eine große Verantwortung – sie läßt sich nicht ungestraft an die Schule abschieben.

Der „Lehrer der Zukunft" wird also vor allem Lehrer sein, und dies weder autoritär noch anbiedernd noch passiv. Er muß Fachmann bleiben und streckenweise auch als ‚Einzelkämpfer' arbeiten – pädagogische Beziehungen sind schließlich weder automatisierbar noch kollektivierbar. Er hat jungen Menschen viel zu sagen, fordert von ihnen ernsthafte Bemühungen ein und unterstützt sie sensibel. Nur dann können diese hinreichend ausschöpfen, was an Neigungen und Fähigkeiten in ihnen steckt. Ja, es sind ‚neue Kinder', die mit ‚neuen Medien' aufwachsen und in einer ‚neuen Unübersichtlichkeit' leben. Sie zu bilden, mit ihnen zu lernen, das braucht gerade deshalb nicht mehr Spaß und Unverbindlichkeit – sondern gezielte Ermutigung, verbindliche Anforderung und verläßliche Orientierung. Dies wäre zukunftsweisendes pädagogisches Engagement.

## Literatur

Adler, Alfred: Kindererziehung. Neuauflage Frankfurt 1988. Darin insbesondere: Das Kind in der Schule.

Aitmatow, Tschingis: Der erste Lehrer. München 1985.

Aurin, Kurt und Wollenweber, Horst: Schulpolitik im Widerstreit. Brauchen wir eine „andere Schule"? Bad Heilbrunn 1997.

Baumert, Jürgen u. a.: TIMSS – Mathematisch-naturwissenschaftlicher Unterricht im internationalen Vergleich. Opladen 1997.

Baumert, Jürgen u. a.: Bildungsverläufe und psychosoziale Entwicklung im Jugendalter (BIJU-Studie). Berlin 1997 (Max-Planck-Institut für Bildungsforschung).

Elschenbroich, Donata (Hrsg.): Anleitung zur Neugier. Grundlagen japanischer Erziehung. Frankfurt 1996.

Günther, Henning: Kritik des offenen Unterrichts. Bielefeld 1996 (LDEZ).

Helmke, Andreas und Weinert, Franz E.: Der gute Lehrer. Person, Funktion oder Fiktion? In: Leschinsky, A. (Hrsg.): Die Institutionalisierung von Lehren und Lernen. Weinheim 1996.

Helmke, Andreas und Weinert, Franz E.: Bedingungsfaktoren schulischer Leistungen. In: Franz E. Weinert (Hrsg.): Psychologie des Unterrichts und der Schule. Göttingen 1997.

Weinert, Franz E.: Neue Unterrichtskonzepte zwischen gesellschaftlichen Notwendigkeiten, pädagogischen Visionen und psychologischen Möglichkeiten. In: Wissen und Werte für die Welt von morgen. München 1998 (Bayerische Staatsregierung)

*Vergleichende
Leistungsbeurteilung
ist unpädagogisch.*

REINHARD SCHILMÖLLER

# Noten und Zeugnisse: pädagogisch fragwürdig?

Vor und nach dem Abitur befragt, was sie als das Wichtige und Bleibende ihrer schulischen Bildungsbemühungen betrachten, verweisen Gymnasiasten vielfach auf die dafür im Zeugnis erzielten Noten und deren Bedeutung für den künftigen Berufsweg. So stellt es sich in Interviews heraus. Ohne Erwähnung bleiben die Inhalte und Themen des Unterrichts. Keine Begeisterung für Barockgedichte, für Goethes „Faust" oder Kafkas „Schloß", für den Satz des Thales oder Daltons „Atommodell". Offensichtlich sind es nicht die erworbenen Kenntnisse, Fähigkeiten und Einsichten, die zählen. Was zählt, sind Noten. Indiz dafür, daß die Bildungsbemühungen der Schule fehlgeschlagen sind? Oder nur auf die Kenntnis unserer sozialen Wirklichkeit sich gründender Realismus?

Kritiker sehen in Äußerungen dieser Art einen Beleg für die pädagogische Fragwürdigkeit von Noten und Zeugnissen. Sie fordern ihre Abschaffung oder Umgestaltung. Das schulische Leistungsurteil soll nicht mehr länger Grundlage für gesellschaftliche Selektionsentscheidungen sein. Die Schule soll von einer Last befreit werden, die ihren Bildungsauftrag gefährdet. An die Stelle von Noten und Zeugnissen sollen ausschließlich pädagogischen Zwecken unterstellte verbale Beurteilungen und Lernentwicklungsberichte treten. Man erhofft sich davon eine Verbesserung der pädagogischen Qualität der Schule.

Das Echo der Öffentlichkeit auf diese Forderung ist unterschiedlich. Eine Mehrheit von Eltern ist gegen die Abschaffung der Noten und plädiert für deren Beibehaltung. Man weiß um die Motivationskraft von Noten, weiß auch um ihre Bedeutung für den späteren beruflichen Werdegang und hofft, dem eigenen Kind durch gute Noten und einen möglichst hohen Schulabschluß die Zukunft sichern zu können. Andere Eltern sprechen sich im Interesse des gegenwärtigen Wohlergehens ihrer Kinder oder aufgrund eigener negativer Erfahrungen gegen Noten und Zeugnisse aus. Ähnlich gegensätzlich ist die Reaktion bei anderen Betroffenen, bei Grundschullehrern etwa oder bei Bildungspolitikern. Halten die einen die bisherige Praxis für sinnvoll und wollen an ihr festhalten, setzen die anderen auf Verbalbeurteilung und Lernentwicklungsberichte als pädagogischen Fortschritt. Über diese Beurteilungsformen wird gegenwärtig vor allem im Grundschulbereich ein heftiger Streit geführt. Als Argumente ins Feld geführt werden dabei in der Regel die Nachteile der

abgelehnten und die Vorteile der bevorzugten Beurteilungsform. Ihrer Kurz-
form wegen schneiden die Noten in dieser Debatte meist schlecht ab und wird
ihnen viel Negatives angelastet. Ihre Beibehaltung scheint daher schlecht
begründet zu sein. Wer allerdings glaubt, es ginge in der Diskussion nur um
die *Form*, in der die Ergebnisse schulischer Leistungsbeurteilung mitgeteilt
werden sollen, täuscht sich. Darum geht es nur vordergründig. Man kritisiert
die Noten, meint aber die Berechtigung zum beruflichen und sozialen Auf-
stieg, der mit ihnen verbunden ist. *Sie* will man abschaffen. In der Diskussion
um Noten und Verbalberichte geht es im Kern also um die Frage, ob die
Schule weiterhin einen gesellschaftlichen Auftrag erfüllen soll oder nicht.
Auf diese Fragestellung beziehen sich die folgenden Ausführungen. Sie beschäftigen sich kaum und nur zum Schluß mit den Eigenarten und Spezifika
der Mitteilungsformen schulischer Leistungsbeurteilung. Im Mittelpunkt
steht das Verhältnis von Schule und Gesellschaft. Von einer Kennzeichnung
der bestehenden Leistungsgesellschaft ausgehend werden Gründe und Argumente vorgestellt und geprüft, die sich für und gegen den gesellschaftlichen
Auftrag der Schule vorbringen lassen. Abschließend werden dann die Konsequenzen benannt, die sich aus dem Ergebnis der Überprüfung für die Gestaltung der Schule im Hinblick auf die Notengebung ergeben.

## 1. Was gemeint ist, wenn man unsere Gesellschaft als „Leistungsgesellschaft" charakterisiert

Wer unsere Gesellschaft als „Leistungsgesellschaft" beschreibt, will damit in
der Regel auf den hohen Stellenwert hinweisen, den die Leistung in ihr hat.
Und in der Tat: Leistung gilt etwas, ist ein bestimmender Faktor unserer
gesellschaftlichen Realität. Ansehen, Fortkommen und Wohlstand des einzelnen sind von ihr abhängig und ebenso die Qualität der Lebensverhältnisse
und das Wohlergehen aller im Gemeinwesen. Leistung scheint insofern
unverzichtbar zu sein. Das belegt auch ein kurzer Blick in die Wortgeschichte.
Das Verb „leisten", so kann man im Wörterbuch der Brüder Jakob und Wilhelm Grimm nachlesen, meint ursprünglich „einer Spur nachgehen, nach-
spüren, verfolgen". Daraus hat sich in gotischer Zeit schon die Bedeutung
„Wissen" (als Ergebnis des Nachspürens) entwickelt. Später wendet sich der
Begriff dann ins Abstrakte und bezeichnet das Befolgen oder Tun dessen, was
einem als Schuldigkeit vorgeschrieben oder als Aufgabe auferlegt ist. Leistung meint demnach eigentlich „Aufgabenerfüllung", und zwar die Erfüllung
jener Aufgaben, die sich dem Menschen in der Bewältigung seines Lebens
und zur Sicherung seiner Existenz stellen. Mögen sich diese Aufgaben im Ver-

laufe der Geschichte auch inhaltlich verändert haben und nicht mehr die elementaren Tätigkeiten des Aufspürens und Verfolgens betreffen: Geblieben ist, daß die Herausforderungen seiner gegenwärtigen Existenz und die damit verbundenen Aufgaben dem Menschen immer noch Leistungen abverlangen. Ohne sie würde sein Leben nicht gelingen; ohne Leistung war und ist das Leben und Überleben von Mensch und Menschheit nicht vorstellbar.

Die Rede von der „Leistungsgesellschaft" meint darüber hinaus aber noch mehr und Spezielleres: Sie will darauf verweisen, daß in dieser Gesellschaft das „Leistungsprinzip" gilt. Als „Leistungsprinzip" bezeichnet man es, wenn ein Zusammenhang mit Gratifikationen irgendwelcher Art hergestellt wird, die Leistung also verknüpft wird mit einer Entlohnung, Vergütung oder Entschädigung für die aufgewandte Mühe und Anstrengung. Ebenso wird zumindest dem Anspruch nach in einer Leistungsgesellschaft verfahren, d. h. die Zuteilung der in der Gesellschaft nur begrenzt vorhandenen Güter, Positionen und Laufbahnen wird abhängig gemacht von der erbrachten Leistung. Konkret: Eine hochrangige Position, die Stellung eines Vorarbeiters, eines Betriebsleiters oder eines Chefarztes etwa (und natürlich auch Entlohnung und Ansehen, die damit verbunden sind) erhält derjenige, der sich aufgrund seiner Leistung als der für diese Position Qualifizierteste erwiesen hat. Das Leistungsprinzip stellt demnach ein Zuteilungsregulativ zur Vergabe von Positionen und Laufbahnen dar, die in der Gesellschaft nur in begrenzter Anzahl vorhanden sind und für die es deshalb viele Bewerber gibt. Den Zuschlag soll dem Leistungsprinzip zufolge derjenige erhalten, der sich durch seine Leistung als der am besten Geeignete ausweisen kann. Denkbar sind auch andere Kriterien, nach denen die Zuteilung erfolgen könnte und – wie man weiß – durchaus auch erfolgt: nach Herkunft, Alter, Geschlecht, Religionszugehörigkeit, politischer Gesinnung. Im Blick darauf wird häufig bestritten, daß wir tatsächlich in einer „Leistungsgesellschaft" leben und die Verwirklichung des Leistungsprinzips angemahnt. Es gilt in der Tat faktisch vielfach nur eingeschränkt und vermischt mit anderen Prinzipien, soll der herrschenden Auffassung zufolge aber stärker gelten, weil man es nicht ohne Grund für das überlegene Prinzip hält: Es macht nämlich die Zuteilung nicht von unverdienten oder unbeeinflußbaren, sondern von solchen Faktoren abhängig, über die – jedenfalls zum Teil – (fast) jeder selbst bestimmen und verfügen kann. Dieses emanzipatorischen Charakters wegen wird das Leistungsprinzip weithin als Fortschritt betrachtet. Entstanden ist es im 18./19. Jahrhundert in Ablösung der feudalen, ständisch gegliederten Gesellschaft, in der allein der Stand, in den man hineingeboren wurde, über Status und Fortkommen bestimmte. Aus solcher geburtsständischen Begrenzung und Festlegung befreit das im Zuge der Entstehung der bürgerlichen Gesellschaft sich herausbildende Leistungsprinzip. Es hat darüber hinaus einen weiteren Vorzug gegenüber allen anderen Zuteilungskriterien: Nur die Orientierung am Leistungsprinzip, so scheint es jedenfalls, kann jenes Niveau an Dienstleistungen (z. B. in der medizinischen Versorgung) gewährleisten, auf das kaum jemand verzichten möchte. Eine Mehrheit heute betrachtet das Leistungsprinzip daher als weitgehend gerecht, der demokratischen Verfaßtheit unseres Staatswesens angemessen, dem eigenen Interesse entsprechend, dem gesellschaftlichen Fortschritt förderlich und ohne echte Alternative. Voraussetzung ist allerdings, daß eine Gleichheit der Startchancen gewährleistet ist und das Sozialprinzip als ergänzendes Prinzip hinzutritt und dem unverschuldet nicht Leistungsfähigen ein Sockelniveau an Zuteilungen sichert.

Trotz dieser verbreiteten Anerkennung des Leistungsprinzips als gesellschaftliches Zuteilungsregulativ ist es dennoch nicht ohne Schwächen und Probleme. Als Einwände werden etwa vorgebracht,

– daß es sich zu sehr am Leistungsergebnis und zu wenig an der aufgewendeten Mühe ausrichte und deshalb kaum als gerecht gelten könne,
– daß es durch sein Lohnversprechen die natürliche Leistungsfreude des Menschen entsinnliche, fremdbestimme und korrumpiere,
– daß es Konkurrenz und Wettbewerb begünstige, Solidarität untergrabe und eine inhumane „Ellenbogengesellschaft" herbeiführe,
– daß es überhaupt nicht sinnvoll anwendbar sei, weil es keine objektiven und transparenten Verfahren der Leistungsbeurteilung gebe,
– daß es ideologisch mißbraucht werde, weil es sich nur vorgeblich an Leistungskriterien orientiere, in Wirklichkeit aber Status- und Herkunftsprivilegien festschreibe.

Wenn das Leistungsprinzip trotz solcher ernstzunehmenden Einwände dennoch mehrheitlich bejaht wird, so seiner Zweckdienlichkeit und seiner emanzipatorischen Wirksamkeit wegen, aber auch, weil die Mängel und Probleme seiner Anwendung letztlich behebbar scheinen und die Gültigkeit eines Prinzips nicht durch den Nachweis mangelnder Verwirklichung oder des Mißbrauchs schon erschüttert werden kann (Heckhausen).

## 2. Auf welche Weise die Schule auf ein Leben in der „Leistungsgesellschaft" vorbereitet

Soll die Schule auf die beschriebene Leistungsgesellschaft vorbereiten? Diese Frage scheint überflüssig zu sein, denn daß sich die Schule in ihrer Aufgabenstellung auf die durch das Leistungsprinzip bestimmte gesellschaftliche Realität beziehen muß und sie nicht unberücksichtigt lassen kann, dürfte kaum jemand bestreiten. Schließlich ist die Schule eine Institution dieser Gesellschaft in der Trägerschaft des Staates. Zu fragen bleibt jedoch, *auf welche Weise* sie der Realität der Leistungsgesellschaft Rechnung tragen soll. Diese normative Frage nach der Gestaltung des Verhältnisses von Schule und Gesellschaft hat in der geschichtlichen Entwicklung eine faktische Antwort gefunden. Sie soll kurz skizziert und auf ihre aktuelle Geltung hin befragt werden.

Ihrer Idee und ihrer Tradition nach ist die Schule ein vom Leben abgetrennter Ort des Lernens zur Vorbereitung der ihr anvertrauten Kinder und Jugendlichen auf das spätere Leben. Schulisches Lernen galt entsprechend nie als Selbstzweck. Es diente zu allen Zeiten dem Ziel, die Schüler zur Übernahme künftiger Aufgaben in der Gesellschaft zu befähigen. Allerdings beschränkt sich der Auftrag der Schule nicht auf dieses Ausbildungsziel. Seit Aufklärung, Humanismus und Moderne will die Schule *mehr*, sie will nicht nur den künftigen *Bürger ausbilden*, sondern den *Menschen bilden*. Von diesem Bildungsauftrag soll an dieser Stelle aber noch nicht die Rede sein, sondern nur vom Teil-Auftrag der Schule, eine Ausbildung im Hinblick auf künftige Aufgaben zu leisten. Daß diese Aufgaben nach Zeit und Gesellschaft unterschiedlich waren und entsprechend unterschiedlich auch die Erwartungen an die Schule, leuchtet ein. Mag man von der Schule der Steinzeitgesellschaft erwartet haben, daß sie das Erlegen des Büffels und das Vertreiben des Tigers lehrt, und von der Schule des Spätmittelalters, daß sie zur Anfertigung einer lateinischen Disputation befähigt, so erwartet man von der Schule heute, daß sie jene Qualifikationen vermittelt, die erforderlich sind für das Ergreifen eines Berufs und für die Teilhabe am gesellschaftlichen Leben in einer von Technik und Medien bestimmten Welt. Nur im Blick auf die konkrete gesellschaftliche Situation und die Aufgaben und Anforderungen dort ist demnach bestimmbar, welche zur Lebensbewältigung unumgänglich notwendigen Kenntnisse, Fähigkeiten, Fertigkeiten und Kompetenzen die Schule im einzelnen vermitteln muß. Die Schule kann insofern nicht umhin, sich bei der Bestimmung ihrer inhaltlichen Leistungsanforderungen (auch) an der Gesellschaft auszurichten. Sie hat dies immer getan, tut es heute noch und muß es auch künftig tun, d. h. sie muß „Leistungsschule" in dem Sinne sein, daß sie zur Erfüllung jener Aufgaben befähigt und qualifiziert, die sich dem Menschen in der jeweiligen Gesellschaft als individuelle und allgemeine Probleme stellen. Existenz und Wohlergehen von Individuum und Sozietät wären gefährdet, wollte sich die Schule bei der Bestimmung ihrer Aufgaben und Ziele von den Problemen, Herausforderungen und Notwendigkeiten der gesellschaftlichen Entwicklung abkoppeln.

Die Schule ist aber noch in einem anderen Sinne „Leistungsschule". Seit der frühen Neuzeit schon beurteilt die Schule die Leistungen der Schüler in Form von Noten und dokumentiert das Ergebnis in Zeugnissen. Diese zunächst nur pädagogischen Zwecken dienenden Zeugnisse wurden im Zuge der Herausbildung der bürgerlichen, nach dem Leistungsprinzip organisierten Gesellschaft mehr und mehr zu einem Mittel, begehrte Positionen (im Staatsdienst) zu erhalten und einen bestimmten Status in der Gesellschaft zu erreichen. Noten und Zeugnisse erhielten damit eine gesellschaftliche Funktion; der Schule wuchs eine Aufgabe zu, die sie vorher nicht hatte und der es in einer ständischen Gesellschaft auch nicht bedurfte: nämlich dem Schüler einen seiner Leistung gemäßen Platz in der Gesellschaft zuzuweisen. Erst die bürgerliche Leistungsgesellschaft macht es erforderlich, daß sich der einzelne in ein Verhältnis zu ihr setzt und seinen Platz in ihr findet. Die Schule leistet dazu Hilfestellung, indem sie dem Schüler, den Eltern und den aufnehmenden Institutionen Hinweise darauf gibt, für welche Aufgaben, welchen Ausbildungsgang, welchen Beruf sich der einzelne in besonderer Weise eignet oder nicht eignet. Sie tut dies mit ihrer Notengebung und mit dem Zeugnis als ein an Dritte gerichtetes, amtliches Dokument, das Auskunft über die Leistungen des Schülers gibt und als Steuerungsinstrument und Berechtigungsnachweis für Schullaufbahn-, Ausbildungs- und Berufswahlentscheidungen dient.

Die genannte, zumeist mit dem Begriff der „Allokation" bezeichnete gesellschaftliche Aufgabe der Schule besteht demnach darin, für eine Plazierung des Schülers an die seinem Leistungsvermögen gemäße Stelle in der Gesellschaft zu sorgen und ungeeignete Bewerber fernzuhalten (Selektion). Das Zeugnis der Schule soll im Interesse des einzelnen und des Gemeinwohls sicherstellen, daß die vorhandenen beruflichen Ausbildungswege nur von jenen Schülern eingeschlagen werden, die aufgrund ihrer Leistung erwarten lassen, daß sie den sachlichen Ansprüchen und Anforderungen des angezielten Berufs genügen. Die Schule greift damit regulierend in das Leben des Schülers ein, teilt je nach Schultüchtigkeit Ausbildungswege, -chancen und -plätze zu, verweigert aufgrund ihres Leistungsurteils aber auch Chancen und weist soziale Ansprüche und Ausbildungswünsche als illusorisch und unberechtigt zurück. Auf diese Weise wird die Schule zur wichtigen sozialen Dirigierungsstelle für Rang, Stellung und Lebenschancen des einzelnen in der Gesellschaft (Schelsky). Weitgehend darauf beruhen Akzeptanz und Wertschätzung der Schule in der Öffentlichkeit und ihr außerordentlicher Erfolg, den sie ohne diese Funktion so kaum gehabt hätte.

Die Schule bereitet demnach nicht nur auf das Leben in der Leistungsgesellschaft vor, indem sie die dafür notwendigen Qualifikationen vermittelt, sie verfährt auch selbst so, wie in der Leistungsgesellschaft verfahren wird: Dadurch, daß sie die Schüler nach Leistung beurteilt und ihnen dafür eine zunächst noch symbolische Gratifikation in Form von Noten zuerkennt, deren „realer Gegenwert" sich dann (jedenfalls unter Umständen) im späteren Leben in Form einer entsprechend dotierten Position auszahlt, präfiguriert sie den gesellschaftlichen Zustand, auf den sie vorbereitet. Die nach dem Leistungsprinzip organisierte Gesellschaft gibt das Muster ab, nach dem die Schule gestaltet ist, – mit dem Unterschied allerdings, daß die Schüler von den Folgen, die ein Leistungsversagen in der Gesellschaft hat, noch weitgehend verschont bleiben. Diesem Verständnis zufolge bildet die Schule also einen als „Schonraum" zu gestaltenden Ort der Vorbereitung auf und der Einübung in die Leistungsgesellschaft. Georg W. F. Hegel (1770–1831), berühmter Philosoph und einige Zeit selbst Schulleiter, hat dieses Verständnis theoretisch begründet. Er sieht zwischen Familie und Gesellschaft einen Gegensatz insofern, als für die Familie das Band wechselseitiger unverdienter Liebe bestimmend sei, während die Gesellschaft Anerkennung nur aufgrund von Leistung gewähre. Es sei deshalb eine Institution erforderlich, die zwischen diesen Sphären vermittele und den allmählichen Übergang in die Gesellschaft ermögliche: die Schule. In der Schule soll das Kind lernen, sein Tun nach Regeln und Zwecken zu bestimmen und sich zunehmend sachlichen Bewertungskriterien zu unterwerfen, so daß es langsam fähig wird, dem öffentlichen Leben anzugehören und in der Leistungsgesellschaft zu bestehen und seinen Platz zu finden. Dieses schultheoretische Verständnis bestimmt die Gestalt der Schule bis heute. Ob es weiterhin bestimmend bleiben soll, ist allerdings umstritten.

## 3. Warum der gesellschaftliche Auftrag der Schule umstritten ist und sich die Schule in der Tat nicht auf ihn beschränken darf

Gegen den gesellschaftlich begründeten Auftrag der Schule zu Allokation und Selektion sind in der Vergangenheit viele Einwände und Bedenken geltend gemacht worden. Bezweifelt wird (1.) zunächst einmal, ob dieser Auftrag überhaupt noch zeitgemäß ist, weiterhin (2.), ob die Schule ihn adäquat zu erfüllen vermag, und schließlich (3.), ob der Verweis auf die gesellschaftliche Notwendigkeit eine ausreichende Begründung für diese schulische Aufgabe darstellt. Worauf sich Zweifel und Vorbehalte im einzelnen gründen und inwieweit sie berechtigt sind, soll im folgenden kurz dargestellt und überprüft werden.

**1.** Zweifel, ob die historisch überkommene Allokationsaufgabe der Schule heute noch zeitgemäß ist, ergeben sich infolge der in vielerlei Hinsicht veränderten gesellschaftlichen Rahmenbedingungen. Die Lebensverhältnisse haben sich ausdifferenziert, sind vielfältiger und pluraler geworden. Traditionelle Orientierungen haben an Bedeutung verloren, starre Rollenvorschriften lockern sich und ebenso festgefügte Muster schulischer und beruflicher Laufbahnen. Die Durchlässigkeit hat sich überall erhöht. Die Handlungsspielräume des einzelnen haben sich dadurch erweitert und lassen immer mehr Wahlmöglichkeiten zu. Man entscheidet selbstbestimmt über Lebensformen und Beruf. Man wird, was man will. Allein die schulische Allokation schränkt diese Freiheit weiterhin ein und bindet das Wollen an das Können. Den Betroffenen erscheint das vielfach als ein Akt obrigkeitsstaatlicher Bevormundung, als unerlaubter Eingriff in die Freiheitsrechte. Entsprechend negativ ist das Image von Allokation und Selektion, von Noten und Zeugnissen. Hinzu kommt, daß Notwendigkeit und Bedeutung der Allokation auch tatsächlich schwieriger einsehbar und nachvollziehbar geworden sind. Die Gründe dafür sind vielfältig. Sie liegen in der zunehmenden Abstraktheit und Unübersichtlichkeit, aber auch in der Beschleunigung der gesellschaftlichen Prozesse, die zur Folge hat, daß in rascher Folge bisherige Berufsbilder obsolet werden und neue entstehen. Eine Gewißheit über künftige Positionen gibt es immer weniger, der Berufswechsel scheint vorprogrammiert zu sein. In dem Maße aber, in dem die Erfolgssicherheit verloren geht, schwindet auch das Vertrauen auf die Verläßlichkeit von Ausbildungswegen, wie sie Noten und Zeugnisse vorzeichnen.

Sind Noten und Zeugnisse, Allokation und Selektion, schulisches Leistungsprinzip und Berechtigungswesen also überflüssig geworden? Fast scheint es so. Zu bedenken ist allerdings, daß in der Gesellschaft auch unter veränderten Lebensbedingungen weiterhin das Leistungsprinzip gilt und es grundsätzlich auch kaum in Frage gestellt wird. Darauf wurde eingangs schon verwiesen. Bestimmt man die Aufgabe der Schule von den Erfordernissen der Gesellschaft her, besteht insofern kein Grund für eine Veränderung ihrer Aufgabenstellung. Auch und gerade in einer Zeit erweiterter Freiheitsspielräume und vergrößerter Wahlmöglichkeiten brauchen die Individuen Kriterien, an denen sie sich bei ihrer Entscheidung ausrichten können. Das gilt vor allem in einer Situation „neuer Unübersichtlichkeit", in der Orientierungsdaten besonders wichtig sind. Das in den Noten und Zeugnissen sich manifestierende Leistungsurteil der Schule liefert solche Kriterien und Daten. Es wird deshalb nach wie vor dringend benötigt, – allerdings weniger als vorschreibende Wegmarke denn als Orientierungshilfe für anstehende Entscheidungen über Ausbildungsgänge und Berufslaufbahnen.

**2.** Ob das schulische Leistungsurteil so sachgerecht und verläßlich ist, daß es die erwartete Orientierung auch zu leisten vermag, wird indes vielfach bezweifelt. Bestätigt werden diese Zweifel durch eine große Anzahl von empirischen Untersuchungen zur Qualität des Lehrerurteils. Diese Studien belegen die meßtechnische „Fragwürdigkeit der Zensurengebung" (Ingenkamp). Sie machen deutlich, daß das Lehrerurteil vielfachen Verfälschungstendenzen, Wahrnehmungs- und Maßstabsfehlern ausgesetzt ist mit der Folge, daß dieselbe Leistung von verschiedenen Beurteilern unterschiedlich bewertet wird, daß der gleiche Beurteiler dieselbe Leistung zu verschiedenen Zeitpunkten unterschiedlich bewertet und daß Leistungen je nach Klassenzugehörigkeit verschieden beurteilt werden und so nicht vergleichbar sind. Vor allem aber ist nachgewiesen, daß sachfremde Merkmale und Faktoren einen erheblichen Einfluß auf die Beurteilung haben, Mädchen besser bewertet werden als Jungen, Kinder aus der Mittelschicht besser als Kinder aus unteren Sozialschichten, schnelle Sprecher besser als langsame usw. Darauf gründet sich der in den 60er Jahren für das gesamte Schulwesen erhobene Vorwurf sozialer Selektion. Heute gilt dieser Vorwurf sicherlich nicht mehr in gleicher Weise. Die Gefahr allerdings, daß die Schule Herkunftsbenachteiligungen festschreibt, besteht immer noch. Zu solchen Zweifeln an der Sachgerechtigkeit schulischer Leistungsbeurteilung hinzu kommen Zweifel an ihrer Prognosefähigkeit. Kann man von den Noten der Grundschule auf den Erfolg am Gymnasium schließen, vom Abiturzeugnis auf den Studienerfolg, vom Schulerfolg auf den Lebenserfolg? Zweifel daran sind mehr als berechtigt. Jeder kennt Gegenbeispiele. Untersuchungen bestätigen den mangelnden prognostischen Wert von Zeugnissen. Selbst unter der (nicht gegebenen) Voraussetzung, daß das schulische Leistungsurteil sachgerecht ist, kann es demnach nur sehr bedingt Aussagen machen über die Bewährung in Aufgabenfeldern, in denen zumeist andere Fähigkeitskombinationen verlangt werden, als die Schule sie vermittelt.

Reichen die genannten Einwände nicht aus, die behauptete Orientierungsfunktion schulischer Leistungsbeurteilung im Hinblick auf Berufswahlentscheidungen radikal in Frage zu stellen und liefern sie nicht eine ausreichende Begründung für die Abschaffung von Noten und Zeugnissen? In Beantwortung dieser Frage ist zunächst einmal darauf zu verweisen, daß die plakativ verkürzte Argumentation, ein Urteil über die Kenntnis von Hölderlin-Gedichten oder von Kafkas „Prozeß" könne nichts über die Eignung für eine Tätigkeit als Verkäuferin oder als Arzthelferin aussagen, die Allokationsaufgabe völlig mißversteht. Sie unterstellt die Notwendigkeit von durchgängig einheitlichen und gleichförmigen Leistungsmaßstäben in allen Lebens- und Berufsbereichen, die es so nicht geben kann und die so auch nicht sinnvoll wäre. Der Verlauf eines beruflichen Ausbildungsweges hängt immer an *mehreren Punkten* von Leistungsbewährungen ab, für die jeweils unterschiedliche Leistungskriterien gelten, zu denen andere Zuteilungskriterien hinzutreten und bei der es eine Abhängigkeit von Angebot und Nachfrage gibt. Die zumindest partielle Bedeutung des schulischen Leistungsurteils für den beruflichen Werdegang ist insofern kaum bestreitbar. Eltern würden ansonsten wohl auch kaum ein so großes Interesse an einem möglichst hohen Schulabschluß ihres Kindes haben. Begründen läßt sich die Beibehaltung von Noten und Zeugnissen aber noch mit einer anderen Argumentation. Hält man an der bisherigen Begründungsfigur fest, geht also von der gesellschaftlichen Notwendigkeit der Allokation als Faktum aus, stellt sich als Frage nicht mehr, *ob* diese Aufgabe zu leisten, sondern nur noch, *von wem* sie *am besten* zu leisten ist. Würde man entsprechende Prüfverfahren an die aufnehmenden Institutionen (Handwerk, Industrie, Hochschulen) delegieren, steht zu befürchten, daß die Selektionsentscheidungen punktueller, noch weniger sachgerecht und viel unprofessioneller, im Ergebnis also ungerechter ausfallen. Die anstehenden Entscheidungen über Schullaufbahnen und Ausbildungswege den Eltern oder dem sog. „freien Kräftespiel" *ohne* jegliches Prüfverfahren zu überlassen, bedeutet den Verzicht auf eine sachlich begründete Allokation mit entsprechend negativen Folgen. Begründbar ist demnach, daß die Schule die Allokationsaufgabe trotz aller negativen Befunde (die für andere Entscheidungsträger nur deshalb nicht vorliegen, weil hier Untersuchungen bisher nicht angestellt wurden) immer noch am besten zu erfüllen vermag.

**3.** Alle bisher zugunsten der schulischen Allokationsaufgabe geltend gemachten Gründe, darauf wurde mehrfach schon verwiesen, treffen unter einer bestimmten Voraussetzung zu, – der Voraussetzung nämlich, daß sich die Aufgaben der Schule aus den Erfordernissen und Notwendigkeiten der Gesellschaft ableiten, sie also ausschließlich gesellschaftlich bestimmt und begründet sind. Gerade diese Begründungsfigur aber wird bezweifelt und muß in Zweifel gezogen werden. Sie macht die konkret bestehende gesellschaftliche Wirklichkeit zur vorausgesetzten Norm, zum Maßstab dafür, was in der Schule anzustreben ist. Eine solche Begründung des Auftrags der Schule halten Kritiker zu Recht für unzureichend. Sie leitet das Sollen aus dem Sein ab und schreibt der Schule lediglich die Aufgabe zu, die Individuen an die gesellschaftlichen Verhältnisse anzupassen. Welche Verhältnisse das sind, interessiert nicht. Sie werden deshalb als richtig und legitim erachtet, weil sie faktisch gelten. Ob es sich um eine Gesellschaft von Dieben, um eine faschistische Gesellschaft oder eben um eine Leistungsgesellschaft handelt: Jeweils geben die *geltenden* Werte, die *bestehenden* Anforderungen, die *vorhandenen* Positionen, der *tatsächliche* Bedarf die Matrix ab, der die Individuen eingegliedert und eingepaßt werden. Eine solche Eingliederung in bestehende gesellschaftliche Strukturen bezeichnet man in der Regel als *Sozialisation*. Dieser Begriff meint den Prozeß der Sozialwerdung des Individuums. Er schließt die Ablösung von den Bindungen an die Herkunftsfamilie, die Übernahme geltender Normen und Werte, den Erwerb notwendiger Qualifikationen und die Zuweisung einer gesellschaftlichen Position ein. Die Schule ist dem genannten Verständnis zufolge also Sozialisationsinstanz. Sie soll den Prozeß der Sozialwerdung des jungen Menschen sichern, ihn gesellschaftsfähig machen. Schule und Lehrer stehen damit im Dienste der Gesellschaft, sie handeln im gesellschaftlichen Auftrag.

Ein solches Verständnis der schulischen Aufgabenstellung ist möglich. Es ist kein *pädagogisches* Verständnis, – jedenfalls nicht im Sinne einer Pädagogik, die sich einer bestimmten, noch näher zu kennzeichnenden Traditionslinie verdankt. Dieser pädagogischen Tradition zufolge hat die Schule einen *eigenen* Auftrag, der nicht mit dem gesellschaftlichen Auftrag schon identisch ist: den Auftrag nämlich, die Bildung der ihr anvertrauten Kinder und Jugendlichen zu ermöglichen und zu fördern. Die Schule soll demnach „Ort der Bildung" sein. Diesem ihrem Bildungsauftrag gemäß ist sie zu gestalten. Der Bildungsbegriff bildet demzufolge das für die innere Gestaltung der Schule maßgebliche Kriterium. Von diesem Kriterium her lassen sich Ansprüche und Forderungen an die Schule beurteilen und als berechtigt oder unberechtigt erweisen. Das gilt auch für den gesellschaftlich erhobenen Anspruch, die Schule hätte in die bestehende Leistungsgesellschaft einzuführen und Allokation und Selektion zu betreiben. Von einem Verständnis der Schule als „Ort der Sozialisation" aus ist dieser Anspruch nicht kritisierbar, wohl aber von einem Verständnis aus, das der Schule einen eigenen pädagogischen Auftrag zuerkennt und sie als „Ort der Bildung" begreift. Zu fragen ist also, ob das, was als *gesellschaftlich notwendig* erscheint, auch *pädagogisch legitim*, also mit dem Bildungsbegriff vereinbar ist. Viele Kritiker (Fischer, Benner) bestreiten das energisch, gehen also von einer Unvereinbarkeit von gesellschaftlichem und pädagogischem Anspruch aus. Sie beziehen sich in ihrer Kritik dabei vor allem auf die schulische Allokationsaufgabe, haben also die Noten und Zeugnisse im Visier, die sie zumeist als „unpädagogisch" ablehnen, während sie die schulische Leistungsorientierung sowie eine nur innerschulische Leistungsbeurteilung in der Regel durchaus bejahen. Mit welchen Gründen eine solche Position vertreten wird und inwiefern sie berechtigt ist, soll im folgenden erörtert werden. Auszugehen ist dabei von jenem Bildungsbegriff, auf den sich die Kritiker als Urteilskriterium beziehen.

## 4. Worin der pädagogische Auftrag der Schule besteht und weshalb der gesellschaftliche Auftrag ihn gefährdet

Was also meint der Begriff der Bildung, den Pädagogen zur Umschreibung des Auftrags der Schule verwenden? Je nach pädagogischer Richtung werden bei seiner Bestimmung unterschiedliche Akzente gesetzt. Einigkeit besteht jedoch weitgehend darin, daß sich die Interpretation des Bildungsbegriffs an der Tradition der europäischen Aufklärung und deren zentraler Idee der Mündigkeit zu orientieren hat. Unter Bildung wird dieser Tradition zufolge jener Prozeß verstanden, in dem der Mensch in freier Entscheidung sich selbst bestimmt, d. h. sein Menschsein herausbildet und seine Identität gewinnt. Der Bildungsprozeß unterliegt demnach der Selbstbestimmung des Subjekts. Er dient der Verwirklichung des „Menschtums im Menschen" (Pestalozzi) und zielt auf Autonomie und Mündigkeit. Weil jeder der Entfaltung seines Menschseins bedarf, stellt sich die Bildungsaufgabe jedem Menschen. Will er dieser Aufgabe gerecht werden, muß er sich anstrengen, Mühe und Kraft aufwenden, Bequemlichkeit und Faulheit überwinden, d. h. zur Bildung bedarf es immer auch der Leistung. Ohne sie würde der Mensch seine Möglichkeiten nicht ausschöpfen und geriete so in eine selbstverschuldete Unmündigkeit (Kant).

Bestimmt man es als die spezifisch pädagogische Aufgabenstellung der Schule, die Schüler bei ihrer Bildungsaufgabe zu unterstützen, den Bildungsprozeß also anzuleiten, zu führen und zu gestalten, dann schließt diese Aufgabenstellung immer auch die Hinführung zur Leistung ein. Die schulische Leistungsorientierung ist demnach nicht nur gesellschaftlich, sondern auch pädagogisch begründbar. Allerdings ist Leistung im pädagogischen Verständnis zweckgebunden: Sie steht im Dienst der Bildung, soll den Bildungsprozeß ermöglichen und fördern und ist insofern „Mittel zum Zweck". Ihr pädagogischer Wert bemißt sich danach, inwieweit sie zur Bewältigung der Bildungsaufgabe beiträgt. Damit aber ist ein Kriterium gewonnen zur Beurteilung jener Leistungsanforderungen, die von der Gesellschaft an die Schule herangetragen werden. Sie sind nur insoweit pädagogisch legitim, wie sie zur Bildung des Schülers, d. h. zu seiner Mündigkeit beitragen. Schule darf demnach nur in einem bestimmten Sinne „Leistungsschule" sein: in dem Sinne und in dem Maße nämlich, in dem sie die Bewältigung jener Aufgaben und Lernprozesse ermöglicht und fördert, die zur Mündigkeit, zu Selbst- und Mitbestimmungsfähigkeit führen (Klafki). Anforderungen der Gesellschaft, die dieser Zielsetzung nicht entsprechen, die vielleicht gar der Einpassung und Funktionalisierung des Menschen im Hinblick auf ein politisch erwünschtes oder ökonomisch verwertbares Verhalten dienen, sind abzuweisen.

Schulisches Lernen ist demzufolge so zu gestalten, daß die Schüler herausgefordert, ermutigt und befähigt werden, sich an solchen Aufgaben zu messen und zu bewähren, die der Entfaltung ihrer individuellen Anlagen und Möglichkeiten im Hinblick auf die Verwirklichung und Ausformung mündigen Menschseins in einer bestimmten Zeit und Gesellschaft dienen. Diesem Ziel muß sich auch die schulische Leistungsbeurteilung unterstellen. Ihre pädagogische Aufgabe besteht darin, Lernhilfe zu sein, den individuellen Bildungsprozeß des Schülers also begleitend zu unterstützen und zu befördern. Im einzelnen lassen sich folgende Teilaufgaben unterscheiden:

- Information und Orientierung über den Verlauf des Bildungsprozesses mit dem Ziel, die geeigneten Wege zur optimalen Förderung des einzelnen Schülers herauszufinden,
- Anreiz, Ermutigung und Herausforderung für das Lernen mit dem Ziel, die Entwicklung und Entfaltung der vorhandenen Fähigkeiten anzuregen und zu stimulieren,
- Information und Orientierung über die individuelle Leistungsfähigkeit mit dem Ziel, die Selbsteinschätzung zu befördern und ein realistisches Fähigkeitsselbstbild zu gewinnen.

Leistungsbeurteilung im erläuterten Verständnis, so läßt sich zusammenfassen, dient also dazu, dem Schüler Hilfestellung zu geben für sein Fortschreiten im Lern- und Bildungsprozeß. In dem Maße, in dem sie diese Förderungsfunktion erfüllt, ist die schulische Leistungsbeurteilung pädagogisch legitim und gerechtfertigt.

Nicht legitim und gerechtfertigt ist es in den Augen der Kritiker dagegen, das schulische Leistungsurteil für außerschulische Zwecke zu nutzen, wie es geschieht, wenn Noten und Zeugnisse zur Grundlage gemacht werden für gesellschaftlich begründete Allokations- und Selektionsentscheidungen. Das auf den Bildungsprozeß bezogene Leistungsurteil der Schule, so argumentiert man, erhalte damit eine über innerschulische Belange weit hinausgehende Bedeutung. Es mache den künftigen Status in der Gesellschaft von der Bewährung in der Schule abhängig, verknüpfe auf diese Weise schulische Leistung mit außerschulischer Gratifikation und belaste den Bildungsprozeß dadurch mit einem „falschen Motiv". Die Sache, um die es im Bildungsprozeß gehe, sei nicht mehr ihrer selbst wegen wichtig und erstrebenswert, sondern werde degradiert zu einem bloßen Mittel zum Statuserwerb, das letztlich austauschbar sei. Als Folge ergebe sich, daß der Mitschüler zum Konkurrenten auf dem Wege nach oben werde. Solidarität werde untergraben und Konkurrenzdenken breite sich aus. Vor allem aber werde das Interesse der Schüler an den Themen und Inhalten des Unterrichts korrumpiert. Noten, Punkte und

Zeugnisse würden zum Schein- und Ersatzziel schulischen Lernens (Dohse). Der Sinn des Lernens und Leistens werde damit in unerträglicher Weise belastet. Die Notengebung erscheine als ihr eigentlicher Zweck. Der Bildungsprozeß werde so radikal gefährdet. Noten und Zeugnisse, so die Forderung, seien daher abzuschaffen. Für pädagogische Zwecke seien Verbalberichte ohnehin sinnvoller und völlig ausreichend. Im Interesse ihres Bildungsauftrags müsse die Schule von der ihr zugewachsenen Allokationsaufgabe und der damit verbundenen Praxis der Notengebung und Zeugniserteilung entlastet werden. Erst dann und damit werde sie wirklich zu einem nach pädagogischen Maßgaben gestalteter „Ort der Bildung".

Sind Kritik und Forderung berechtigt? Zugestehen muß man, daß die Allokationsaufgabe tatsächlich eine große Belastung, eine Hypothek schulischen Lernens darstellt und den Bildungsprozeß durchaus gefährden kann. Ein zwingendes Argument für die Abschaffung von Noten und Zeugnissen ist dies allerdings nur dann, wenn sich die Gefährdung *notwendig* ergibt und sie *unvermeidbar* ist. Eben das aber läßt sich bestreiten. Zudem gibt es gewichtige Gründe, an der Allokationsaufgabe auch *trotz* der von ihr ausgehenden Gefährdung festzuhalten. Diese Gründe betreffen insbesondere das Verhältnis von gesellschaftlichem Anspruch und pädagogischer Aufgabenstellung. Sie sollen nachfolgend kurz vorgestellt werden.

## 5. Warum die Schule den gesellschaftlichen Auftrag dennoch nicht unberücksichtigt lassen und Noten und Zeugnisse nicht abschaffen kann

Relativieren läßt sich die Kritik an den problematischen Wirkungen der schulischen Notengebung zunächst einmal insofern, als sich diese Wirkungen nicht *zwangsläufig* einstellen. Wäre dies der Fall, müßte man unterstellen, daß sich die Schüler von unbewußten Motiven steuern lassen, in ihrem Handeln also unfrei sind. Dann aber wäre jegliche Pädagogik überflüssig. Eine Pädagogik, die das Selbstbestimmungsrecht des Schülers achtet, kann sich nur an seine Einsicht wenden und ihn auffordern, kraft dieser Einsicht das Richtige zu tun. Sie muß dabei die Fähigkeit des Schülers zur Einsicht und seine Handlungsfreiheit voraussetzen. Treffen diese Voraussetzungen zu, muß es prinzipiell möglich sein, daß sich die Schüler auch trotz der Gratifikation, die damit verknüpft ist, *mit Gründen* und *aus Einsicht* den Inhalten und Gegenständen des Unterrichts zuwenden und dafür Interesse entwickeln. Ob das Sachinteresse der Schüler untergraben wird oder nicht, hängt deshalb nicht nur von den Noten, sondern vor allem davon ab, inwieweit es dem Lehrer gelingt, seinen Schülern den Sinn schulischer Aufgabenstellungen und Leistungsanforderungen einsichtig zu machen.

Dennoch bleibt zu fragen, warum die Schule sich selbst Probleme schafft und eine potentielle Fehlorientierung der Schüler und die Gefährdung ihres Bildungsprozesses nicht unterbindet, indem sie Noten und Zeugnisse abschafft. Als Grund dafür ließe sich anführen, daß die Schüler es in der Gesellschaft beherrschen und daher in der Schule lernen müssen, sich den Verlockungen von Gratifikationen zu widersetzen. Fragwürdige Voraussetzung eines solchen Arguments ist allerdings, daß man das Falsche zulassen muß, damit die Schüler das Richtige lernen. Seriöser und gewichtiger ist ein anderes, auf die Anreiz- und Motivationsfunktion von Noten bezogenes Argument. Die Schule muß das Lernen für *alle* Schüler organisieren, nicht nur für Interessierte, sondern auch für solche, die ein Sachinteresse für die Themen und Inhalte des Unterrichts nicht schon mitbringen und dieses Interesse erst noch entwickeln müssen, es vielleicht vorübergehend auch verlieren und daher Anreize zum Weiterlernen benötigen. Zur Schaffung solcher Lernvoraussetzungen sowie zur Überbrückung von Phasen der Desorientierung ist die Schule auf den sekundären Anreiz der Notengebung angewiesen. Die ganze Schulgeschichte hindurch von den Jesuitenschulen des 16./17. Jahrhunderts bis heute sind die Noten so eingesetzt worden: als Ansporn und Anreiz für die Schüler, sich Dingen zuzuwenden, die eigenen Anlagen und Fähigkeiten immer mehr zu entfalten und Aufgaben optimal zu erfüllen. Daß schulisches Lernen in der Regelschule auch ohne Noten organisiert werden kann, ist bisher nicht unter Beweis gestellt worden und kaum denkbar und vorstellbar, – jedenfalls solange nicht, wie es für Interessierte und Uninteressierte gleichermaßen veranstaltet werden muß. Das aber ist im öffentlichen Schulwesen der Fall. Will sie weiterhin ihren Auftrag *für alle* erfüllen, ist die Schule insofern auf Noten angewiesen.

Mit der Relativierung der Kritik an den Folgen der Notengebung und dem Verweis auf die kaum zu ersetzende Anreizfunktion von Noten ist die Beibehaltung der schulischen Allokationsaufgabe, von Noten und Zeugnissen aber noch nicht hinreichend begründet. Die Argumentation ist grundsätzlicher noch und prinzipieller zu führen. Der zentrale systematische Einwand gegen die Allokationsaufgabe besagt ja, daß sie mit dem Bildungsauftrag der Schule nicht vereinbar sei. Allokation habe ihre Norm in der Gesellschaft und bedeute Anpassung an sie und Einfügung in bestehende Strukturen. Bildung dagegen habe ihre Norm im gelungenen Menschsein und bedeute Freisetzung zu selbstbestimmter Entfaltung der Individualität. Allokation und Bildung stünden insofern im Widerspruch zueinander. Betreibe die Schule Allokation, pervertiere sie ihren Bildungsauftrag. Selbstwerdung stehe dann unter dem

Diktat der Anpassung. Mündigkeit werde notwendig verfehlt. Bildung diene nur noch dem Statuserwerb.

Wie schon ausgeführt wurde, ist diesem Einwand zumindest in formaler Hinsicht beizupflichten. Die Schule ist zwar eine gesellschaftliche Institution in staatlicher Trägerschaft, bezieht ihre regulativen Ideen aber erklärtermaßen dennoch nicht aus der Gesellschaft, sondern aus der Idee der Bildung. Gesellschaftlicher und pädagogischer Auftrag sind insofern nicht von vornherein identisch. Sie müssen sich aber auch nicht notwendig widersprechen. Ob ein solcher Widerspruch tatsächlich vorhanden ist, hängt davon ab, um *welche* Gesellschaft es sich dabei handelt. Es muß also eine *inhaltliche* Prüfung vorgenommen werden. Auf keinen Fall kann die auf den absolutistischen Obrigkeitsstaat des 18./19. Jahrhunderts bezogene Kritik am schulischen Berechtigungswesen (Furck) einfach auf heutige Verhältnisse übertragen werden, wie es vielfach geschieht. In Rechnung zu stellen ist vielmehr, daß sich der demokratisch verfaßte Staat unserer Tage anders als der damalige im Grundgesetz zu eben jenem Ideal bekennt, das auch für die Pädagogik gilt: zur Würde des Menschen nämlich. Ein Widerspruch prinzipieller Art zwischen pädagogischem und gesellschaftlichem Auftrag der Schule kann insofern nicht vorhanden sein. Das schließt nicht aus, daß sich als Folge des Allokationsauftrags in der Schule bestimmte Probleme, Schwierigkeiten und Diskrepanzen ergeben, – eben jene, auf die die Kritiker verweisen. Gibt es keinen Widerspruch prinzipieller Art, müssen sie als letztlich lösbar betrachtet werden. Dem Staat als Träger der Schule und den von ihm bestellten und entlohnten Lehrern obliegt es, solche Lösungen zu finden. Dieser Aufgabe nicht gerecht werden Lehrer, wenn sie die (zugegebenermaßen schwierige) Allokationsaufgabe einfach ablehnen. Eine pädagogische Begründung, mit der man eine solche Ablehnung des gesellschaftlichen Auftrags der Schule rechtfertigen könnte, kann es angesichts der Übereinstimmung in den regulativen Ideen nicht geben.

Stützen läßt sich die Aussage, daß schulischer Bildungs- und gesellschaftlicher Allokationsauftrag nicht in prinzipiellem Widerspruch zueinander stehen, wenn man die Bildungsvorstellung in die Betrachtung einbezieht und auch hier eine genauere Prüfung anstellt. Selbst wenn dieser Eindruck bisher erweckt wurde, stellt der Bildungsbegriff ja keine ein für allemal feststehende, unverrückbare Norm dar. Das, was man mit ihm verbindet, hat sich historisch entwickelt und unterliegt der Veränderung. Wesentliche Impulse erhielt der Begriff durch Wilhelm von Humboldts (1767–1835) Theorie einer gegen jegliche gesellschaftliche Verzweckung und Vereinnahmung gerichteten „reinen Menschenbildung". In dieser Zielrichtung ist sie bis heute aktuell. Die weitere Entwicklung des Bildungsbegriffs im 19./20. Jahrhundert insbesondere am Gymnasium jedoch als Verfallsgeschichte zu kennzeichnen (Furck), wird der

Realität der Schule heute kaum gerecht. Zwar trifft es zu, daß Bildung nicht verdinglicht werden darf. Man darf sie aber auch nicht individualistisch mißverstehen und ihren gesellschaftskritischen Anspruch nicht überziehen, – zumal nicht in einer demokratisch verfaßten Gesellschaft. Für den Schüler stellen die Kultur und Gesellschaft, in die ihn die Schule entläßt, eine *historische Bedingtheit seiner Existenz* dar, von der sich nicht absehen läßt. Mündigkeit kann er nur erwerben in Auseinandersetzung mit der vorgefundenen Kultur und ihren Sinngehalten. Zu seiner Selbstverwirklichung ist er auf einen ihm gemäßen Platz in der Gesellschaft angewiesen, an dem er in einer Weise ökonomisch abgesichert leben, einen Beruf ausüben und sich betätigen kann, daß er zufrieden ist und sein Leben gelingt. Um diesen Platz zu finden und einzunehmen, braucht er Hinweise auf seine Eignung dafür ebenso wie „verwertbare Qualifikationen". Beides liefert die Schule in Form von Noten und Zeugnissen. Darin besteht ihr Allokationsauftrag. Wer ihn als „Selektion" bezeichnet, mißversteht ihn. Wer von „Sortierung" spricht, will diffamieren. Ein prinzipieller Widerspruch zwischen Allokation und Bildung besteht nicht. Es handelt sich vielmehr um ein Bedingungsverhältnis, um eine wechselseitige Verwiesenheit, die sich zurückführen läßt auf die Natur des Menschen als Individual- *und* Sozialwesen.

## 6. Welche Konsequenzen sich aus dem „Doppelauftrag" der Schule für die Praxis der Notengebung und Zeugnisvergabe ergeben

Wenn es zutrifft, daß die gesellschaftliche Allokationsaufgabe notwendig und sinnvoll ist und sie nicht als „unpädagogisch" abgelehnt werden kann, steht die Schule vor einem schwierigen Problem. Sie muß diese Aufgabe wahrnehmen, – und zwar so wahrnehmen, daß der pädagogische Bildungsauftrag nicht behindert oder gar verhindert wird. Pädagogischer Sinn und gesellschaftliche Notwendigkeit müssen in Ausgleich, in eine *Balance* gebracht werden. Vom Lehrer erfordert diese Balance viel didaktisches Geschick und Einfühlungsvermögen. Sie macht seine Tätigkeit zu einer schwierigen, anspruchsvollen und zugleich lohnenden Aufgabe. Dafür, wie sie sich in bestimmten Aufgabenfeldern bewältigen läßt, liegen Vorschläge und Anregungen vor (Schilmöller). Hier sollen die Möglichkeiten einer Balance abschließend am Beispiel des Umgangs mit den Mitteilungsformen schulischer Leistungsbeurteilung aufgezeigt werden.

Als Mitteilungsformen bezeichnet man jene Formen symbolischer Darstellung, mit denen man den Betroffenen oder Dritten das Ergebnis des Beurteilungsprozesses mitteilt. Gebräuchliche Mitteilungsformen im Bereich der Schule sind *Noten* und *Verbalberichte*, die jeweils eine lange Tradition haben. Auf die Güte des vorausliegenden Beurteilungsprozesses haben die Mitteilungsformen keinen Einfluß, so daß sie in dieser Hinsicht gleich zu bewerten sind. Aufgrund ihrer jeweiligen Eigenart eignen sie sich jedoch unterschiedlich gut zur Erfüllung des pädagogischen Förderungs- und des gesellschaftlichen Allokationsauftrags.

Verbalberichte werden der pädagogischen Förderungsaufgabe wesentlich besser gerecht als Noten, und zwar aus folgenden Gründen:

– Nur sie bieten die Chance, den Könnensfortschritt, den die Schüler im Hinblick auf den Sachanspruch der Lehrplananforderungen erzielt haben, aber auch Mängel und Fehler, mögliche Ursachen und Verbesserungsvorschläge *genau, detailliert* und *ausführlich* zu kennzeichnen.

– Nur mit ihnen kann man auf die *individuellen* Voraussetzungen des jeweiligen Schülers eingehen, seine Bedingungen berücksichtigen und seinen persönlichen Leistungsfortschritt unabhängig vom Anspruch des Lehrplans allein bezogen auf den bisher erreichten Stand würdigen.

Eine solche individuelle, detaillierte, kriterienbezogene und für den Schüler hilfreiche Entwicklungsbeschreibung läßt sich mit Noten nicht geben. Noten stellen ein Kurzurteil dar. Die Notenskala ist grobmaschig, wenig differenziert und ohne Skalenmitte. Eine differenzierte und zugleich individuelle Rückmeldung gestatten Noten nicht. Mit ihnen allein kann man dem Schüler eine ausreichende Hilfestellung für sein Fortschreiten im Lern- und Bildungsprozeß nicht geben. Dazu bedarf es ausführlicher verbaler Berichte über die individuelle Lernentwicklung.

Umgekehrt gilt, daß sich der gesellschaftliche Allokationsauftrag mit Noten besser als mit Verbalberichten erfüllen läßt. Die folgenden Gründe sind dafür maßgeblich:

– Noten sind kurz, knapp und prägnant und beziehen sich auf die für einen Bericht an Außenstehende allein maßgeblichen *Ergebnisse* der Lernentwicklung.

– Sie stellen insofern ein relativ eindeutiges und unmißverständliches Urteil dar, als ihre Interpretation durch die amtliche Notendefinition und die Stellung innerhalb der Skala festgelegt ist.

– Noten sind eine eingeführte, in allen Schulen übliche, seit Jahrzehnten praktizierte Beurteilungsform, die von jedermann in der Öffentlichkeit verstanden und akzeptiert wird.

Eine solche knappe, eindeutige, für jedermann verständliche Information über die Lern*ergebnisse*, wie sie sich mit Noten geben läßt und wie sie für ein Zeugnis als einem an Dritte außerhalb der Schule gerichteten Dokument notwendig ist, liefern Verbalgutachten und Lernentwicklungsberichte nicht. Die Lern*entwicklung* hat Dritte nicht zu interessieren. Entwicklungsberichte sind als Zeugnis viel zu ausführlich, lassen sich unterschiedlich auslegen und deuten, sind erklärungsbedürftig und können Anlaß für Mißdeutungen sein. Eine präzise Auskunft über den erreichten Stand fachlicher Kenntnisse können Dritte aus ihnen in der Regel nicht entnehmen. Mit Verbalgutachten und Lernentwicklungsberichten ist der gesellschaftliche Allokationsauftrag daher nicht adäquat zu erfüllen.

Mit der Entscheidung ausschließlich für eine bestimmte Mitteilungsform favorisiert man demnach immer zugleich einen bestimmten Auftrag der Schule und wendet sich gegen einen anderen. *Dem „Doppelauftrag" der Schule wird man auf diese Weise nicht gerecht.* Dazu ist eine Balance erforderlich, die dem pädagogischen Förderungs- wie dem gesellschaftlichen Allokationsauftrag gleichermaßen Rechnung trägt. Beide Aufgaben müssen in einer Weise miteinander vermittelt werden, daß keine von ihnen Schaden leidet. Bei den Mitteilungsformen kann das etwa dadurch geschehen,

– daß die Beurteilung im Rahmen der alltäglichen schulischen Leistungsüberprüfungen immer verbal und kriterienbezogen erfolgt und den Schülern transparent gemacht wird,
– daß die Note weitgehend für den Bericht nach außen im Zeugnis reserviert bleibt und allenfalls als Zusammenfassung zum Verbalurteil hinzutritt,
– daß Hausarbeiten, Klassenarbeiten, Tests niemals ohne Kommentar nur mit einer Note beurteilt werden,
– daß bei Lernanfängern (1./2. Schuljahr) auf Noten noch völlig verzichtet und erst langsam und allmählich (im 3. Schuljahr) zu ihnen hingeführt wird,
– daß man sparsam mit Noten umgeht, nicht alles und jedes zensiert, den Unterricht nicht zu einer permanenten Prüfungssituation macht und Noten auch nicht als probates Disziplinierungs- und Drohmittel mißbraucht,
– daß man die Notwendigkeit einer Leistung von der Sache, nicht von den Noten her begründet und die Notengebung auch nicht als Hauptzweck von Leistungsüberprüfungen ausgibt,
– daß man dafür Sorge trägt, daß die Schüler unterschiedliche Beurteilungsmaßstäbe kennen und wissen, daß man eine Leistung im Hinblick auf die sachlichen Anforderungen, aber auch im Vergleich zur Leistung anderer und zur eigenen bisherigen Leistung beurteilen kann,
– daß man die Schülerleistungen, Lob und Tadel nach diesen Beurteilungsmaßstäben differenziert und für Erfolgserlebnisse bei allen Schülern sorgt,

- daß man Leistungsvergleiche der Schüler untereinander erschwert, Noten, Notendurchschnitte, Punkte und Fehlerzahlen bei Klassenarbeiten nicht vor der Klasse veröffentlicht, keine Wettkampfspiele einsetzt, die Leistungsschwächen offensichtlich machen und statt dessen die gemeinsame Arbeit in den Vordergrund stellt,
- daß man keine Notenarithmetik betreibt und Noten nicht verrechnet, vor allem aber, daß man (selbstverständlich) personale Zuwendung, Anerkennung und Wertschätzung der Schüler nicht von Noten abhängig macht.

Geht man so mit Noten und Verbalbeurteilungen um, wird die Schule ihrem in fast allen Zielformeln für das öffentliche Schulwesen formulierten Auftrag gerecht, zu *individuellem und gesellschaftlichem* Leben zu befähigen. Die Vorstellung, daß als Ergebnis des Schullernens nur Noten zählen, wie es Gymnasiasten in Interviews äußerten, dürfte sich dann kaum einstellen. Zurückzuführen ist diese Vorstellung im übrigen mit hoher Wahrscheinlichkeit weniger auf Defizite im Umgang mit der Notengebung als vielmehr auf die entwicklungsbedingte Ausrichtung von Schülern dieses Alters an der Gesellschaft. Entsprechende Äußerungen sollten deshalb nicht überbewertet werden. Dennoch sollte der Unterricht der Vorstellung, daß nur Noten zählen, nicht Vorschub leisten. Dazu, daß sich dieser Eindruck nicht herstellt, können auch die Eltern beitragen, wenn sie sich an die folgenden Verhaltensregeln der „Aktion Humane Schule" halten:

1. Nehmen Sie die Gefühle Ihres Kindes ernst!
2. Sprechen Sie mit Ihrem Kind über die Noten!
3. Reagieren Sie nicht mit Geldprämien oder Strafen!
4. Stellen Sie die Wertschätzung Ihres Kindes höher als die Noten!
5. Vergleichen Sie die Noten nicht mit denen der Geschwister oder Mitschüler!
6. Erkennen Sie den Lernfortschritt gegenüber früheren Leistungen an!
7. Ermutigen Sie das Kind und heben Sie seine guten Seiten hervor!
8. Helfen Sie in schwierigen Lernbereichen nach!
9. Sprechen Sie mit den Lehrerinnen und Lehrern – aber nicht nur über die Noten!
10. Teilen Sie Ihrem Kind etwas von Ihren eigenen Notenerfahrungen mit!

**Literatur**

Benner, Dietrich: Was ist Schulpädagogik? In: Derbolav, J. (Hrsg.): Grundlagen und Grundprobleme der Bildungspolitik. Ein Theorieentwurf. München – Zürich 1977, S. 88–111.

Dohse, Walter: Das Schulzeugnis. Sein Wesen und seine Problematik. Weinheim 1963.

Fischer, Wolfgang: Zur systematischen Problematik des Verhältnisses von Schule und Leistung. In: Ders.: Schule und kritische Pädagogik. Fünf Studien zu einer pädagogischen Theorie der Schule. Heidelberg 1972, S. 16–42.

Furck, Carl-Ludwig: Das pädagogische Problem der Leistung in der Schule. Weinheim 1975 (5. ergänzte Auflage).

Heckhausen, Heinz: Leistung und Chancengleichheit. Göttingen 1974.

Ingenkamp, Karlheinz (Hrsg.): Die Fragwürdigkeit der Zensurengebung. Texte und Untersuchungsberichte. Weinheim – Basel [8]1989 ([1]1971).

Klafki, Wolfgang: Sinn und Unsinn des Leistungsprinzips in der Erziehung. In: Ders.: Neue Studien zur Bildungstheorie und Didaktik. Weinheim – Basel [4]1994, S. 209–247.

Schelsky, Helmut: Schule und Erziehung in der industriellen Gesellschaft. Würzburg [4]1965.

Schilmöller, Reinhard: Anspruch und Gefährdung. Vom richtigen Umgang mit Leistung und Leistungsbeurteilung in Schule und Unterricht. In: engagement 3–4/1992, S. 231–261.

*Leistungserwartungen
machen Kindern Angst
und schränken
ihre Entfaltung ein.*

CORNELIA FRECH-BECKER

# Fördern heißt Fordern

## 1. In die Ferne schweifen ...

In schulischen Dingen liegt das Gute offenbar nicht mehr so nahe. Ein Blick nach England mag uns helfen, dies deutlicher zu erkennen. Dabei wäre es bis vor kurzem noch völlig ausgeschlossen gewesen, von England lernen zu wollen, so miserabel war das staatliche Schulwesen. Inzwischen hat sich das Blatt gewendet. Mit Tony Blair, dem neuen sozialistischen Regierungschef mit konservativen Ideen, ist das Thema Erziehung wieder an die erste Stelle gerückt. Erziehung war Wahlkampfthema Nummer eins, *education* füllt die Zeitungen. Im August 1997 hat die Sunday Times drei Sonntage lang jeweils eine Beilage mit Schulranglisten veröffentlicht.

*We are a grand nation* – dieser Wahlslogan Blairs wird inzwischen systematisch umgesetzt. England ist im Kommen, und zentral berührt dieser Satz das englische Bildungssystem. Dieses mit dem deutschen zu vergleichen macht Sinn, weil in England das Wort *elite* kein Unwort ist. Sind die top public schools, also die Eliteinternate bzw. Privatschulen in England selbst heute noch für viele die Kaderschmiede für den Sprung nach Oxford oder Cambridge und die daraus erwachsenden Führungspersönlichkeiten in Politik und Gesellschaft, so macht sich der neue Regierungschef daran, auch in den Staatsschulen den Wettbewerb anzukurbeln. In Deutschland würde die Lehrergewerkschaft aufheulen, käme einer auf den Gedanken, Prüfungsergebnisse in den nationalen Zeitungen zu veröffentlichen. Dies ist aber in England Brauch. New Labour geht einen unkonventionellen Schritt weiter und sagt: *Bad teachers should be sacked, not suffered.* Die Rigorosität der Forderung, schlechte Lehrer nicht zu erdulden, sondern zu feuern, kann nicht nur darin begründet sein, daß England das Berufsbeamtentum bei Lehrern nicht kennt. Der frische Wind der neuen Regierung verbindet vielmehr Modernität mit einer neuen Führungsrolle in Europa. Mit einem starken Pfund, einer boomenden Wirtschaft, einer vergleichsweise niedrigen Arbeitslosenzahl und einem wettbewerbsorientierten Schulwesen will England seinen steigenden Reichtum vorführen.

Das Paradoxe im englischen Erziehungswesen hat schon immer Kopfschütteln verursacht. Die elitärste Erziehung überhaupt ist nirgendwo anders denkbar als an englischen Privatschulen. Dem gegenüber steht ein bis vor kurzem noch völlig ineffektives staatliches Schulsystem, das nur von amerikanischen Verhältnissen übertroffen wird. Nirgendwo in Europa steht das Individuum in der Erziehung so im Blickpunkt wie in England. Es sind die Auswirkungen einer

Unterrichtsweise aus Amerika, die als Dalton-Plan in die Schulgeschichte einging. Er war die Grundlage für eine Pädagogik, die an die individuelle Entwicklung des Schülers glaubte und auf den Selbststudierwillen der Jugendlichen vertraute. Der Lehrer als Instruktor trat völlig zurück und hob damit sichtbar die Dominanz der mittelalterlichen Unterweisung vom Katheder aus auf. Betritt man ein englisches Klassenzimmer, dann spürt man noch heute dieses hohe Maß an Selbständigkeit, das starke Vertrauen auf den Bildungstrieb des einzelnen. Weil die Engländer das tun, sind ihre schulischen Ergebnisse in den staatlichen Schulen so schlecht. Wo die Motivation des einzelnen mit allerhand Tricks geweckt wird *(„the medicine of knowledge is offered in a sugar plum so large and delicious that it is swallowed with delight")*, darf es nicht verwundern, wenn die Schüler nur selten in den Genuß einer konzentrierten und vertieften Beschäftigung mit den Unterrichtsinhalten kommen.

Diese auf Individualität ausgerichtete Erziehung, die zwischen den beiden Kriegen blühte, hinterließ ihre Spuren bis zum heutigen Tag. Viele Elemente wurden in die moderne Erziehung integriert, und bis vor kurzem waren im staatlichen Schulwesen die Motivation des Schülers und das soziale Klima in der Klassengemeinschaft wichtiger als die Lernergebnisse. Bei den Veröffentlichungen der besten Schulen im Lande geht es aber primär nicht um diese emotionalen Qualitäten. Gemessen und verglichen werden immer der Grad der erreichten Ergebnisse der beiden großen Examina, des *General Certificate of Secondary Education* (abgekürzt GCSE, absolviert im Alter von 15 Jahren) und der *Advanced Level*-Prüfung (abgekürzt A-Level, absolviert mit 18 Jahren). Verglichen wird nicht nur das Abschneiden der Schüler im jeweiligen Schuljahr, sondern es werden auch immer die Vergleichszahlen der Ergebnisse aus den vergangenen Schuljahren mitgeliefert, um die Stabilität der Position in der Rangliste bewerten zu können. Die Qualifikation der Schulen erfolgt also nicht nach sozialen Gesichtspunkten, sondern richtet sich ausschließlich nach den akademischen Ergebnissen.

Mehr Lehrer, weniger Schüler pro Klasse, bessere Ausstattung, Schule als Sozialhilfestation, Lehrer als Sozialhelfer – das erinnert zunächst an die in Deutschland geführte Diskussion der Gewerkschaften. Blair griff sie im Vorfeld des Wahlsiegs auf und versprach, zumindest in den Grundschulklassen den Teiler herabzusetzen. Was er aber auch sagte, nur nicht so laut, war, daß die Belohnung von besonders engagierten Lehrern in einer finanziellen Beförderung liegen müsse und nicht in einem Herausnehmen aus dem Unterricht, um in der Administration zur Nervenschonung unterzukommen. Damit bricht er mit einer alten Tradition, die in Deutschland bisher noch unangetastet geblieben ist. Wer im deutschen Schulwesen etwas werden will, der muß sich hochdienen. Hochdienen heißt, Zusatzarbeit außerhalb des Klassenzimmers zu verrichten mit der verlockenden Sicht auf Deputatsverkürzung, um der Ochsentour des Klassenzimmers spätestens in der midlife crisis entkommen zu sein. Allerhand Jobs winken da, und sie haben im Laufe der Jahrzehnte in Deutschland kräftig zugenommen. Fachberater, Seminarleute, Drogenberater, Behindertensprecher, Ministeriumsabgeordnete, gewerkschaftlich Engagierte. Überall werden Stunden für Verwaltungsarbeiten abgezogen, fallen Stunden an den Schulen aus. Denn nur Lehrer sein, selbst wenn man ein Exzellenter seines Berufsstandes ist, wird als Schmalspurdenken interpretiert, macht verdächtig, läßt Weitblick vermissen. Für die ausgefallenen Stunden rechnen bestimmte Interessenverbände den Kultusministerien schlechte Personalausstattung vor und fordern eine Anhebung des Lehrerpegels.

Die Bertelsmann Stiftung, bekannt durch ihr Engagement, gesellschaftlich bedeutsame Prozesse zu unterstützen und Ansätze zur Lösung gesellschaftlicher Probleme zu geben, hat 1996 unter dem Stichwort „Sonderpreis Innovative Schulen" einen Band herausgegeben, in dem die teilnehmenden 333 deutschen Schulen in einem Kurzprofil ihr schulische Innovationen vorstellen. Man macht dort die erschreckende Entdeckung, daß mit innovativ in Deutschland vorwiegend all das gemeint ist, was nicht in den Bereich der Leistung fällt. Schule gestalten, mit Süchten umgehen, Fremdheit und Vertrauen, Jahrmarkt der Sinne, Identität und Erfahrung, Intensivkurse für Berufserfahrung, Integration ausländischer Schüler, Lernentwicklungsberichte statt Zensuren in höheren Klassen, Team-/Kleingruppenmodelle, Kontakt zu indischer Partnerschule, Ausgleichs- und Regenerationstraining, Sonderprogramm für Legastheniker, Benefizkonzerte, Projekt Freundliche Schule – solche Projekte sind die pädagogischen Renner, die der deutschen Schulerneuerung angeblich innovative Qualität verbürgen. Die Unausgewogenheit zwischen Leistungsbeschreibung im klassischen Sinne und der Gestaltung des übrigen Schullebens ist so extrem, daß man fragen muß, welcher Wert denn noch der Lernleistung und dem Arbeitseinsatz der Schüler beigemessen wird. Wer diese Frage nicht stellt, fragt auch nicht nach dem Arbeitseinsatz der Lehrer, nach ihrer originären Aufgabe. Gute englische Erziehung hat schon immer danach gefragt, und wenn nicht im öffentlichen Schulsystem, so im privaten. Immer schon hat der Satz gegolten, daß die Fortschrittlichkeit einer guten englischen Schule in ihrer Hinwendung zur Tradition bestehe. Bedeutsam ist, daß eine Abkehr der offenen Unterrichtsformen in England inzwischen laut diskutiert wird, daß der Anteil des Projektunterrichts von New Labour verringert werden soll. Traditionelle Lehrmethoden, die hierzulande wortreich schlecht geredet werden, präsentiert man englischen Lehrern in der Fortbildung als den neuesten Schrei.

In den 116 besten Privatschulen Englands werden regelmäßig Hausaufgaben aufgegeben – sie dienen der Vertiefung und Ergänzung des in der Schule behandelten Stoffes. Die guten Schulen haben genaue Vorstellungen vom zeitlichen Umfang der Hausaufgabenlast. Von einem Elfjährigen werden acht Stunden pro Woche, von einem 14jährigen elf Stunden und von einem 16jährigen mindestens 14 Stunden Beschäftigung mit den Hausaufgaben erwartet. Dies sind die besten Schulen. Keiner rechnet die Wochenstundenarbeitszeit eines Schülers nach oder diskutiert, ob sie das 37,5-Stunden-Limit übersteigt. In Deutschland dagegen wird in pädagogischen Hochschul- und Fortbildungsseminaren über den Unwert der Hausaufgaben debattiert. In den Nebenfächern wird bereits seit langem auf regelmäßiges Abfragen verzichtet. Bei ein- oder zweistündigen Fächern bleibt dann so gut wie nichts hängen. Die englischen Eliteschulen hingegen halten regelmäßige Korrekturen der Hausaufgaben und regelmäßiges Zensieren für eine pädagogische Pflicht. In Deutschland werden im wesentlichen nur noch Klassenarbeiten korrigiert. Selten nehmen Lehrer Haushefte nach Hause und verschaffen sich einen Eindruck über das vom Schüler Geleistete. In England wird wieder zunehmend das Bewußtsein vermittelt, daß „gut sein" nicht immer schon „gut genug" ist. Damit werden Phantasie und Leistungswillen der Lehrer mobilisiert. Viele Lehrer in Deutschland füllen das Ideal des guten Lehrers so aus, daß sie pünktlich zum Unterricht kommen, ihr Klassenarbeitssoll erfüllen, den Stoffplan schaffen, die Zeugnisse rechtzeitig vorlegen und die Schüler vor dem Einschlafen durch aktivierenden Unterrichtsstil retten. Aber reicht diese Routineerfüllung aus? Von Schulleitern in England werden Führungseigenschaften und Managerqualitäten vorausgesetzt. Sie sollen Enthusiasmus und Lehrbegeisterung ausstrahlen. Man verlangt ein pädagogisches Konzept, eine innere erzieherische Überzeugung, die nach Umsetzung drängt, die immer wieder neu formuliert und prägend für den Geist der Schule wird. Dieses pädagogische Gerüst wird von Persönlichkeiten getragen, die Mut zur Erziehung haben. In Deutschland dagegen gilt in der Schulverwaltung häufig das Motto: „Gute Schulen sind solche, von denen man nichts hört, und die zweitbesten solche, von denen man Gutes hört." Diese Reihenfolge stimmt mathematisch nicht, genauso wenig wie die hierarchisch bürokratische Rechnung „Wenn der Vorgesetzte sagt, zwei mal zwei ist fünf, dann ist das für den Untergebenen gefälligst fünf". Eingebettet ist die Philosophie der guten Schulen in eine Unterrichtsmethodik, die auf den Erfahrungen der Vergangenheit gründet und nicht auf modischen Theorien, die nur im Sinne haben, das, was vorher war, durch Neuigkeitsgehabe zu verändern. Gute Schulen zeichnen sich auch aus durch einen guten äußeren Zustand. Dreck wird von den Schülern selbst beseitigt, graffitiverschmierte Wände gibt es nicht. Das Ambiente steht für die Einstellung. Getönte Haare bei Mädchen werden von der housemistress als nicht passend für die Schule moniert. Man schickt die junge Dame zum Friseur zwecks Renaturalisierung der

Farbe. Bei potentiellen deutschen Schulleitern hingegen würden im Bewerbergespräch solche Aspekte als Erbsenzählerei abqualifiziert.

In Part 1 der *Good School Guide* stellen sich die besten Staatsschulen in einem Kurzprofil vor. Das erste Charakteristikum betrifft die landesweite Rangnummer, es folgt der Prozentsatz der Schüler, welche die Prüfung des *General Cerificate of Secondary Education* mit der Note A (excellent) oder B (above average) abgeschlossen haben. An dritter Stelle folgt der Anteil der Schüler an den *Advanced level*-Prüfungen, mit der Note A und B. Ein Hinweis auf die Abgänger nach Oxford oder Cambridge rundet das Erfolgsbild der guten Schule ab. Es sind vier Werte, die alle auf die Leistung bezogen sind. An keiner Stelle kommt das soziale oder gesellschaftliche Engagement der Schule zum Ausdruck. Dies gehört sozusagen stillschweigend zu den normalen Aktivitäten des Schullebens, das der Erwähnung gar nicht bedarf. Eine Stellungnahme jeder einzelnen Schule unter dem Begriff *discipline* bringt eine erstaunliche Parallelität zutage. Gute Schulen legen Wert auf Disziplin und formulieren ausdrücklich: *„sharp sentence for misdemeanours"*, *„high standards, high expectations"*, *„self-discipline is the code-word"*, *„clear, detailed guidance"*, *„high standards of appearance"*, *„firm-but-fair"*, *„firm, without reglementation"*, *„clear guidelines"*, *„clear system"*, *„firm with understanding"*. Überraschenderweise schrecken diese guten Schulen nicht davor zurück, ihre Anforderungen an das Betragen deutlich zu machen. Auch wird *discipline* nicht wie in Deutschland durch einen milderen Begriff wie „Verhalten" umschrieben, obwohl eine passende englische Vokabel zur Verfügung stünde.

Die Rubrik *background* weist die Begehrlichkeit nach einer Erziehung in einer solchen guten Schule auf, wobei die Warteschlangen pro Platz beziffert werden. Schulen, die *hugely oversubscribed* sind, findet man zuhauf in diesem Angebot an guten Schulen. Kein Wunder. Bei 95 Prozent Gesamtschulen, die für den Niedergang des öffentlichen Schulwesens mit ihrem Prinzip der Öffnung für alle gesorgt haben, findet man unter den staatlichen Top-Schulen im Lande fast nur noch *grammar schools*, sie waren bis vor kurzem letzte Refugien einer Bildungslandschaft, die Auswahl, Leistungswillen, Lernethos, Förderung und Wettbewerb garantieren. Aber die Aufbruchstimmung in England ist unüberhörbar. Die Sunday Times schreibt in ihrer Ausgabe vom 3. August 1997: *Blair will fete bright pupils*. Wer zu den besten gehört, soll vom Regierungschef selbst geehrt werden. Blair weiß, was gute Schulbildung bedeutet. Als Vertreter der Arbeiterpartei hat er die feinste englische Privaterziehung genossen. Ihm ist es gelungen, das Bewußtsein für das Elitäre gesellschaftsfähig zu machen. Eine exzellente Erziehung in englischen Privatschulen, die früher nur wenigen vorbehalten war, wird von Blair demokratisch verbreitet, indem er dem staatlichen Schulwesen nahelegt, Elemente der traditionellen *public schools* zu übernehmen. Sie werden damit zu einer Herausforderung für die private Internatserziehung. Das bedeutet aber eine Rückbesinnung auf traditionell bewährte Unterrichtsformen, die sich geschickt mit den Ansprüchen einer modernen Gesellschaft verbinden. Daher zitiert man in England den Satz: *The good progressive schools are remarkably conservative and good conservative schools are remarkably progressive.*

## 2. Hiesige Verirrungen

Wenden wir nun den Blick in unsere Bildungslandschaft. Hierzulande identifiziert man heute weitgehend – bis in die Gymnasien hinein – Schule mit „Spaß machen" und meint damit die Leugnung, ja Austreibung jeglicher Anstrengung. Heranwachsende sollen überhaupt nicht spüren, daß man sich zu etwas überwinden muß. Man plädiert für humane Lernmethoden und vermittelt den Eindruck, als wäre Schule ein Sonntagnachmittagsspaziergang im Grünen, der nichts weiß von Sümpfen, mühsamen Aufstiegen, beschwerlichen Abstiegen und körperlichen Belastungen. Jede Leistung setzt aber Energien voraus, die es aufzubringen gilt. Leistungsfähigkeit ist immer eine mit Mühe, Fleiß und Sorgfalt verbundene Tugend, wovon viele Schüler, Lehrer und Auszubildende, vor allem aber auch die Eltern nichts mehr hören wollen.

Das Problem bei der Pädagogik ist, daß sie keine meßbare Wissenschaft ist. Allzu leicht lassen sich Unterrichtsformen auf den Methodenmarkt werfen, die mit verführerischen Versprechungen wie Lust am Lernen, höhere Gedächtnisleistung, Selbsterkenntnis und Persönlichkeitsförderung locken. In der Medizin etwa läßt sich zweifelsfrei am Ergebnis ablesen, ob ein Medikament gewirkt hat. Die Pädagogik kann sich einer solchen Gewißheit hingegen nicht rühmen.

### Uneingelöste Zauberformeln

Ein aktuelles Beispiel hierfür ist die als Schlüsselqualifikation allseits geforderte *Teamfähigkeit*, die man durch Gruppenarbeit oder Partnerarbeit zu fördern hofft. Es sind aber überhaupt keine Meßinstrumente vorhanden, die beweisen, daß diese Kompetenz mit solchen Sozialformen auch wirklich entwickelt wird. Jeder behauptet, daß man teamfähig werde, wenn man Gruppenarbeit mache. Also baut jeder Lehreranwärter in sein Methodenrepertoire mindestens eine Phase der Gruppenarbeit ein – und die Seminarschulräte sind damit zufrieden. Sie sind ja vielfach auch nur Imitatoren von Spruchweisheiten, die in den Medien unkritisch formuliert werden. Wenn die Wirtschaft teamfähige junge Leute braucht, dann läßt man in der Schule eben vermehrt im Team arbeiten. In meiner Tätigkeit als Mentor habe ich aber noch keine einzige Aufgabenstellung erlebt, in der Teamarbeit zu einem Arbeitsergebnis von höherer Qualität führte als Einzelarbeit. Dies liegt nicht grundsätzlich an der Methode der Teamarbeit, sondern weil die Aufgabenstellungen in der Schule kaum Probleme beinhalten, für die Teamarbeit tatsächlich von Vorteil wäre. Teamfähigkeit setzt beim einzelnen Neugier, Energie, Durchhaltevermögen, Interesse und Leistungsorientierung voraus – Eigenschaften also, die durch noch so viel Gruppenarbeit nicht erzwungen werden können.

*Selbständigkeit* ist ein weiteres Zauberwort, das seit geraumer Zeit in den pädagogischen Hallen umherspukt, und es verlangt nach Klärung. Um Selbständigkeit zu entwickeln, bedient man sich an vielen Schulen des „entdeckenden Lernens". Der Stoff wird vom Lehrer so dargeboten, daß er im optimalen Fall tatsächlich auch entdeckt werden könnte. Dies erfordert aber eine hohes Maß an Neugier, Wissensdurst, Selbstorganisation und an Problemlösefähigkeit, Faktoren, die wir eben gerade bei den Schülern vermissen, denen die modernen Konzepte angeblich helfen sollen. Ich denke hier insbesondere an Hauptschüler, deren Eigenmotivation durch häusliche Vorbilder nicht sonderlich entwickelt ist. Somit begünstigen neue Lehrmethoden oft eher jene Schüler, die ohnehin einen hohen Intelligenzquotienten haben, die gerne kognitiv und selbständig arbeiten und ihr Denkvermögen weiterentwickeln. Das Problem ist vielleicht, daß die neuen Methoden gerade von solchen Pädagogen entwickelt werden, die selbst am liebsten auf diese Art arbeiten würden, und daß deshalb das Schulsystem sich immer wieder neu in alter Weise rekrutiert. Es gelingt damit aber nicht, jene Schüler anzusprechen, die sich in unserem kognitiv geprägten System herumquälen – und womöglich noch nicht einmal bereit sind, sich auch nur einigermaßen anzustrengen.

*Disziplin* hingegen ist zum Tabubegriff geworden. Hören wir einmal kurz in ein Lehrerausbildungsseminar herein. Ein Pulk von Referendaren diskutiert mit dem Seminarschulrat das Problem der Disziplin im Unterricht. In ungezwungener Atmosphäre berichten die jungen Damen, wenigen Herren von ihren Durchsetzungsschwierigkeiten, versuchen Konflikte im Klassenzimmer differenziert zu betrachten und geben lektüreerprobte Hinweise, wie man den ständig störenden Schüler X unterrichtstauglich macht. Ruhige Zugewandtheit und persönliche Gesprächsführung werden empfohlen, Lobbezeugungen auch bei mittelmäßigen Antworten, Ermuntern zu themenbezogenen Beiträgen zwecks Stärkung des Selbstbewußtseins, Einführung von Belohnungssternen, -stempeln oder -stäben schon bei geringsten Anzeichen von Wohlverhalten: Immer wird positiv gehandelt, immer aufgebaut, immer der Hintergrund gesehen. Alles konzentriert sich nur auf jene, die mutlos oder einfach faul sind; ihnen gilt unser ganzes Augenmerk. Es gibt aber keine Förderstunden für Begabte, es gibt keine Pädagogik für die intrinsisch Motivierten, es gibt rein gar nichts für die, die aus sich heraus gerne arbeiten und etwas leisten wollen.

## 45 Minuten Stoff, 4500 Minuten Vorbereitung

Begeben wir uns ruhig einmal ganz konkret in die Niederungen des schulischen Alltags, der so nieder gar nicht ist, weil sich hier auf der Ebene des praktischen Tuns beweisen läßt, ob die theoretischen Entwürfe einer veränderten Unterrichtspraxis die Ergebnisse des Lernens auch tatsächlich verbessern.

Eine junge Lehramtsanwärterin hat ihre Englischprüfung mit gutem Ergebnis hinter sich gebracht und tritt nun das anderthalbjährige Referendariat an. Teils in der Schule praktizierend, teils am Seminar analysierend, reflektiert sie regelmäßig über Intention und tatsächlichen Verlauf ihres Unterrichts in freundlicher Begleitung ihres Mentors, ihres Seminarschulrates und im Kreise ihrer Kolleginnen und Kollegen. Für heute hat die junge Dame eine Englischstunde in der fünften Klasse hinter sich gebracht. Diese Lektion vorzubereiten bedurfte einer vierzehntägigen Auseinandersetzung mit der Thematik – vergleichbar mit der Ausarbeitung einer bedeutenden Rede oder eines anspruchsvollen Vortrages. In die Überlegung zum Aufbau der Stunde floß alles ein, was sie in ihrem Studium gelernt hatte. Zunächst muß ein Thema gefunden werden, das die Schüler auch interessiert – schon das ist nicht immer leicht, wo die *kids* doch schon alles zu kennen meinen. Dann ist die Frage zu klären, ob das gewählte Thema denn auch „genug hergibt", ob die verfügbaren Mittel eines modernen Unterrichts möglichst üppig miteinfließen können. Sodann gilt es, die Stunde nach den Gesetzen der aktuellen Fachdidaktik aufzubereiten. In diesem Beispiel hatte sich die Kollegin für das Thema „Obst" entschieden. Die Schüler sollten mit den wesentlichen Obstsorten auf Englisch konfrontiert werden, Aussprache und Rechtschreibung sollten gesichert sein und nebenher sollten die Strukturen *I would like* und *one pound of* den Schüler in die Lage versetzen, einen fiktiven Einkauf zu tätigen.

Die Junglehrerin beginnt ihren Unterricht mit einer Präsentationsphase realiter. Aufgetürmt auf einem Schülertisch liegen des Sommers Früchte, Bananen, Äpfel, Tomaten, Kartoffeln, auch Orangen und ein Salatkopf. Diese Eröffnung des Unterrichts live zu gestalten ist nun nicht ihr eigenes Verlangen. Die Fachdidaktik behauptet, daß ein Schüler das Sprachmaterial eher aufnimmt, wenn es dem Lehrer gelingt, eine möglichst authentische Kommunikationssituation entstehen zu lassen. Hinter und vor seinem „Marktstand" kann der Lehrer die Szene aktiv gestalten und über die Sinne den Stoff erfahrbar machen. Die Schüler dürfen die Früchte berühren und verlegen. Im modernen Unterrichtsraum wird sich auch bewegt, nicht nur gesessen. Die Kollegin hat gelernt, daß *„die Erwerbsprinzipien der Muttersprache auch beim Erwerb der Fremdsprache eine Rolle spielen, wonach ein Kind die Muttersprache lernt, indem die Mutter durch rituelle und transparente Handlungen ein Situationsverstehen herbei-*

*führt"* – so ein zeitgemäßer didaktischer Kommentar. In einem zweiten Schritt benennt die Kollegin die einzelnen Früchte und läßt den Schülern Zeit, sich in die Sprache, in die Worte hineinzuhören. Auch hier liefern amerikanische Untersuchungen zum Mutterspracherwerb schlüssige Gründe, weshalb dieses Vorgehen wünschenswert ist. Schüler brauchten diese Zeit, um das Sprachmaterial aufzunehmen und zu verarbeiten. Gewarnt wird vor einer zu frühen mündlichen Verwendung der Begriffe – auch das Kleinkind sei beim Mutterspracherwerb lange Zeit nur hörend beteiligt. Die Kollegin darf also unter keinen Umständen die Schüler dazu animieren, vorschnell *apple* zu sagen, sonst besteht Gefahr, daß das Verlaufsmodell unterbrochen wird und die gewünschten Lernergebnisse nicht eintreten. Scheinbar einleuchtend für jeden, der einmal mit Kleinkindern zu tun hatte, ist: Bis zur aktiven Produktion der Muttersprache führt ein langer Weg. Nur: Beim Erwerb einer Fremdsprache sollten Teenies über dieses Alter eigentlich hinaus sein.

Es ist an dieser Stelle nicht notwendig, den weiteren Verlauf der Unterrichtsstunde zu beschreiben. Die Ergebnisse ernüchtern jedenfalls. Dem ‚innovativ' organisierten Unterricht gelingt es nicht, bei der Mehrheit der Schüler Rechtschreibung und Aussprache zu sichern. Die lange Einführungsphase über den Hörsinn bewirkt nicht, daß der neue Stoff schneller und besser verstanden wurde. Die Lernzielkontrolle zeigt deutlich, daß trotz einer unterrichtstechnisch optimal angelegten Stunde ein großer Teil der Schüler Aussprache- und Rechtschreibfehler machte, die bei der freudigen Beteiligung und der hohen Motivation der Schüler so nicht hätten sein dürfen. Bei der Klasse handelt es sich um eine Hauptschulklasse, Kinder also, die im Bereich der sprachlichen Begabung eher unterdurchschnittlich sind. Gerade für sie hat sich die Fachdidaktik der geschilderten ‚Einsichten' bedient. Generell kann gesagt werden – dies bestätigen immer wieder die Ergebnisse in der Praxis –, daß es im heutigen Unterricht auch einem alle Sinne ansprechenden Lehren nicht gelingt, bei den Schülern so viel Memorierlust freizusetzen, daß sie die Informationen nachhaltig speichern. Viel Aufwand also für ein beschämendes Ergebnis – und für Schüler, die angesichts ihrer ungleich spannenderen Nachmittagslebenswirklichkeit nur ein müdes Lächeln übrig haben für die einwöchige aktive Vorbereitung und für eine gedanklich sicher noch längere Auseinandersetzung mit dem Thema.

Die deutliche Kritik lautet daher: Es ist der Schule trotz Ausnutzung aller ‚modernen' Forschungsergebnisse nicht gelungen, die Schüler zur vollen Entfaltung ihrer Anlagen zu bewegen. Es scheint im Gegensatz eher eine Ermüdung und eine laxe Haltung gefördert zu werden, je mehr individuelle Rücksicht die Pädagogik auf die Lernbereitschaft des einzelnen nimmt. Deshalb werden nun auch in Deutschland immer mehr Stimmen laut, die den reformpädagogischen Kurs beargwöhnen und vor zu viel Kindlichkeit in der Pädagogik warnen. Bessere Unterrichtsergebnisse seien vielmehr mit einem Methodenrepertoire zu erzielen, das wegführt vom Spielerischen, das Eigenverantwortung betont und Disziplin fordert, das Qualitätsnormen setzt und Leistungsbereitschaft erwartet – nicht ganz unbekannte Schlüsselwörter für die schulpädagogische Diskussion. Die Pädagogik muß Konsequenzen aus der Erfolglosigkeit der letzten Jahrzehnte ziehen. Diese können nicht darin bestehen, weiter wie ein hechelnder Hund hinter der sprichwörtlichen dicken Wurst namens „Gefalle ich dem Kind?" herzurennen, sondern wir müssen andere Anreize schaffen. Diese können nur in der Hervorhebung der eigenen Leistung liegen. Mehr Qualität in der Bildung läßt sich nur erreichen, wenn wir in allen gesellschaftlichen Bereichen einen neuen Konsens über Leistung im Pädagogischen erzielen.

## 3. Realistische Spielräume

Individuelle Anlagen begrenzen die pädagogische Machbarkeit. Aber innerhalb dieser Begrenzungen besteht für Lernen und die Zunahme an Wissen und Bildung bei jedem Menschen ein ungeheurer Spielraum. Diesen Bereich kann jeder Mensch für sich nutzen, diesen Bereich kann die Schule entwickeln helfen. Und dies ist um so wichtiger, als das Leben in unserer hoch komplexen und sich rasant wandelnden Gesellschaft enorme Anforderungen an den einzelnen stellt, und zwar lebenslang.

### Der Spielraum der Schule

Es gibt ein Berechnungsmodell, wonach der Schule nur ein Spielraum von 20% verbleibt, einen Menschen unter Einsatz aller Möglichkeiten und Mittel seines Umfeldes jenseits seiner Anlagen zu fördern. Andere vermuten, daß dieser Spielraum noch geringer ist. Solch' kleine Zahlen lassen die Schule fast schon überflüssig erscheinen. Dies ist allerdings gerade nicht so. Eine sachkundige Einwirkung auf den Schüler kann innerhalb seiner Leistungsgrenzen Entscheidendes hervorbringen. Die wichtigste Aufgabe der Schule ist es daher, den Schüler erfahren zu lassen, welche Möglichkeiten in ihm stecken, was er mit Fleiß und Interesse leisten kann. Die Schule orientiert sich in ihren Leistungsanforderungen ja nicht an einer phantastischen Norm, sondern legt das Leistungsvermögen eines durchschnittlichen Schülers ihrer Schulart zugrunde. Wer also nach der vierten Klasse in eine Hauptschule geht, müßte mühelos in der Lage sein, entsprechende Noten zu bekommen, wenn sein Arbeitsverhalten stimmt, wenn Eltern am Lerngeschehen interessiert sind und wenn der Lehrer engagiert unterrichtet. Trotzdem gibt es innerhalb der Anforderungsprofile immer noch Bereiche, die dem einen Schüler mehr, dem anderen weniger liegen. Die Vorstellung ist falsch, daß etwa ein Realschüler bei entsprechender Arbeitshaltung in jedem Fach gleich gute Noten erhält. Ist er sprachlich begabt, werden ihm die sprachlichen Fächer weniger Mühe machen, liegen seine Stärken im naturwissenschaftlichen Bereich, dann „fliegt" ihm eben dort alles viel schneller zu. Trotzdem muß betont werden, daß das Anforderungsprofil der einzelnen Schularten mittlere, ja sogar gute Noten bei schwächerer Begabung möglich macht, wenn hinter allem das Bemühen um möglichst gute Leistung steckt. Der Leistungsgedanke ist kein Fluch, wie manche uns seit 30 Jahren weismachen wollen, sondern er beschert Erfolgserlebnisse, macht individuelle Einschätzung erst möglich und kann das Selbstbewußtsein steigern. Er ist es wert, daß man hierzulande wieder ohne Schuldgefühle darüber spricht.

**Möglichkeiten innerhalb der Begabungsgrenzen**

Bereits die Antike hat mit dem Stoff gespielt, ob und inwieweit äußere Einflußnahme oder eigener Wille den Menschen formen und verändern können. Ovids Metamorphosen etwa sind – salopp ausgedrückt – das erste Beispiel für einen milieutheoretischen Ansatz: Der kryptische König Pygmalion verliebt sich in eine von ihm selbst geschaffene Statue so innig, daß Aphrodite ihn schließlich erhört und den Marmorblock, geschaffen nach seinen Vorstellungen, zum Leben erweckt. Von ähnlicher Besessenheit erzählt uns der Engländer George Bernhard Shaw. Seine Eliza Doolittle ist der klassisch-moderne Fall, daß man aus wenig viel machen kann. Die literarische Gestalt des Blumenmädchens Eliza Doolittle läßt ihn darüber nachsinnen, ob man durch Lernen und Üben seine Fähigkeit entwickeln könne. Professor Higgins, Phonetiker von Beruf, setzt sich zum Ziel, aus dem verarmten Blumenmädchen mit dem entsetzlichen Londoner Akzent eine feine Dame zu machen. Er glaubt, daß die Zugehörigkeit zur englischen Oberklasse durch eine Angleichung des Akzentes möglich sei. Es gelingt ihm tatsächlich, Elizas Gassensprache in eine gehobene Form zu überführen, nach mühseligen und erniedrigenden Stunden des Übens und Verbesserns, des Nachsprechens und Kontrollierens. Und Eliza besteht mit ihrer andressierten Sprache den Aristokratentest. Für ihre Verwandlung sind zwei Aspekte ausschlaggebend. Erstens ist sie lerneifrig und motiviert, geduldig und vom Ziel überzeugt, zweitens bringt sie sprachlich die intonatorischen Voraussetzungen und Begabungen mit, die gerade an ihr diese Veränderung möglich machen. Diese Kombination von Anlage und damit verbundenem Training sind zwei Grundfeste, innerhalb derer eine erfolgreiche Pädagogik operieren kann. In der Schule von heute fällt aber häufig das zweite Moment unter den Tisch. Jeder Schüler hat stärkere und schwächere Anlagen; leider fehlt vielen die Energie

– und sie fehlt oft auch dem Elternhaus oder dem Lehrer –, diese mit Schweiß, Zeit und Willenskraft zu entwickeln. Pädagogik als die Lehre von der Erziehungskunst – hierin stecken die griechischen Worte „Kind" und „geleiten" – impliziert den Versuch, durch Unterweisung anstelle von Selbstüberlassung, durch Einflußnahme anstelle von Zurückhaltung, durch geschickte Aufbereitung des Stoffes Kindern eine möglichst gute Bildung und Erziehung zu ermöglichen.

## Forderungen des Bildungsplanes

Der Erziehungs- und Bildungsauftrag der Schule wird in Baden-Württemberg etwa so formuliert: *Ziel der unterrichtsorganisatorischen Maßnahmen ist die optimale Förderung des individuellen Lernvermögens einzelner Schüler.* Dieser Satz meint nicht etwa, daß das Ziel allen Unterrichtens die Hervorbringung von Leistungen olympischen Niveaus sei. Optimale Förderung bedeutet vielmehr, daß ein Schüler, dessen mathematische Fähigkeiten im Vergleich zur Gesamtgruppe zunächst „mangelhaft" sind, bei sinnvoller Unterstützung durch das Elternhaus, durch seine eigene Anstrengungsbereitschaft und durch eine gute schulische Hilfe z. B. auf ein ausreichendes Niveau gebracht werden kann. Eigene unterrichtspraktische Erfahrungen an einer Hauptschule haben mir jedoch seit vielen Jahren gezeigt, daß schlechte Noten fast ausnahmslos das Ergebnis eines liederlichen Arbeitsverhaltens sind, woran in den meisten Fällen auch das häusliche Umfeld mitbeteiligt war – man interessierte sich dort einfach nicht für das Lernen. Eltern und Schüler haben in der Tat bei den schulischen Leistungen viel in der Hand. Leider verzichtet die Schule zunehmend darauf, diese Verantwortung von ihnen aktiv einzufordern. Sie versteht sich mehr als Schonraum, in dem sie versucht, Funktionen zu übernehmen, für die früher andere Institutionen zuständig waren. Aus diesem falsch verstandenen Helfersyndrom leitet Schule heute auch Methoden ab, die weit über das hinausgehen, was an einem solchen Ort eigentlich geleistet werden kann. Dabei bleiben aber grundlegende Fertigkeiten auf der Strecke.

## Schule ist konkurrenzscheu geworden

Nichts setzt einer Lehrerperson, die ein guter Pädagoge sein will, mehr zu als die Forderung nach *competitiveness*. Dieser im internationalen Rahmen keineswegs verpönte Begriff erzeugt in Deutschland heute Emotionen. Wer von Wettbewerb, Leistung und Elite spricht, gilt als grausam oder herzlos und kommt in den Verdacht des Menschenschinders. In allen Schulformen scheut man die Betonung der Konkurrenz. Daß Schulen in ihren Ergebnissen miteinander verglichen werden, ist aber etwa in England üblich. Früher gab es auch in den deutschen Klassenzimmern Ranglistenplätze, in denen die Schüler nach ihrem Leistungsstand eingeordnet waren. In den Zeugnissen vergangener Generationen stand gar: Der soundsovielste aus soundsoviel. Ein solcher Schrecken vor dem Leistungsvergleich wirkt sich auf die Einstellung aller am Schulleben Beteiligten aus. Viele Schüler wollen ihre Leistungsgrenze gar nicht erreichen, weil der Aufwand für die Sekundärtugenden so groß ist und eine gute Zensur keinen ausreichenden Motivationsanreiz mehr bedeutet, da er mit nichts mehr verbunden ist. Schüler verzichten in den Gymnasien auf ihre Fachpreise, weil es chic ist, nur darum zu wissen, daß man ihn bekommen hätte, aber nicht, daß man ihn an der Abiturfeier in der Öffentlichkeit entgegennimmt. Schule aber muß Möglichkeiten des Wettstreites, der Konkurrenz bieten, muß dies öffentlich herausstellen, muß dafür Anlässe schaffen und einen Rahmen bieten, damit sich im Streben nach optimaler Leistung alle Kräfte entfalten können. Und nicht zuletzt wirken Vorzugsschüler auch als positive Vorbilder.

Viele unserer Probleme mit Drogen und Kriminalität entstehen dadurch, daß Jugendlichen ein Terrain des intellektuellen und sportlichen Kräftemessens vorenthalten wird, daß positiver Wettbewerb gesellschaftlich nicht anerkannt ist. Unsere Schulen erziehen dazu, keinen zu übertrumpfen. Sie halten das Schauerbild des „Strebers" aufrecht, der nicht so gut sein darf, wie er eigentlich ist. Eine immer komplexer werdende Gesellschaft benötigt aber zunehmend hochqualifizierte und selbständig denkende Menschen – dieser Forderung muß sich gerade auch die Schule stellen.

**Von der Last einer miserablen Arbeitshaltung**

Die Praxis zeigt, daß eine miserable Arbeitshaltung keineswegs zwangsläufig zur Hauptschule führt. Wir treffen in der Grundschule auf viele Kinder, die eindeutig intelligente Leistungen erbringen, deren Arbeitshaltung und Selbstorganisation aber trotzdem manches zu wünschen übrig lassen. Häufig gelingt es ihnen auch noch ohne weiteres, die Übergänge in höhere Schulen zu schaffen, und sie dümpeln dann dort vor sich hin. Die meisten schwachen Schüler an Schulen sind nicht deswegen so schwach, weil ihre Intelligenz nicht ausreichend wäre, sondern weil sie zu wenig oder gar nichts lernen. Sie beherrschen die Organisation des Lernens nicht, der Wille zur Leistung fehlt, die Arbeitshaltung insgesamt kommt der Ausformung ihrer Anlagen in die Quere. Gute Leistungen setzen offenbar ein ganzes Bündel an Voraussetzungen voraus. Um die vorhandenen geistigen Kräfte freizusetzen, erfordert es Willensanstrengung, Selbstdisziplin, Konzentrationsfähigkeit, Eigenschaften, die man in der Schule – auch bei Unwilligen oder Entmutigten – auf vielfältige Art wecken und verstärken kann, sei es durch Druck und Forderung, sei es durch

Motivation und Stimulation. Auf Dauer wirken diese Anstöße allerdings nur, wenn Schüler einsehen, daß dies für ihre persönliche Entwicklung Vorteile bringt.

## Einflußmöglichkeit auf die Notengebung

Schule betreibt also keineswegs nur Auslese unterschiedlicher Begabung, sondern bietet auch Spielräume zur individuellen Plazierung in der Leistungsskala an. Macht man sich klar, wie die Fachnoten zusammengesetzt werden, dann wird deutlich, daß jeder Schüler Teile seiner Leistung beeinflussen kann, Teile, die nicht notwendigerweise mit Intelligenz zu tun haben, sondern erheblich auch mit seiner Arbeitshaltung.

Dies läßt sich besonders gut am Fach Deutsch feststellen. Hier erfolgen neben den schriftlichen Arbeiten auch Beurteilungen der Lesefertigkeit, der mündlichen Beiträge, Hausaufgaben oder Referate. Viele Lehrer bewerten schriftliche und mündliche Leistungen mittlerweile bereits im Verhältnis 1:1, was Schülern wunderbare Möglichkeiten bietet, schlechtere Noten auszugleichen. Jeder Schüler kann auf diesen Bereich positiv Einfluß nehmen, wenn ihm Schule wichtig ist, wenn er in den Noten ein Ausleseinstrument erkennt, das seine spätere Laufbahn mitbeeinflußt. Wer Ordnung zeigt, wer seine Hefte ordentlich führt, wessen Schriftbild und Gestaltung ansprechend ist, wer Interesse an der Rechtschreibung erkennen läßt, wer Verbesserungen sorgfältig macht, wer Inhaltsverzeichnisse anlegt, Arbeitsblätter einklebt, durchgehend Leistungsbereitschaft zeigt, wer durch Mitarbeit glänzt, bei dem setzen Lehrer Interesse voraus und würdigen den Einsatz. Bereitschaft und Engagement sind Tugenden, die später auch in der Wirtschaft über individuelle Defizite hinwegsehen lassen. Willigkeit und Flexibilität sind erfolgversprechende Haltungen.

Schule hält jederzeit Aufgaben bereit, die vor allem Sekundärtugenden abfragen, also jenen Anteil, der individuell beeinflußbar bleibt. Von jedem Schüler kann man unabhängig von seiner Intelligenz Fleiß und Ausdauer erwarten. Es sind in der Wirtschaft genau diese Tugenden, die als wünschenswerte Eigenschaften besonders gerne gesehen werden. Ein Dummer, der fleißig ist, kommt eher unter als ein Kluger, der faul ist. Den Schülern muß man klar machen, daß die Kombination dumm und faul verheerend ist. Heute stehen viele Lehrer auf dem Standpunkt, daß Schüler irgendwann mit zwölf Jahren selbst wissen müßten, ob sie etwas tun wollen oder nicht. Gespräche zeigen immer wieder, daß sogar die eigenen Eltern die Lernverantwortung immer früher dem Kinde selbst zuschieben, um Auseinandersetzungen innerhalb der Familie zu vermeiden. Die Resultate dieses Abwälzens – eigentlich müßte man von Drückebergerei sprechen – sind bekanntlich katastrophal.

Auch der Bereich der sogenannten Nebenfächer bietet ein Reservoir an Möglichkeiten, mit Fleiß und Sorgfalt dem Zeugnis eine Wendung ins Positive zu geben. Wie werden Fächer wie Musik, Geschichte, Erdkunde, Religion und Biologie unterrichtet? Mindestens bis zur Klasse zehn sind es reine Fleißfächer. Sie werden meist zweistündig pro Woche erteilt. Da die Menge des Stoffes, den der Lehrplan vorgibt, über die ausführlichen Lehrbücher in der Kürze der Zeit gar nicht vermittelt werden kann, muß der Lehrer durch geschickte Auswahl den Stoff so zusammenfassen, daß er für die Schüler zu bewältigen ist. So gelingt es einigen Geschichtslehrern beispielsweise, die Zeit der gesamten Renaissance auf einen Hefteintrag von 20 Seiten zu reduzieren. Unabhängig davon, wie man Geschichtsstunden dieser Art pädagogisch bewertet, sie bilden aber die Ausgangsbasis für die folgenden Klassentests. Hier erweist sich, wer gelernt hat, d. h. wer sich den Stoff ausreichend lange vorher eingeprägt hat, wer also Ausdauer bewiesen hat, ein Merkmal für jede Art von Leistung. Dahinter steht immer ein Stück Überwindung, ein Stück harte Arbeit. Die Mehrzahl der Schüler scheut diese Art des Lernens. Nicht weil sie intellektuell überfordert wären, sondern weil es eben anstrengend ist. Zugeben mögen sie das aber nicht – *Schule ist langweilig* hört sich da schon besser an.

### Leistungsorientierung ist etwas Wichtiges

Die Leistungsmotivation ist die wichtigste Bedingungsvariable im Lernverhalten, sie entsteht schon frühzeitig. Bereits im dritten oder vierten Lebensjahr ist sie deutlich zu beobachten, bei Eintritt in die Schule ist sie dann sichtlich ausgeprägt. Sie kann von seiten der Schule oder des Elternhauses verstärkt oder verschüttet werden. Ein Verzicht auf Leistungsstreben ist aber in einer modernen Gesellschaft überhaupt nicht denkbar. Deshalb können Forderungen nach weniger Leistung und Konkurrenz nicht ernsthaft diskutiert werden. Leistungszuwachs ist zudem ein wichtiger Aspekt in der Auseinandersetzung mit der eigenen Persönlichkeit. Der Mensch strebt danach zu erkennen, was er ist und wer er ist. Wenn es Schülern gelingt, sich Leistungsziele zu setzen und diese zu realisieren, dann können sie damit die nichtbeeinflußbaren Faktoren der Leistung erheblich kompensieren. Dabei wünscht man sich letztlich die sogenannte intrinsische Motivation, daß Schüler also Leistungen nicht nur wegen der äußeren Anerkennung in Form von guten Noten erstreben, sondern daß es sich um einen inneren Anspruch handelt, der persönliche Befriedigung schafft. Der Schule gelingt es allerdings selten, diese intrinsische Motivation von Grund auf zu wecken. Sie arbeitet durch die Vergabe von Zensuren und aufgrund ihrer Inhalte mit extrinsischen Faktoren, löst also durch Anreize, äußere Belohnung und persönliche Bekräftigung das gewünschte Verhalten aus. Jahrelange Impulse können dann die innere Motivation wecken oder verstärken. Da innere Motivation auch immer abhängig ist von der Selbsteinschätzung, von der Reichhaltigkeit und dem Anforderungscharakter des persönlichen Umfeldes, entwickeln sich Menschen nur dann weiter, wenn sie sich in Welten bewegen, in denen ihnen Neues angeboten wird und in denen sie sich Neuem öffnen.

## Was ist sinnvolle Elternmitwirkung?

Eltern vermögen häufig zuwenig abzuschätzen, nach welchen formalen Gesichtspunkten Schule funktioniert und welche Erwartungshaltung Schule an die Familie hat; dies kann zu einem ständigen Mißdialog führen. Vielfach kann die Schule den gesetzlichen Anspruch auf Bildung auch mit dem besten Willen nicht einlösen, weil der häusliche Bildungsanspruch dem der Schule völlig entgegengesetzt ist. Dies wird schon anhand der Entschuldigungen deutlich, die Lehrern durch die Kinder zukommen. Mit der Entschuldigung transportieren Eltern bereits ein Vorverständnis von Sorgfalt und Genauigkeit an die Schule, das sie in ähnlicher Form ihren Kindern so vermitteln. Blätter werden aus Blöcken herausgerissen, womöglich noch gelocht, mit Karos unterlegt, obere Hälften sind abgerissen. Mütter machen sich nicht einmal die Mühe, mit einer Schere die Ränder zu begradigen. Sie wissen nicht, was eine Entschuldigung enthalten muß und daß die Gründe des Fehlens zumindest vage benannt werden sollten. Es fehlt das Datum in dem Schreiben, es fehlt die höfliche Anrede an den betreffenden Lehrer, es fehlt die höfliche Grußformel des Schluß-Satzes, es fehlt der genaue Zeitpunkt der Fehltage. Schule sollte sich nicht mit solchen Exempeln der Nachlässigkeit zufriedengeben, sondern deutlich ihren Erwartungshorizont formulieren.

In vielen Fällen entsprechen sich häusliches Umfeld und Leistungsbereitschaft der Kinder. Beide unterstützen sich in ihrer Haltung, beziehen Position gegen die Schule und fördern damit die gegenseitige Sprachlosigkeit. Die Schule aber muß einfach davon ausgehen, daß sie ein Recht hat, den ihr übermittelten Erziehungsauftrag zu erfüllen, daß es richtig ist, daß er gesellschaftlich gewünscht ist und daß in manchen Fällen das Elternhaus korrigiert werden muß. Schlechte Schulnoten spiegeln von daher oft auch ein generelles Desinteresse an den Spielregeln der Institution Schule wider. Dies drücken auch Eltern aus, die wissentlich ihre Töchter am letzten Schultage vor den Weihnachtsferien schwänzen lassen, weil sie vom Rockkonzert am Vorabend spät heimgekommen sind, oder Eltern, die stillschweigend dulden, daß ihre Kinder bei geplanten Schulaufführungen wegen privater Dinge die Veranstaltung platzen lassen. Solche Haltungen beschädigen das Bildungssystem, und deshalb ist hier mit allen rechtlich zur Verfügung stehenden Mitteln an die Ordnungskriterien der Schule zu erinnern. Da versagt aber heute in vielen Fällen eine Schule, die sich zunehmend als Dienstleistungsunternehmen versteht. Die Konfliktbereitschaft der Rektoren und Direktoren ist einer allgemeinen Verbindlichkeit gewichen, die nur auf Konfliktvermeidung angelegt ist. Nörgelnde Eltern, die eindeutig im Unrecht sind, gehen den Weg durch die Instanzen.

Interessierte Eltern hingegen sind informierte Eltern. Die Schule sollte vorrangiges Thema in der Familie sein. Interessierte Eltern kontrollieren Schultaschen, besuchen Elternabende und machen Gebrauch von Sprechstunden. Der schulische Bildungsauftrag formuliert bereits auf den ersten Seiten die Notwendigkeit der Zusammenarbeit zwischen Elternhaus und Schule. Dieser Verschränkung sind sich beide Vertragspartner oft aber nicht in entscheidendem Maße bewußt. In den letzten Jahren hat man immer mehr versucht, die Eltern zur schulischen Mitbestimmung anzuregen – allerdings bezog sich diese Mitarbeit viel zu wenig auf die Erfüllung der Leistungsanforderungen und zu sehr auf die Gestaltung des gesamten Schullebens.

Elternbeiratsvorsitzende und Elternverbände bemühen sich häufig leider zuwenig um die wirklichen Zusammenhänge schulischen Qualitätsverlustes. Auch sie beschränken sich nur noch auf die plakative Forderung *mehr Geld plus mehr Lehrer ergibt mehr Qualität*. Das aber ist bezeichnend für die Phantasielosigkeit des gesamten Betriebes. Dabei könnte Elternarbeit eigentlich etwas viel Wichtigeres bedeuten: etwa sich gegenseitig klarzumachen, welche Bildungserwartungen man eigentlich an sich und sein Kind hat. Oder darüber zu debattieren, was Eltern tun können, wenn die eigenen leistungsmotivierten Kinder ständig durch andere Kinder vom Lernen abgehalten werden. Eltern müßte generell mehr der Austausch miteinander, die gegenseitige Bestärkung, der kritische Dialog untereinander interessieren. Eltern können Lerngruppen initiieren und Spiel- und Aktionsmöglichkeiten am Nachmittag anbieten, statt auf staatliche Dauerbetreuung zu setzen. Sie könnten sich besonders in den Grundschulen als Lernhelfer anbieten, was in Amerika schon üblich ist – das würde auch benachteiligten Kindern zugute kommen. Leider erschöpft sich ihr Beitrag aber oft in anonym formulierten Schuldzuweisungen gegenüber Staat und Gesellschaft – und höchstens noch auf Würste brutzeln beim Schulfest, wegen knapper Kassen.

Pädagogen und Eltern sollten sich vor Augen halten, daß ein junger Mensch in erster Linie Selbstzweck ist, ein Gedanke Gottes, der den Kern zu einer bestimmten Persönlichkeit in sich trägt. Diesen Kern freizulegen und zu entwickeln ist Aufgabe der Pädagogik. Es erfordert Mühe, Ausdauer, Zeit und Besinnung auf das Wesentliche. Qualitäten, die wir wiederentdecken werden müssen.

*Nur das gemeinsame Lernen
in **einer** Schulform
gewährleistet Chancengleichheit
in der Bildung.*

Ulrich Sprenger

# Warum ich meine Kinder heute nicht mehr auf eine integrierte Gesamtschule schicken würde

Zweiundzwanzig Jahre war ich Lehrer an einer der ersten sieben nordrhein-westfälischen Gesamtschulen. Ich bin freiwillig an diese Schule gegangen. Und ich war bereits Studiendirektor, als ich nach zwölf Jahren gymnasialer Tätigkeit, davon sechs an einem Ganztags-Gymnasium, zu dieser Schulform überwechselte. Also gehöre ich nicht zu jenen Leuten, die das, was sie geworden sind, durch die Gesamtschule geworden sind und sich daher dieser Schulform zu Dank und Lob verpflichtet fühlen müssen.

Vier Jahre lang war ich als Baubeauftragter der Schule für ihren Neubau, für ihre Ausstattung und für ihre Ausgestaltung zuständig. Sieben Jahre war ich Leiter ihrer gymnasialen Oberstufe. Die Kraft meiner besten Jahre habe ich in den Dienst dieser Schule gestellt.

Von meinen drei Kindern haben die beiden älteren diese Schule besucht und dort 1978 bzw. 1982 ihr Abitur gemacht. Heute jedoch würde ich meine Kinder nicht mehr auf eine integrierte Gesamtschule schicken. Warum, das möchte ich hier näher erläutern.

*1. Angenommen, meine Kinder wären leistungsstark und wissenshungrig! Dann würde ich sie heute nicht mehr auf eine integrierte Gesamtschule schicken.*

Denn dort fehlt ihnen inzwischen, was der für die Hamburger Gesamtschulen zuständige Dezernent Jürgen Riekmann in einem internen Gutachten („Profil" 11/96, S. 25–28) „ein herausforderndes Anregungsmilieu" genannt hat. Es gibt dort nämlich schon seit etlichen Jahren infolge des sogenannten Creaming-Effektes nur noch wenig leistungsstärkere Schüler. Diesen Creaming-Effekt definierte Professor Dr. H.-G. Rolff vom Dortmunder Institut für Schulentwicklungsforschung 1991 als „das Absahnen der begabteren, talentierteren Schüler – nicht nur durch die Gymnasien, sondern auch durch die Realschulen". (Der besseren Lesbarkeit wegen ist im folgenden Text ebenfalls stets von Schülern die Rede, wobei die Schülerinnen immer mitgemeint sind.)

An den heutigen Gesamtschulen, die einen hohen Anteil von lernschwächeren Schülern haben, würden meine Kinder sich aus Rücksicht auf diese lernschwächeren Mitschüler in ihrem Lerneifer zurückhalten, um sie nicht zu beschämen, wie das auch früher schon geschehen ist.

Andererseits wären sie an einer Gesamtschule der Gefahr ausgesetzt, daß sie von Lernschwächeren, die manches Mal die vital Stärkeren sind, niedergehalten werden, „damit sie nicht die Preise verderben", was dort ebenfalls beobachtet werden kann.

Und es bestünde die Gefahr, daß ihr Lerntempo durch die langsamer Lernenden verzögert würde, in Auswirkung des sogenannten Konvoi-Effektes. Denn: „Eine Kolonne ist nie schneller als ihre langsamsten Fahrzeuge."

An integrierten Gesamtschulen wird im 8. Jahrgang, neuerdings oft erst im 9. Jahrgang auch im Fach Deutsch dem Leistungsvermögen entsprechend differenziert und auf zwei Anspruchsebenen unterrichtet. Nach acht Jahren Schule – die Grundschule eingeschlossen – hätten meine Kinder dann zum ersten Male einen Deutschunterricht, in dem sie ihren Möglichkeiten entsprechend gefordert und gefördert würden.

Meine beiden Kinder, die eine Gesamtschule besucht haben, sind sehr erstaunt darüber, was meine Enkelin im ersten Jahrgang des Gymnasiums schon lernt und leistet. Beide sagen, sie ihrerseits seien „erst an der Universität richtig gefordert" worden.

Daß die vielbeschworene „Binnendifferenzierung" an Gesamtschulen nicht im erforderlichen Umfang zu praktizieren ist, wurde in letzter Zeit sogar von der Bildungsforschung vorgetragen. Professor Dr. P. M. Roeder, bis 1996 Direktor des Max-Planck-Instituts Berlin, kommt in der „Zeitschrift für Pädagogik" (2/97, S. 241) zu dem Schluß: „Insgesamt sprechen die hier vorgelegten Befunde nicht dafür, daß der Verzicht auf Formen der äußeren Leistungsdifferenzierung durch Binnendifferenzierung in heterogenen Lerngruppen unter den gegebenen Bedingungen weitgehend zu kompensieren ist."

In früheren Jahren, bis 1986, war es noch vorgeschrieben, daß zu Beginn des 9. Jahrgangs je nach dem Leistungsvermögen der Schüler neue fachübergreifend stabile Klassenverbände gebildet werden mußten, einmal für die Schüler, die in die Oberstufe überwechseln wollten, und dann für jene, die andere Abschlüsse anstrebten. Kommentar eines meiner Kinder: „Schule hat für mich erst mit dem 9. Jahrgang begonnen."

Seit 1986 wird diese Neubildung von abschlußbezogenen Klassen („streaming") an den meisten integrierten Gesamtschulen nicht mehr durchgeführt, weil sie sich wegen der KMK-Vereinbarungen von 1982 über die Anerkennung von Gesamtschul-Abschlüssen nicht mehr organisieren läßt. So sitzen jetzt zum Beispiel im 10. Jahrgang im Geschichtsunterricht Schüler aller Begabungsschichten beieinander, die einen gelangweilt, die anderen frustriert. Entsprechend dürftig sind die Allgemeinbildung und das Orientierungswissen in Geschichte, ebenso in den anderen undifferenzierten

Fächern wie Erdkunde, Biologie, Kunst, Musik und Religion. Statt zu der erhofften Angleichung nach oben kommt es am Ende zu einer Nivellierung auf niederem Niveau. Auch das würde ich meinen Kindern lieber ersparen.

Das Max-Planck-Institut für Bildungsforschung (MPIB) Berlin hat im Rahmen seines Forschungsprojektes „Bildungsverläufe und psychosoziale Entwicklung im Jugendalter (BIJU)" zwischen 1991 und 1997 etwa 2400 nordrhein-westfälische Schüler, darunter fast 800 Gesamtschüler, bezüglich ihrer schulischen Leistungen untersucht. Im Laufe dieser Untersuchungen wurde je eine Gruppe von Hauptschülern, von Realschülern und von Gymnasiasten mit entsprechenden Gruppen von Gesamtschülern verglichen, die jeweils eine gleiche Begabung und einen ähnlichen familiären Hintergrund hatten. Außerdem hatten sie am Anfang des 7. Jahrgangs noch denselben Leistungsstand und dasselbe Vorwissen. Insgesamt waren es also sechs Gruppen von jeweils 50 bis 60 Schülern mit paarweise identischen Ausgangsbedingungen. Unter Fachleuten gelten solche Gruppierungen durchaus als eine repräsentative Stichprobe.

Bei der Untersuchung der Gymnasiasten und ihrer gleichbegabten Altersgenossen von Gesamtschulen stellte sich heraus, daß die Gymnasiasten nach vier Jahren, also am Ende des 10. Jahrgangs, zum Beispiel in Mathematik einen Wissensvorsprung von mehr als drei Jahren hatten.

Solche Lernrückstände sind in der Oberstufe nicht aufzuholen. Ein 1997 im Rahmen des Forschungsprojektes BIJU vorgenommener Vergleich der 12. Jahrgänge von Gesamtschulen und Gymnasien hat dann ja auch in Mathematik, Englisch und Deutsch bei Gesamtschülern entsprechend hohe Defizite ausgewiesen.

Kurz gesagt: Begabtere Schüler von Gesamtschulen haben bei Bewerbungen zur beruflichen Ausbildung ebenso wie in der Oberstufe und folglich auch im Studium nicht dieselben Chancen wie Schüler von Gymnasien. Deshalb würde ich begabtere Kinder heute nicht mehr auf eine integrierte Gesamtschule schicken.

2. *Angenommen, meine Kinder gehörten bezüglich ihrer schulischen Leistungsfähigkeit zum Mittelfeld ihrer Altersgenossen! Auch dann würde ich sie eher auf eine Realschule als auf eine integrierte Gesamtschule schicken.*

Im Rahmen des Forschungsprojektes BIJU wurden neben den erwähnten fast 800 Gesamtschülern von 14 Gesamtschulen auch 990 Schüler von 19 Realschulen untersucht. Das gilt ebenfalls als eine repräsentative Stichprobe. Bei den Untersuchungen stellte sich heraus, daß Schüler von Gesamtschulen und Schüler von Realschulen, was Herkunft und Begabung angeht, einander sehr

ähnlich sind. Zu Beginn des 5. Jahrgangs haben sie also ähnliche Ausgangsbedingungen. Aber schon nach zwei Jahren, nach der sogenannten „Förder-
stufe", haben Gesamtschüler gegenüber Realschülern in Englisch einen
Rückstand von mehr als einem Schuljahr und in Mathematik von fast einem
Schuljahr. In diesen zwei Jahren konnte also in den undifferenzierten Lerngruppen der Gesamtschulen die verfügbare Lernzeit nicht effektiv genug
genutzt werden.

Daher würde ich für meine Kinder den effektiveren Unterricht in den homo-
generen Lerngruppen von Realschulen bevorzugen, – vor allem mit Blick auf
die Tatsache, daß Lernfortschritte in dieser Phase der relativ störungsarmen
Vorpubertät erfahrungsgemäß sehr intensiv sind, insbesondere was das Erlernen von Sprachen angeht.

Im Rahmen des Forschungsprojektes BIJU wurden unter jenen bereits
erwähnten sechs Gruppen mit paarweise identischen Ausgangsbedingungen
auch Realschüler untersucht. Am Ende des 10. Jahrgangs hatte die Gruppe
der Realschüler gegenüber den gleichbegabten Gesamtschülern zum Beispiel
in Mathematik „einen Wissensvorsprung von etwa zwei Jahren". Auch für
andere Fächer seien die Befunde ähnlich.

Zusammengefaßt gilt also: Bei Bewerbungen oder beim Übergang in die gymnasiale Oberstufe hätten meine Kinder nach dem Besuch der Mittelstufe
einer integrierten Gesamtschule gegenüber konkurrierenden Realschülern
einen Lern-Leistungs-Rückstand von etwa zwei Jahren. Auch das würde ich
meinen Kindern lieber ersparen.

*3. Angenommen, meine Kinder würden durch den Unterricht an einem Gym-
nasium oder an einer Realschule voraussichtlich überfordert, weil sie in
ihrem Auffassungsvermögen langsamer sind als ihre Altersgenossen und
nicht so ausgreifend im Denken! Dann würde ich sie erst recht nicht auf eine
integrierte Gesamtschule schicken.*

Denn solche Kinder sind an integrierten Gesamtschulen großen psychischen
Strapazen ausgesetzt. Täglich erleben sie, daß andere schneller und erfolgrei-
cher sind. Sie reagieren aggressiv oder sie resignieren unter dem Eindruck der
ständigen Unzulänglichkeits- und Beschämungserfahrungen. Auch das würde
ich meinen Kindern lieber ersparen, indem ich sie auf eine Hauptschule
schicke.

In der TIMSS II, einer internationalen Vergleichsstudie über die mathematischen und naturwissenschaftlichen Leistungen von Schülern in den 7. und
8. Jahrgängen, wurde der deutschen Hauptschule bescheinigt, sie habe „eine
selbstwertschützende Funktion" und stelle „für leistungsschwächere Schüler
einen angemessenen und in sich geschlossenen Bezugsrahmen zur Verfügung".

(S. 171 u. 175) Die Hauptschule wird von dieser Studie übrigens erheblich besser beurteilt als von der öffentlichen (oder veröffentlichten) Meinung. Während der 36 Jahre meiner Dienstzeit habe ich nie so viele desperate, demotivierte, von Aggression oder Auto-Aggression umgetriebene Schülerinnen und Schüler erlebt wie seit 1986 an der integrierten Gesamtschule in den Grundkursen der 9. und 10. Jahrgänge. Die Ergebnisse des Forschungsprojektes BIJU bestätigen, daß das Selbstwertgefühl dieser Schüler in der Zeit vom 7. bis zum 10. Jahrgang unter das von gleichbegabten und gleichsituierten Hauptschülern herabsinkt.

Bei dem im Rahmen des Forschungsprojektes BIJU durchgeführten Vergleich der Schulformen stellte sich heraus, daß für gleichbegabte Schüler der Förder-Effekt der integrierten Gesamtschule keineswegs höher ist als der Förder-Effekt der Hauptschule. Und dennoch sind diese Kinder an der integrierten Gesamtschule ohne Sinn und Zweck den Strapazen der Fachleistungsdifferenzierung ausgesetzt. Durch den Unterricht in immer anders zusammengesetzten Lerngruppen werden die Klassenverbände zunehmend aufgesplittert. Im 9. und 10. Jahrgang erfolgen nur noch höchstens 6–8 Unterrichtsstunden pro Woche im Klassenverband. Ein Klassenlehrer sieht daher seine Klasse oft nur zwei- bis dreimal wöchentlich im Unterricht – und auch dann nur in Nebenfächern. Deutsch-, Englisch- und Mathematiklehrer, die an den anderen Schulformen bevorzugt als Klassenlehrer eingesetzt werden, haben es an Gesamtschulen wegen der Differenzierung ab dem 7. Jahrgang immer nur mit einem Teil ihrer Schüler zu tun.

Dabei benötigen gerade lernschwächere Kinder in besonderer Weise „den Klassenverband und seine langfristig stabilen Beziehungsmöglichkeiten zu Lehrern wie Mitschülern, um sich wohlfühlen, emotionale und soziale Sicherheit gewinnen und Vertrauen zu sich und anderen entwickeln zu können". (Wolfgang Klafki, Pädagogische Welt 3/93, S. 102)

Auch dies läßt sich in einem Satz zusammenfassen: Die Strapazen der Fachleistungsdifferenzierung und das alle Tage sich wiederholende Ausgesondertwerden in die Gruppen der Lernschwächeren würde ich meinen Kindern nicht zumuten wollen.

*4. Die heute für die integrierte Gesamtschule charakteristische durchgehende Aufsplitterung der Klassenverbände ist für mich seit 10 Jahren schon Ursache und Grundlage einer generellen Kritik an dieser Schulform.*

Meine 1994 veröffentlichten Vorschläge, diese Aufsplitterung durch die Wiedereinführung des bis 1986 für die Klassen 9 und 10 durch Erlaß ausdrücklich vorgeschriebenen „streamings" zu reduzieren, wurden nicht aufgegriffen, sondern als „ein Rückfall ins dreigliedrige Schulsystem" deklassiert.

Ich durfte während meiner eigenen Schulzeit, während meiner ersten zwölf Dienstjahre und dann auch während der Schulzeit unseres dritten Kindes die Erfahrung machen, wie sehr eine Schulklasse Schüler – stärkere wie schwächere – fördern und stabilisieren kann. Derartige Erfahrungen würde ich meinen Kindern nicht vorenthalten lassen.

Es ist auch nicht so, als ob das Privileg der Ganztagsbetreuung die Situation der Kinder nachhaltig verbessern könnte. Aus den verschiedensten Gründen werden an integrierten Gesamtschulen sowohl das fachliche wie auch das soziale Lernen durch den Ganztagsbetrieb nachweisbar sogar beeinträchtigt. Außerdem haben sie erheblich weniger private Freizeit und können daher die Kontaktmöglichkeiten in Nachbarschaft und Wohnviertel nicht hinreichend wahrnehmen. Die soziale Integration dort kommt entschieden zu kurz.

5. *Wie man es auch dreht und wendet: Die integrierte Gesamtschule ist trotz der Anpreisungen ihrer Befürworter „ein nicht zu haltendes Versprechen". Alle Eltern, die ihr Kind auf eine integrierte Gesamtschule schicken wollen, müßten daher vor diesem Schritt gewarnt werden.*

Weil solche Warnungen in dieser Deutlichkeit neu und folgenreich sind, wird hier bezüglich der Leistungsvergleiche der ihnen zugrundeliegende Aufsatz von Professor Dr. Jürgen Baumert und Dr. Olaf Köller, Max-Planck-Institut für Bildungsforschung, Berlin, in Auszügen zitiert:

In diesem Aufsatz werden Ergebnisse von Untersuchungen aus dem Forschungsprojekt BIJU mitgeteilt, bei denen jeweils eine Gruppe von Hauptschülern, Realschülern und Gymnasiasten mit einer entsprechenden Gruppe von gleichbegabten Gesamtschülern bezüglich ihrer Lernfortschritte verglichen worden ist. Am Anfang des 7. Jahrgangs hatten diese „Gruppen mit paarweise identischen Ausgangsbedingungen" denselben Leistungsstand. Auch der familiäre Hintergrund der Gruppen war ähnlich.

„Für den Vergleich von *Haupt- und Gesamtschule* ergeben sich nach Kontrolle des Vorwissens sowie der kognitiven und sozialen Variablen keine unterschiedlichen Leistungseffekte zwischen beiden Schulformen: Bei gleichen Eingangsbedingungen wird am Ende der 10. Jahrgangsstufe ein identischer Wissensstand erreicht" …

„Beim Vergleich zwischen *Real- und Gesamtschule* zeigt sich, daß in der Realschule auch nach Kontrolle kognitiver und sozialer Eingangsvariablen die Leistungsentwicklung günstiger als an der Gesamtschule verläuft. Bei gleichen intellektuellen und sozialen Eingangsbedingungen erreichen Realschüler am Ende der Sekundarstufe I etwa in Mathematik einen Wissensvorsprung von etwa zwei Schuljahren."

„Noch stärker sind diese Effekte, wenn man *Gesamtschule und Gymnasium*

vergleicht. Bei gleichen intellektuellen und sozialen Bedingungen beträgt der Leistungsvorsprung in Mathematik am Gymnasium mehr als zwei Schuljahre. Es gibt keine Hinweise, daß die ungünstige Leistungsentwicklung durch besondere überfachliche Leistungen kompensiert werden könnte."
(Zeitschrift „Pädagogik" 6/98, S. 17; Hervorhebungen vom Verfasser)
Solche Befunde bestätigen im Nachhinein, was der „Arbeitskreis Gesamtschule e. V." schon seit 1994 mit ausführlicher Begründung vorträgt: „Die integrierte Gesamtschule hat sich als eine pädagogische Fehlkonstruktion erwiesen."

*Ich jedenfalls würde meine Kinder heute nicht mehr auf eine integrierte Gesamtschule schicken. Und ich sage das nicht ohne Bedauern und Unbehagen. Denn ich weiß aus eigener Erfahrung, daß die Lehrerinnen und Lehrer dieser Schulform ebenso engagiert, wenn nicht sogar noch engagierter unterrichten als die Lehrer anderer Schulformen. Aber unter den Rahmenbedingungen der integrierten Gesamtschulen können ihre Bemühungen nur in beschränktem Maße erfolgreich sein.*

# Schule richtig denken – einige Schlußfolgerungen

Das Beste, was wir jungen Menschen heute für die sich erst in Umrissen ab-
zeichnende Zukunft mitgeben können, ist einerseits eine qualifizierte, fachliche Bildung, andererseits die Fähigkeit, kompetent, flexibel und ausdauernd
mit Anforderungen und Belastungen umgehen zu können. Forderungen nach
einem ‚humanen Lernen‘ führen deshalb bei näherer Betrachtung in die Irre
– insofern sie den Lernprozeß als möglichst streßfrei, selbstbestimmt und un-
strukturiert vorstellen.

Hier werden offenbar Weg und Ziel verwechselt: Zweifellos ist es angenehm,
etwas zu können und dies dann auch in eigener Verantwortung zu realisieren.
Der Erwerb solcher Fähigkeiten hingegen muß methodisch organisiert und
geleitet werden, und er beinhaltet Zumutungen. Nur in diesem Rahmen kann
schulische Bildung allen jungen Menschen die Chance geben, ihre Fähigkeiten optimal zu entwickeln. Die Autoren dieses Buches haben versucht, auf
einiges hinzuweisen, was dabei nicht übersehen werden darf.

## 1. Schule darf kein Kind benachteiligen

Alle Heranwachsenden – besonders Talentierte ebenso wie auch weniger
Begabte – haben das Recht auf eine möglichst gute Förderung ihrer tatsächlichen Fähigkeiten. Ein gegliedertes und optimal durchlässiges Schulsystem –
zunächst gemeinsame Grundschule, dann weiterführende Schulen mit unterschiedlichen Niveaus und vielfältigen Übertrittsmöglichkeiten – vermag dies
angemessen zu leisten. Darüber hinaus kann eine behutsame innere Differenzierung zweckmäßig sein – bedenklich ist hingegen ein ‚autonomes‘ Ausein-
anderdriften von Schulprofilen.

## 2. Schule muß vor allem ein Ort des Unterrichts sein

Junge Menschen sollen möglichst gut auf eine mündige Teilhabe am gesellschaftlichen Leben vorbereitet werden. Aufgabe der Schule ist hierbei insbesondere, möglichst umfassend über die Welt aufzuklären, also altersgemäß
grundlegende und bedeutsame Kenntnisse, Fähigkeiten und Fertigkeiten zu
vermitteln. Wenn fachlicher Unterricht in einem pädagogisch geleiteten sozialen Rahmen stattfindet, beinhaltet er immer auch eine (keineswegs margi-
nale) erziehende Dimension. Diese gilt es für die Förderung von Mündigkeit
und sozialer Verantwortlichkeit zu nutzen. Dagegen sind gesonderte Psycho-

spiele und andere therapeutisch zu verstehende Maßnahmen, die der Entspannung, Selbstwertförderung oder gar Persönlichkeitsveränderung dienen sollen, aber auch bedenklich in Persönlichkeitsrechte eingreifen, überflüssig – wenn nicht illegitim.

### 3. Unterrichtskonzepte müssen lernpsychologisch fundiert sein

Schule ist für die Entwicklung junger Menschen ein zu wichtiger und für die Gesellschaft zu kostspieliger Ort, als daß sie ein Tummelplatz für unüberprüfte methodische Experimente sein dürfte. Vernünftig sind nur solche Lehr- und Lernmethoden, bei denen nachweislich ein hinreichender Lernzuwachs stattfindet. Dieser stellt sich nach aller Erfahrung dann ein, wenn Schüler sich möglichst intensiv und aktiv mit gehaltvollen Sachverhalten auseinandersetzen. Das kann durch Erklärungen des Lehrers oder in erarbeitenden Klassengesprächen ebenso geschehen wie bei wohlstrukturierter Projektarbeit oder beim selbständigen oder gemeinsamen Vorbereiten auf Prüfungen. Auch Neue Medien nehmen dabei einen gewissen Raum ein.

### 4. Ohne fachliches Lernen keine Schlüsselqualifikationen

Belastbarkeit und Kreativität, Teamfähigkeit und Selbständigkeit sind hochkomplexe Fähigkeiten, die einer jahrelangen, angeleiteten Entwicklung bedürfen. Hierfür sind geordnete fachbezogene Lernprozesse, die eine altersgemäße Balance von Lenkung und Freiräumen aufweisen, ebenso unverzichtbar wie die selbstverständliche Orientierung an grundlegenden sozialen Regeln – auch wenn diese zeitweise zu Unrecht als ‚Sekundär'tugenden diskreditiert waren.

### 5. Eine gute Schule kann nicht ständig Spaß machen

Erfolgreiches Lernen ist vielfach nicht nur angenehm, sondern bedeutet Gründlichkeit und Anstrengung, Aushalten von Belastungen und Überwinden von Widerständen. Wer in einer modernen Gesellschaft frei und mündig werden möchte, sollte sich auch mit Sachverhalten auseinandersetzen, die ihn zunächst nicht interessieren oder mit denen er vielleicht niemals vertieft befaßt sein wird – er hat dann aber seine geistigen Kräfte sinnvoll geschult und sich zudem fachliche Optionen erworben.

### 6. Lehrer dürfen weder Kumpel noch Therapeuten sein

Heranwachsende wollen Leistungen erbringen, aber man darf sie mit diesem Bedürfnis nicht alleine lassen. Lehrer müssen sachbezogene wie soziale Anforderungen stellen, sind also mehr als nur freundliche ‚Lernarrangeure' oder

‚Lebensbegleiter' – und schon gar nicht überflüssig beim Lernen. Der gute Lehrer gibt nicht nur den Schülern das Wort, er führt sie vielmehr kompetent und aktivierend an zunehmend anspruchsvollere Sachverhalte heran, er berät und unterstützt sie geduldig und ermutigend beim Erarbeiten und Üben, und er sorgt dafür, daß der Lernprozeß nicht unnötig gestört wird.

## 7. Noten sind hilfreiche Orientierungen beim Lernen

Heranwachsende brauchen beim Lernen nicht nur sachliche Korrekturen und persönliche Ermutigung, sondern auch verständliche und vergleichbare Beurteilungen. Noten sind wichtige Kurzsignale im Hinblick auf Lernerfolg und Leistungsentwicklung. Zeugnisse und Gutachten, die lediglich die Fortschritte und das Bemühen von Lernenden würdigen und die keine verbindliche Eignungsaussage machen, behindern eine angemessene Schulformwahl.

## 8. (Selbst-)Disziplin erleichtert nicht nur die Schule, sondern auch das Leben

Erwachsenwerden heißt auch, die eigenen Regungen beherrschen zu lernen und Einfühlsamkeit anderen gegenüber zu erwerben – also emotionale Intelligenz zu entwickeln. Gerade angesichts zunehmender Verunsicherung im Bereich der Familienerziehung muß eine solche Disziplin im schulischen Miteinander unmißverständlich gefordert und nachhaltig gefördert werden.

## 9. Sinnvolle Elternmitarbeit unterstützt schulische Anforderungen

Eltern können mehr für ihr Kind tun, als gegen vermeintlich ungerechte Bewertung zu kämpfen oder sich in Mitbestimmungsgremien zu engagieren: Sie sollten sein Lernen aufmerksam begleiten und ihm bei Schwierigkeiten geeignet Mut machen; sie sollten sich darüber im klaren sein, daß ihr Kind gerne etwas leistet, aber auch eine weiterführende Schule auswählen, die es nicht überfordert; sie sollten sich auf Elternabenden informieren und die Sprechstunden der Lehrer nutzen – und vielleicht eine private Hausaufgabenbetreuung organisieren. Nicht zuletzt ist es hilfreich, wenn sie auch ihre Erziehungsaufgabe in ausreichendem Maße wahrnehmen.

## 10. Schule darf Kinder nicht gleich machen wollen

Jedes Kind kann in der Schule mannigfach gefördert werden. Kinder bringen aber auch bereits unterschiedliche Voraussetzungen in die Schule mit – und sind je individuelle Persönlichkeiten. Keine Schule ist in der Lage, alle Heranwachsenden auf das gleiche Fähigkeitsniveau zu bringen – und auch nicht berechtigt, ihre Einstellungen zu vereinheitlichen.

# Zu den Autoren

**Michael Felten,** Jg. 1951, unterrichtet Mathematik und Kunst an einem Gymnasium in Köln, zeitweilige Tätigkeit als Beratungslehrer für Drogen- und Suchtprävention. Veröffentlichungen: Aufsätze und Unterrichtsmaterialien zum Themengebiet ‚fachübergreifendes Lernen'; Ratgeber zur schulischen Drogenprävention … vom Leben 'was haben, aus dem Leben 'was machen … – und warum das mit Alkohol und Drogen nicht geht. Wuppertal 2. erw. Auflage 1996. – Auf Drogen hereinfallen? Mein Kind nicht! Wie Eltern Heranwachsende unterstützen können. Wuppertal 1996.

**Cornelia Frech-Becker,** Jg. 1953, leitet eine Grund- und Hauptschule in Pforzheim, langjährige Tätigkeit in der Lehrerfortbildung im Fach Englisch. Veröffentlichung zum Thema: Fördern heißt Fordern. Frankfurt 1995. Außerdem verschiedene Aufsätze in Fachzeitschriften und Tagespresse.

**Hermann Giesecke,** Jg. 1932, Dr. phil., em. Professor für Pädagogik und Sozialpädagogik an der Universität Göttingen. Jüngere Veröffentlichungen zum Thema: Wozu ist die Schule da? Die neue Rolle von Eltern und Lehrern. Stuttgart 1996 – Pädagogische Illusionen. Lehren aus 30 Jahren Bildungspolitik. Stuttgart 1998.

**Volker Ladenthin,** Jg. 1953, Dr. phil., Professor und Geschäftsführender Direktor des Instituts für Erziehungswissenschaft der Universität Bonn. Veröffentlichung zum Thema: Sprachkritische Pädagogik. Beispiele in systematischer Absicht. Band 1 Rousseau – mit Ausblick auf Thomasius, Sailer und Humboldt. Weinheim 1996 – Die Hauptschule. Alltag, Reform, Geschichte, Theorie. Weinheim und München 1998 (gemeinsam mit Jürgen Rekus und Dieter Hintz). Außerdem verschiedene Aufsätze in Fachzeitschriften und Sammelbänden.

**Hans Maier,** Jg. 1948, unterrichtete an staatlichen und privaten Gymnasien in Bayern (Latein, Griechisch, Deutsch), aber auch im Bereich der Real- und Berufsschule und in der Erwachsenenbildung (u. a. Volkshochschule und Universität München). Veröffentlichung zum Thema: Standort: Deutschland – Tatort: Gymnasium (Bildungsbetrug an unseren Schulen – Informationen, Argumente, Forderungen). Selbstverlag 1996 (86922 Eresing, Frietingerstr. 3, Tel. 0 81 93/53 88).

**Wulff D. Rehfus,** Jg. 1944, Dr. phil., bildete über 15 Jahre Studienreferendare aus, leitet ein Gymnasium in Düsseldorf, bekleidet einen Lehrauftrag am Philosophischen Institut der Universität Düsseldorf, wirkte mit an den Richtlinien Philosophie in NW von 1981 und 1999 und ist tätig in der Fort- und Weiterbildung von Lehrern. Zahlreiche Publikationen und Vorträge zu den Themen Bildung, Ästhetik und Kulturphilosophie. Jüngste Veröffentlichung zum Thema: Bildungsnot. Hat die

Pädagogik versagt? Die Fehler von gestern und die Aufgaben von morgen. 2. Auflage, Stuttgart 1997.

**Reinhard Schilmöller,** Jg. 1940, Akademischer Oberrat am Institut für Schulpädagogik und Allgemeine Didaktik der Universität Münster. Verschiedene Aufsätze in Fachzeitschriften und Sammelbänden, insbesondere zu den Themengebieten ‚Leistung und Leistungsbeurteilung‘ sowie ‚Interkulturelle Erziehung und Werteorientierung im Unterricht‘.

**Alfred Schirlbauer,** Jg. 1948, Dr. phil., ao. Professor an der Universität Wien. Hauptarbeitsgebiete: Schulpädagogik, Allgemeine Pädagogik, Pädagogik der Postmoderne. Jüngere Veröffentlichungen zum Thema: Junge Bitternis. Eine Kritik der Didaktik. Wien 1992 – Im Schatten des pädagogischen Eros. Destruktive Beiträge zur Pädagogik und Bildungspolitik. Wien 1996. Außerdem Aufsätze in Fachzeitschriften und Sammelbänden.

**Ulrich Sprenger,** Recklinghausen, Studiendirektor a. D., Vorsitzender im gesamtschulkritischen „Arbeitskreis Gesamtschule e. V.“, Geschäftsstelle: Spiekeroogstraße 21, 45665 Recklinghausen (Mitteilungsorgan: Jahrbuch REFLEX). Verschiedene Aufsätze zu Problemen der Integrierten Gesamtschule, insbesondere: Vier Thesen zum Thema Gesamtschule. Ein Erfahrungsbericht. In: neue deutsche Schule (nds), Verbandsorgan der GEW in NRW, Heft 14/15 (1994), S. 13–20.